중국의 종교인식과 종교정책

이 논문 또는 저서는 2024년 대한민국 교육부와 한국연구재단의 지원을 받아 수행된 연구임 (NRF-2021S1A6A4055921)
This work was supported by the Ministry of Education of the Republic of Korea and the National Research Foundation of Korea (NRF-2021S1A6A4055921)

편 집 · 더라이트미션위원회
펴낸이 · 이광순

제 작 · 더라이트미션
펴낸곳 · 미션아카데미
등 록 · 제1999-000001호
주 소 · 04967 서울시 광진구 광장로 1다길 2
전 화 · 070)4644-8304
이메일 · gimook@gmail.com

디자인 · 이신정

인 쇄 · 2025년 10월 24일
발 행 · 2025년 10월 30일

ISBN · 978-89-89111-60-3 (93230)

값 25,000원 (*파본은 바꿔드립니다)

중국의 종교인식과 종교정책

김광성

미션아카데미

발/간/사

21세기 세계 선교의 지형은 급변하는 정치 · 경제 · 문화적 환경 속에서 복음의 보편성과 각 지역의 역사 · 제도 · 사상적 특수성을 동시에 성찰할 것을 요구하고 있다. 특히 동아시아, 그중에서도 중국은 그 지정학적 중요성과 사회주의 체제하의 종교정책 그리고 기독교를 비롯한 종교들에 대한 국가의 제도적 대응이라는 점에서 세계 선교의 새로운 패러다임을 탐구하는 데 핵심적인 연구 대상이 되어 왔다.

이 책은 지난 수십 년간 중국의 종교인식과 종교정책의 역사적 전개 과정을 종합적으로 분석한 결과물로, 중국공산당의 이념적 기반, 정책 수립과 집행 구조, 그리고 종교정책의 법제화 과정을 다층적으로 고찰하였다. 특히 중화인민공화국 성립 이후 문화대혁명기의 종교 억압, 개혁개방 이후의 정책적 전환, 그리고 21세기에 들어선 종교정책의 법제화 · 제도화 과정에 대한 세밀한 문헌 분석은 학문적 · 실천적 측면 모두에서 중요한 의의를 지닌다고 할 수 있다.

기독교 선교의 관점에서 본 저술의 가치는 세 가지 측면에서 요약될 수 있겠다. 첫째로 이 책은 선교가 단순한 열정적 행위가 아니라 철저히 성육신적(Incarnational)이고 상황화(Contextualized)된 사명임을 상기시킨다. 중국공산당의 종교인식과 종교정책을 역사적 · 이념적 맥락 속에서 분석함으로써, 복음이 각기 다른 체제와 문화 속에서 어떻게 지혜롭게 전해질 수 있는지에 대한 선교신학적 성찰을 가능하게 한다. 둘째로 이 연구는 선교의 공공성(Public Mission)과 책임성을 일깨운다. 종교 자유와 국가 정책,

복음 전파와 사회 윤리 사이의 관계는 단순히 신앙의 자유를 주장하는 차원을 넘어, 그 사회의 법과 질서 속에서 복음이 어떻게 공적으로 증언될 수 있는지를 성찰하게 한다. 이는 오늘날 종교 다원주의, 세속화, 국가 통제 강화라는 세계적 흐름 속에서 선교가 새롭게 직면한 도전들에 대한 학문적 응답이기도 하다. 셋째로 이 책은 미래 선교 전략 수립을 위한 기초 자료로서의 의의가 있다. 중국의 종교정책과 기독교 선교 사이의 상호작용에 대한 역사적·법제적 분석은 한국 교회와 세계 교회가 향후 중국 및 유사한 체제하의 국가들에서 선교적 접근 방식을 모색하는 데 실질적 통찰을 제공한다.

이 연구의 가치를 좀 더 살펴본다면, 본 저서는 먼저 중국공산당의 종교인식과 중국 정부의 종교정책 간의 상호작용을 종합적으로 분석한 최초의 시도라는 점에서 학술적으로 이바지한다. 기존 연구들이 단편적인 정책 변화에 초점을 맞춘 데 반해, 이 연구는 거시적 관점에서 정치적 이데올로기와 실제 행정 규범 사이의 관계를 심층적으로 규명하였다. 이를 통해 변화하는 선교 환경에 대한 실증적 기초 자료를 제공한다. 다음으로 중국 특유의 모습이라고 할 수 있는, 현상적으로는 점진적이나 본질적으로는 급진적인 정책 변화 메커니즘을 '점진적 급변'이라는 개념으로 이론화하였다. 특히 2025년 개정된 〈중화인민공화국 경내외국인종교활동관리규정시행세칙〉에 대한 정밀한 분석은 시진핑 정권의 종교 정책이 단순한 규제 강화를 넘어 외국인 선교 활동과 기독교 공동체 형성에 구조적 제약을 가하고 있음을 학술적으로 입증한다. 이는 25년간 유지되어 온 기본 체계를 한 번의 개정으로 근본적으로 전환시킨 중국 종교 정책의 특성을 설명하는 독창적인 분석 틀을 제공한다. 나아가, 공식 정책 문건과 실제 종교 행정의 변화를 구체적인 사례를 통해 실증적으로 분석함으로써, 정치학적 제도 분석과 선교학적 해석을 통합하는 학제 간 연구의 방법론적 기초를 마련한다.

동시에 본 저서의 학술 가치는 위기 상황 분석과 함께 하나님의 선교(Missio Dei) 관점에서 현재의 엄격한 통제 상황을 해석함으로써, 이를 중국 교회의 성숙과 자립을 위한 과정이자 서구 중심적 선교 패러다임을 재검토하는 계기로 이해할 수 있는 신학적 통찰을 제공한다는 점이다. 나아가 본 저서는 종교의 중국화 정책이 기독교 신학의 토착화를 넘어 중화사상의 기독교화로 변질될 위험성을 제기하며, 이것이 복음의 보편성과 교회의 공동체적 성격에 미칠 수 있는 신학적 도전을 학술적으로 규명한다. 기독교의 유일신 신앙, 배타적 구원관, 종말론적 세계관 등이 공서양속(公序良俗, 공공질서와 선량한 풍속) 개념과 종교 극단주의 식별 지침에 의해 위반 사례로 분류될 수 있다는 분석은 종교 자유와 신학적 정체성의 관계에 대한 중요한 학술적 논점을 제시한다. 이러한 통찰은 한국 교회가 중국을 단순한 선교 대상으로 인식하는 것을 넘어 상호 학습과 협력의 파트너로서 새로운 관계 설정을 모색해야 할 필요성에 대한 학술적 근거를 제공한다.

더라이트미션위원회가 이러한 연구도서를 발간하는 것은 이것이 세계복음화에 밑거름이 되기를 원해서이다. 이 연구가 단순히 중국의 종교정책 연구를 넘어, 기독교 선교가 직면한 신학적 · 실천적 과제들에 대한 학제적 대화가 촉발하기를 기대한다. 나아가 본 연구가 학문과 교회의 경계를 넘어, 복음의 공공성과 선교의 창의성을 회복하는데 이바지하기를 소망한다. 끝으로, 지난 수십 년간 방대한 1차 자료를 수집 · 분석하고, 이를 학문적 성실성과 신앙적 헌신 속에서 저술로 열매 맺기까지 헌신하신 김광성 교수에게 깊이 감사드린다. 편집과 디자인으로 수고한 이신정 디자이너와 원고를 읽고 다듬어준 정기묵 교수에게도 감사를 전한다. 본 연구가 한국 교회와 세계 교회, 그리고 선교신학 · 종교학 · 중국학 연구자들에게 귀중한 학문적 자산이 되기를 바라며, 하나님께서 이 수고 위에 은혜를 더하시어, 복음의 빛이 땅끝까지 확장되는 그날을 앞당기시기를 간절히 기도한다.

오직 하나님께 영광을!

Soli Deo Gloria!

2025년 10월

더라이트미션 이사장

이광순

한 권의 책이 나오기까지

이 책은 오랜 시간의 산물입니다. 대학에서 중어중문학을 전공하기로 결심한 순간부터 지금까지, 중국이라는 거대한 나라를 이해하려는 노력이 결국 이 한 권의 책으로 결실을 맺었습니다.

왜 중국의 종교정책이었을까요? 학문적 호기심만으로는 설명되지 않는 무언가가 있었습니다. 1992년 한중수교 이후, 우리 사회 곳곳에서 중국과의 교류 열기가 뜨겁게 달아오르는 것을 지켜보면서도, 유독 종교 분야만은 여전히 높은 벽이 가로막혀 있음을 느꼈습니다. 그 벽의 정체가 무엇인지, 어떻게 하면 진정한 소통이 가능할지에 대한 궁금증이 이 연구의 출발점이었습니다.

현장에서 얻은 깨달음

중국에서 보낸 18년은 책상 위의 이론으로는 알 수 없는 많은 것들을 가르쳐주었습니다. 중국의 종교정책은 단순히 '억압적'이거나 '관용적'이라는 이분법적 틀로는 설명할 수 없는 정교한 시스템이었습니다. 겉으로는 종교자유를 보장한다고 하면서도, 실제로는 수많은 조건과 제약이 따르는 복잡한 구조가 있었습니다. 이를 제대로 이해하지 못하면 중국과의 종교교류는 언제나 엇박자를 낼 수밖에 없다는 것을 깨달았습니다.

특히 인상 깊었던 것은 중국 사람들의 종교에 대한 태도였습니다. 서구식 종교자유 개념과는 분명히 다르지만, 그렇다고 해서 종교에 대해 무관심하거나 적대적이지도 않았습니다. 그들만의 독특한 종교 이해 방식이 있었고, 이것이 정책에도 그대로 반영되어 있었습니다.

오해와 편견을 넘어서

이 책을 쓰면서 가장 경계한 것은 선입견이었습니다. 중국의 종교정책을 바라보는 우리의 시각에는 때로 냉전 시대의 잔재나 서구 중심적 사고가 스며들어 있습니다. 마치 '우리의 기준'이 절대적인 것처럼 여기면서, 중국의 다름을 단순히 '틀림'으로 치부하는 경향 말입니다.

물론 중국의 종교정책에 문제가 없다는 것은 아닙니다. 분명한 한계와 모순도 존재합니다. 하지만 그것을 제대로 비판하려면 먼저 정확한 이해가 선행되어야 합니다. 상대방의 논리와 맥락을 파악하지 못한 채 던지는 비판은 공허한 메아리에 불과하기 때문입니다.

변화하는 중국, 변화하는 종교정책

중국은 끊임없이 변화하고 있습니다. 제가 처음 중국에 발을 디딘 1990년대와 2025년의 중국은 완전히 다른 나라라고 해도 과언이 아닙니다. 종교정책 역시 마찬가지입니다. 개혁개방 초기의 유연함에서 최근의 강화된 관리체계까지, 그 변화의 궤적을 추적하는 것은 마치 살아있는 역사를 목격하는 것과 같았습니다.

특히 시진핑(习近平) 시대에 들어서면서 나타나는 변화들은 주목할 만합니다. 단순한 정책 조정이 아니라 종교에 대한 근본적인 접근 방식의 변화가 감지되고 있습니다. 이러한 변화를 어떻게 해석하고 대응할 것인가는 우리에게 주어진 과제입니다.

연구자로서의 책임

40여 년간 중국학을 연구하면서 느낀 것은 학문의 사회적 책임입니다. 특히 종교정책과 같은 민감한 분야를 다룰 때는 더욱 그렇습니다. 학술적 객관성을 유지하면서도, 현실적인 도움이 되는 연구를 해야 한다는 부담감이 항상 있었습니다.

이 책이 단순한 정보 제공을 넘어서, 한중 양국의 상호 이해에 조금이나마 이바지할 수 있기를 바랍니다. 특히 종교교류에 관심을 가진 분들께는 실용적인 가이드 역할을, 정책 결정에 참여하는 분들께는 신뢰할 만한 참고 자료 역할을 할 수 있다면 더할 나위 없겠습니다.

미완의 과제

솔직히 말하면, 이 책으로 모든 것이 해결되는 것은 아닙니다. 오히려 새로운 질문들이 더 많이 생겨났습니다. 중국의 종교정책은 여전히 진행 중인 현실이고, 우리의 이해와 대응 역시 계속 발전시켜야 할 과제입니다.

그런 의미에서 이 책은 완성품이라기보다는 중간 보고서에 가깝습니다. 후속 연구자들이 이 토대 위에서 더 깊이 있는 연구가 이어지기를 기대합니다. 무엇보다 실무진들이 현장에서 겪는 구체적인 경험들이 학문적 연구와 만나, 더욱 풍성한 결과물이 나오기를 바랍니다.

감사와 기대

이 책이 나오기까지 도움을 주신 모든 분들께 감사드립니다. 무엇보다 한국연구재단에서 이 연구를 2021년도 저술출판지원사업 3년 과제로 선정해 주신 덕분에 연구에 전념할 수 있었습니다. 학문적 가치를 인정해 주시고 연구 환경을 지원해 주신 한국연구재단의 도움이 없었다면 이 책의 완성은 불가능했을 것입니다.

또한 더라이트미션 이광순 이사장님께 특별한 감사를 드립니다. 이 연구의 의미와 가치를 깊이 이해해 주시고 출간을 허락해 주신 결단이 있었기에, 이 책이 세상의 빛을 볼 수 있었습니다. 학술 연구의 사회적 기여에 대한 이사장님의 혜안과 지원에 깊이 감사드립니다.

중국과 한국의 수많은 연구자들, 종교인들, 그리고 정책 관련자들과의 만남과 대화가 없었다면 이 연구는 불가능했을 것입니다. 특히 때로는 날카로운 비판으로, 때로는 따뜻한 격려로 연구의 방향을 잡아주신 동료 학자들께 깊은 고마움을 전합니다.

무엇보다 40여 년간의 긴 연구 여정을 함께해준 아내와 가족들에게 가장 큰 감사를 전합니다. 중국 유학 시절부터 현재까지, 때로는 연구에 몰두하느라 소홀했던 남편이자 아버지를 묵묵히 이해하고 지지해 준 아내의 사랑과 인내가 없었다면 이 모든 것이 불가능했을 것입니다. 아버지의 연구가 가져다주는 긴 부재와 바쁜 일상을 이해해 준 가족들의 희생에도 깊은 고마움을 느낍니다. 이 책은 가족 모두의 노력과 지원이 만들어낸 결실입니다.

이 책을 읽으실 모든 분들께도 미리 감사의 말씀을 드립니다. 여러분의 관심과 비판적 검토가 이 연구를 더욱 발전시킬 수 있는 원동력이 될 것입니다. 부족한 점에 대한 지적과 함께, 새로운 관점과 아이디어를 제시해 주시기를 바랍니다.

중국과 한국이 진정한 이웃이 되는 그날까지, 우리의 연구와 노력은 계속되어야 할 것입니다. 이 책이 그 긴 여정의 작은 디딤돌 역할을 할 수 있다면, 연구자로서 더 바랄 것이 없겠습니다.

2025년 7월 18일

주안대학원대학교 연구실에서

저자 김광성

목 / 차

2부

시진핑 정권의 종교인식과 종교정책

프롤로그(Prologue)

본 연구자는 지난 40년 동안 중국의 종교문제와 종교정책에 관한 연구를 지속해 왔다. 본 주제와 관련된 연구 이력을 소개한다.

A. 중국학 연구 시작

중어중문학을 전공으로 선택하면서 중국 관련 언어습득과 중국 지역학 연구를 시작하였다. 대학원에 진학하여 고전중국어 문법을 연구하여 "古代漢語否定詞研究"로 석사학위를 취득하고, 연구소에서 3년간 경학(經學)을 익혔다. 1992년 한국과 중국이 수교한 직후인 1993년 중국으로 유학을 떠나 중국철학과 박사과정에 입학, 중국의 종교사상을 연구하면서 본격적으로 중국의 종교문제와 종교정책에 대해 학문적 관심을 가지게 되었다. 1994년 10월 10일부터 14일까지 중국사회과학원 세계종교문제연구소에서 "기독교와 중국 현대화(基督教与中国现代化)"라는 주제로 개최한 국제학술토론회에 중국인민대학교 종교연구소 연구원 자격으로 초청을 받아 참석하였고, 그 결과물을 주제와 동일한『기독교와 중국 현대화』라는 제목의 번역서로 국내에서 발간하였다.

사회주의를 표방하는 공산당이 1949년에 집권하며 건립한 중화인민공화국은 종교문제에 대해서는 종교자연소멸론을 믿는 전통적인 사회주의 종교관에 근거한 제한적인 종교신앙자유정책을 시행하였으나, 사회주의 극좌노선을 걸으며 1966년에 시작되어 1976년까지 진행된 문화대혁명 기간에는 종교강제소멸정책을 시행하였다. 마오쩌둥(毛泽东, 1893.12.26~1976.9.9) 사후 집권한 덩샤오핑(邓小平, 1904.8.22~1997.2.19)이 대내적으로는 정치개혁을, 대외적으로는 경제 개방을 표방하면서 중국공산당은 비로소 종교이론을 새롭게 해석하기 시작했다. 2004년 11월 30일 중국정부가 중화인민공화국 국무원령 제426호로 반포한 〈종교사무조례(宗教事务条例)〉는 중국정부가 종교행정을 국가의 법률로 다루기 시작한 첫 번째 사례이다.

2000년 중국인민대학교 철학과에서 "韩中两国基督教新教传入和发展及其比较: 以十九世纪后期至二十世纪为中心"라는 제목으로 철학박사학위(Ph.D.)를 취득하였다.

B. 중국종교정책에 대한 학술연구

본 연구자의 중국 종교문제와 종교정책에 대한 학문적 연구는 2004년 중국 최초의 종교법인 〈종교사무조례〉를 한국어로 번역하는 작업으로부터 본격적으로 시작되었다.

2005년 〈종교사무조례〉를 번역하고 분석하여 국내전문학술지(KCI)에 등재한 학술논문 "제한된 사역 현장에서 행해지는 장애인 사역의 선교학적 의미"는 본 연구자가 중국 종교문제와 종교정책을 주제로 진행한 첫 번째 연구 성과이다.

2007년에는 "중국의 종교정책과 현장사역의 관계 연구: 종교정책 관련 문건과 법규를 중심으로"라는 제목으로 신학석사학위(Th.M.)를 취득하였으며, 석사학위논문은 당시 800여 명의 졸업생 가운데 석사과정 우수논문으로 선정되어 동일 제목의 단행본으로 출간되었다.

2010년에는 『중국 종교정책의 변화와 사회변동』이라는 제목의 단행본을 출판하였다. 중국 종교와 사회의 관계를 다룬 본 저서에는 중국의 역사를 사회주의 이전과 이후로 나누어 시기별로 진행된 종교정책의 변화를 분석하고, 이를 바탕으로 2008년에 열린 베이징 올림픽이 가져온 중국 종교정책의 변화를 "2008년 베이징 올림픽 이후 중국 종교정책의 변화 가능성에 대한 예측"이라는 제목으로 정리하여 국내전문학술지(KCI)에 등재하였다.

2011년 "중국의 정치 제도와 권력 구조를 통해 본 중국의 종교정책"이라는 제목의 학술논문을 국내전문학술지(KCI)에 등재하였다.

2012년 "중국 종교정책의 변화와 재중한인디아스포라 신앙공동체의 상관성 연구" 결과물을 학술대회에서 발표하고 같은 해 본교 학술지에 게재하였다.

2013년에는 본 연구자는 중국 국가종교사무국 국장인 왕쭈오안(王作安)이 2010년 중국 종교문화출판사에서 출판한 저서『中国的宗教问题和宗教政策』을 한국어로 번역하여 동일 제목으로 출판하였다. 그는 당시 국가종교사무국 책임자이며 중국 국가공무원 가운데 종교문제에 관한 최고의 전문가이다. 그의 저서는 중국 종교정책의 이론적 근거이므로, 중국의 종교문제와 종교정책을 연구하는 학자들에게 필독서로 알려져 있다.

2013년에는 "중국특색의 사회주의 신학"을 주제로 연구하여 결과물을 국내전문학술지(KCI)에 등재하였다. 사회주의 종교관에 대한 중국정부의 이해 변화와 이를 바탕으로 중국 종교정책의 변화 내용을 분석한 논문이다.

2013년에 두 번째로 국내전문학술지(KCI)에 등재된 논문은 "중국 종교자유정책에 대한 역사적 고찰"이다. 중국정부가 반포한 종교 관련 법령을 분석하여 종교정책의 변화 과정을 정리한 연구 결과물이다. 이 논문은 본 저술 계획의 기초가 된다.

2015년 중국 종교단체의 국제사회와의 교류 현황을 연구하여 “중국특색의 사회주의 신학을 통한 현장최적화 신학의 모색”이라는 제목으로 국내전문학술지(KCI)에 등재하였다.

2017년에는 2016년 9월에 반포된 종교법 〈종교사무조례 개정초안〉을 한국어로 번역하고, 그 내용을 분석하였다. 중화인민공화국국무원령 제868호로 반포된 〈종교사무조례〉 개정안은 2004년 11월 30일 중화인민공화국국무원령 제426호로 공포된 〈종교사무조례〉를 수정하여 2017년 6월 14일 국무원 제176차 상무회의에서 통과된 것으로, 2017년 8월 26일 자로 공포되고, 2018년 2월 1일부터 시행되었다. 이 연구는 “〈종교사무조례〉 수정초안에 나타난 중국 종교정책의 변화”를 주제로 진행하였고, 같은 해 국내전문학술지(KCI)에 등재하였다.

2019년에는 중국의 종교정책과 한국의 관계에 관해 연구하였고, 그 결과물은 “중국의 종교정책이 한국 교회의 중국선교에 미친 영향”이라는 제목으로 국내전문학술지(KCI)에 게재되었다. 기독교 중국화에 대한 선교 실천적 대응이라는 부제에서 시진핑 지도부의 종교정책에서 강조하는 종교 중국화를 주제로 연구한 논문이다. 기독교 중국화는 최근 중국 종교정책의 핵심적인 실천 사항이며, 이 주제는 향후 중국의 종교정책 연구에서 중요한 주제로 활용할 계획이다.

2022년에 발표한 논문은 중국의 종교정책을 다른 각도에서 분석한 연구 결과물이다. “산동선교 시기 방지일 선교사의 선교사역에 영향을 미친 시대적 상황과 종교정책 고찰”이라는 제목으로 국내전문학술지(KCI)에 게재되었다. 최근 중국종교정책 연구가 중국공산당의 종교인식을 바탕으로 하는 중화인민공화국의 종교정책에 초점을 맞추고 있는 것과는 달리, 대한민국과 중국, 일본 등 3개국의 근대역사에 나타난 종교정책과 시대적 상황을 연구하였으며, 이는 현시대 중화인민공화국의 종교정책 연구에 역사적 근거를 제공하는 연구라 할 수 있다.

2023년에 발표한 “시진핑 시기 중국의 종교정책 변화를 통해 본 중국 교회의 2024년 제4차 로잔대회 참여 가능성 고찰”은 중국 기독교의 대외활동 참여에 대한 중국공산당의 종교정책 근거를 확인하기 위한 연구이다. 이어서 2013년에 발표했던 학술논문 “중국 종교자유정책에 대한 역사적 고찰”을 바탕으로 시대적 변화를 반영하여 “중국공산당의 종교정책 이해와 변화”라는 제목으로 한중수교 20주년 기념으로 간행된 단행본에 게재했다.

중국의 종교문제와 종교정책과 관련하여 본 연구자는 1994년부터 국내전문학술지(KCI)에 관련 주제로 연구한 논문 11편을 게재하고, 개인 저술 1편 출판, 개인 번역서 1편과 공동 번역서 2편 출판하면서 모든 연구를 종합하여 한 권의 저술로 출판할 계획을 가지고 있다. 중국에서 거주한 18년 동안 수집한 관련 1차 자료를 바탕으로 1981년부터 준비한 중문자료 분석 역량을 활용하여 대한민국 종교계와 관련 학계에 작은 공헌을 할 기회를 얻게 되기를 기대한다.

C. 중국공산당의 종교인식과 중국정부의 종교행정

중국의 종교정책은 중국공산당의 종교인식을 기반으로 하며, 중국공산당의 종교인식은 마르크스주의 종교관에 밀착되어 있다. 마르크스주의 종교관의 본질은 변화하지 않는다. 그러나 시대의 흐름에 따라 현실감각을 바탕으로 그에 대한 해석이 달라지는 형태를 보인다(与时俱进). 따라서 중국의 종교정책을 연구하는 과정에서 중국공산당의 종교인식의 근거가 되는 마르크스주의 종교관에 대한 해석의 변화를 확인하는 작업은 필수적이며, 중국공산당의 종교인식을 규명하기 위해서는 중국공산당이 제정한 각종 정책문건을 수집하고 분석해야 한다.

과거에는 중국공산당이 제정한 대부분의 정책문건이 내부 문건으로 분류되었다. 그러나 1978년 개혁개방 이후, 중국공산당과 중국정부가 국가행정 법제화와 공개화를 추진하면서 우리는 중국의 종교정책과 관련된 다양한 자료에 접근할 수 있게 되었다. 본 연구에서 사용한 연구자료는 대부분 중국공산당과 정부가 종교행정과 관련된 정책문건이나 종교행정규범을 데이터베이스 형식으로 제공하는 원문 자료이다. 본 연구는 중국공산당의 종교정책 공식 문건과 중국정부 종교업무 담당부서가 공산당의 종교정책을 시행하기 위해서 제정한 종교행정법령을 분석하여 중국공산당의 종교인식을 규명한 연구결과를 제공하기 위한 작업의 일환이다. 따라서 저술 과정에서 수집하고 분류하고 분석한 원문 자료를 번역하고 해설하여 별도의 『중국정책연구자료집』을 편찬하여 연구자들에게 제공하는 것을 본 연구 작업과 동시에 진행한다.

그렇다면 우리는 과연 중국공산당과 중국정부라고 하는 특수한 관계를 지닌 두 기관의 역할에서 중국공산당의 종교인식 변화에 따른 중국정부의 종교정책 변화의 상관성을 규명할 수 있을지 여부를 먼저 확인해야 한다. 중국공산당은 정책수립 주관기관으로, 중국정부는 정책시행 담당기관으로서의 각각 그 역할은 분담한다. 정책수립 주관기관인 중국공산당의 정책수립 과정과 내용을 파악할 수 있는 자료는 중국공산당 전국대표대회(中国共产党全国代表大会, 党代会)와 중국공산당 중앙위원회 전체회의(中央委员会全体会议, 중전회), 전국통전업무회의(全国统一战线工作会议), 전국종교업무회의(全国宗教业务会议) 등에서 발표하는 자료이다. 국무원과 국무원 산하 종교업무 담당부서에서는 중국공산당이 수립한 종교정책을 수행하기 위해 종교행정규범을 제정하여 시행한다.

D. 연구 설계와 구조

본 연구는 중국이 시행하는 종교정책과 관련된 공식 정책문건과 종교행정규범을 분석하여 중국공산당의 종교인식과 중국정부의 종교정책을 종합적으로 이해할 수 있는 연구결과물을 산출하고, 이를 국내 학계와 종교계에 중국종교정책 연구를 위한 연구자료로 제공하기 위함이다. 기대하는 연구 의미는 다음과 같다.

첫째, 중국공산당의 종교인식과 중국정부의 종교정책을 종합적으로 분석한 최초의 자료가 될 것으로 기대한다. 본 과제를 시작하는 2021년 2월 현재 국내에서 중국의 종교인식과 종교정책의 관계에 관한 연구결과물이 보이지 않는다.

둘째, 중국정부가 발표한 종교정책 공식 문건과 종교행정규범을 분류하고, 이를 학술적 중요성과 제정 시기에 따라 순차적으로 번역하여 중국의 종교정책 문건 한중대조 번역 자료집(가칭 『중국종교정책연구자료집(中国宗教政策研究资料集)』)을 별도로 발간한다. 이는 대한민국 중국학계와 종교학계의 관련 분야 연구자들에게 1차 자료로 활용할 수 있다.

셋째, 중국의 종교정책 연구를 통해 사회주의 종교관에 대한 중국공산당의 해석이 어떻게 변화하였는지를 알 수 있다. 특히 1949년 중화인민공화국 성립 직후부터 중국공산당의 종교인식을 바탕으로 중국정부가 제정하여 시행한 종교정책의 역사에는 사회주의 종교관의 변화가 드러나 있으며, 이를 통해 사회주의 이론 해석의 변화를 알 수 있다. 따라서 본 연구는 다양한 학술 영역에서 사회주의 중국의 변화상을 연구할 수 있는 기초자료를 제공할 수 있다.

마지막으로 중국에서 발간된 원문 자료를 분석하는 중국학 연구 모델을 제공한다. 과거에는 중국공산당의 종교인식과 중국정부의 종교정책 또는 종교행정과 관련된 자료 원문을 확보하는 작업이 용이하지 않았다. 대부분의 종교정책 문건이 비공개 내부 문건 형식으로 발간되었기 때문에 외부인이 자료를 확보하는 것 자체가 쉽지 않았다. 그러나 중국공산당과 중국정부가 행정법제화와 공개화를 추진하면서 중국정부는 온라인상에서 중국의 종교정책 공식 문건과 종교행정규범 전문 데이터베이스를 제공한다. 충분한 원문 자료 확보가 가능해진 시점에서 원문 자료 분석을 바탕으로 하는 중국학 연구의 새로운 길을 제공해 준다.

E. 중국공산당의 종교인식과 종교신앙자유정책 적용 이원화

중국정부는 종교정책 법제화를 통해 합법적으로 종교행정을 하고 있다고 주장한다. 그러나 중국정부가 주장하는 적법한 종교정책과 종교자유정책의 실상은 우리가 생각하는 것과는 사뭇 다르게 시행되고 있다. 중국정부의 종교자유정책의 실상을 파악하기 위해 먼저 중국 종교자유 정책은 구조적으로 이원화되어 있다.

첫째, 중국 종교정책은 제도적으로 이원화되어 있다. 중국공산당이 종교정책을 수립하고, 이를 바탕으로 국무원이 종교행정을 담당한다. 〈중화인민공화국 헌법(中华人民共和国宪法)〉은 전국인민대표대회를 최고국가권력기관으로, 중화인민공화국 국무원을 최고행정기관으로 규정하고 있다. 그러나 두 기관 사이의 관계를 헌법에서는 중국공산당의 우위적 지위를 인정하고 있다. 먼저 중국공산당 지도부를 구성하고, 지도부 서열에 따라 중앙정부 주요 직책을 담당하는 구조이다.

둘째, 중국 종교정책은 수립 절차가 이원화되어 있다. 중국공산당의 산하기관인 중앙통전부가 정책 입안을 하고, 중앙정부 국무원 산하기관인 국가종교사무국이 종교행정을 담당한다.

셋째, 중국 종교정책은 집행 과정이 이원화되어 있다. 종교행정과 종교업무가 이원화된 체제이다. 국가행정 영역에서 종교행정은 국가종교사무국이 담당하지만, 각 종교 내부 행정은 종교단체가 담당한다. 특히 국내 종교활동과 해외 종교교류 활동을 철저하게 구분하여 국내 종교활동은 종교단체가, 해외 종교교류 활동은 국가종교사무국이 담당하게 함으로써 이중적인 종교정책의 시행이 가능한 구조를 가지고 있다.

넷째, 중국 종교정책은 내국인과 외국인으로 이원화되어 있다. 현행 중국 종교행정의 국가행정규범인 〈종교사무조례〉는 내국인에게 적용하며, 외국인에 대해서는 별도의 국가종교행정규범인 〈외국인종교활동관리규정(外国人宗教活动管理规定)〉을 별도로 제정하여 적용한다.

다섯째, 중국 종교정책은 내국인을 대상으로도 이원화되어 있다. 국가가 공인한 종교단체와 비공인 종교단체에 대한 종교정책 다르다. 기독교의 경우 국가가 공인하는 교회는 삼자교회이며, 삼자교회 이외의 모든 종교활동은 불법 종교활동이다.

F. 중국 종교행정규범의 이념적 한계

중국정부는 종교행정규범을 제정하여 이를 근거로 적법하게 종교신앙자유정책을 시행한다고 강조한다. 그러나 중국정부가 제정한 종교행정규범 자체가 모순적인 구조로 되어 있다.

첫째, 중국 종교정책의 이념적 근거는 사회주의 종교관이다. 사회주의 이념은 유물론을 근거로 한다. 그러므로 유신론을 기반으로 하는 종교와 유물론을 표방하는 사회주의는 병립하기 어렵다. 따라서 유물론을 근거로 제정한 종교행정규범으로 종교를 관리하는 것 자체가 태생적으로 제한적일 수밖에 없다.

둘째, 중화인민공화국 건국 후 중국공산당은 종교신앙 자유를 보장하는 종교정책을 시행했다. 그러나 중국공산당의 종교인식에 따라 종교정책 적용 방법이 달라졌다. 따라서 중국공산당의 종교인식 변화를 이해하는 것은 중국정부가 주장하는 종교행정 법제화의 의미를 파악하는 전제조건이다.

셋째, 중국정부의 종교정책에는 기독교가 중국에 전래될 당시 서구열강의 침략의 앞잡이 역할을 했다는 인식이 반영되어 있다. 서구열강이 중국을 침략할 당시 서구 선교사들은 식민주의, 자문화우월주의, 제국주의적 태도를 보였다는 것이다. 따라서 중국은 외국인이 중국에서 개인적인 종교활동 이외의 어떤 활동도 허락하지 않는다. 현재 중국에서 외국인을 대상으로 제정한 국가종교행정규범인 〈외국인종교활동관리규정〉에 따르면 외국인이나 외국 종교기관은 중국에서 종교단체를 만들거나 종교활동을 위한 장소를 설립하는 것 자체가 금지되어 있다.

넷째, 중국의 각 종교의 교단과 교파를 인정하지 않는다. 특히 기독교에 대한 종교정책은 철저하게 하나의 조직교회를 강조한다. 여기서 말하는 하나의 조직교회는 기존의 교단과 교파를 물리적으로 통합한 교회이다.

다섯째, 중국의 종교신앙자유정책은 종교신앙의 자유와 종교활동의 자유를 이원화한 정책이다. 종교에 대한 신앙을 내면적 자유로 인정하지만, 사회에 영향을 줄 수 있는 외면적 활동은 종교활동 장소라는 제한된 공간에서만 허용하는 독특한 개념이다. 이러한 이원화된 구조는 종교활동을 정부가 통제하는 법적 근거로 작동한다.

G. 중국 종교정책과 사회주의 이념의 관계성

중국의 종교신앙자유정책은 사회주의 체제를 완성하기 위한 통일전선 전략 차원에서 시행된다. 사회주의 체제는 사회주의 이념 위에 세워진다. 따라서 사회주의 이념에 대한 해석이 달라지면 종교신앙자유정책은 언제라도 그 적용이 달라질 수 있다. 중국공산당과 중국정부는 개혁개방정책을 시행하기 위해 사회주의 이념에 대한 기존의 해석을 포기하고, 새롭게 사회주의 이념을 해석하기 시작했다. 사회주의 이념에 대한 새로운 해석은 중국공산당의 정통성과 고전적인 사회주의 이념의 틀에서 벗어나지 않는 선에서 진행된다. 중국공산당의 이론가들은 마오쩌둥이 마르크스주의 종교관을 중국사회에 적합하게 해석하는 과정에서 일부 오류가 있었을 뿐이라고 주장하면서, 덩샤오핑의 사회주의 종교관 이해 역시 중국의 새로운 역사적 환경에 최적화된 마르크스주의 종교관 이해라고 본다. 즉 마오쩌둥식 사회주의 종교관 해석과 덩샤오핑식 해석은 모두가 중국에 적합한 사회주의 종교관을 도출하기 위한 노력이었다고 인정하는 논리이다. 중국인들은 삶의 전 영역에서 온고이지신(温故而知新)한다. 새로운 것을 추구하지만 결코 옛것을 무시하지 않는 태도이다. 덩샤오핑의 개혁개방은 사회주의 이념에 대한 새로운 해석을 기반으로 한다. 민중혁명을 통해서 정권을 잡고 중화인민공화국을 세운 마오쩌둥은 그 시대에 맞는 사회주의 이론을 제시했다. 예를 들어 계급투쟁을 통한 사회개혁을 실천함으로써 사회주의사회를 건설하고자 하는 마오쩌둥에게 사회주의 경제체제인 계획경제는 사회주의 체제를 완성하기 위한 절대적인 경제개념이었다. 그러나 계획경제가 생산력의 약화라는 치명적인 약점을 드러내면서 민중들은 경제적 도탄에 빠지게 되었다. 사회주의 계획경제 체제의 한계를 극복하기 위해 덩샤오핑은 민중의 삶의 질을 높이는 것만이 사회주의 이념의 핵심이라는 주장을 통해 마오쩌둥이 추구한 사회주의 계획경제의 절대성을 부인하고, 사회주의 이념을 포기하지 않으면서 자본주의 경제체제인 시장경제를 사회주의 체제에 적용하는 이념적으로 모순적인 사회주의시장경제체제를 과감하게 도입하였다.

덩샤오핑의 사회주의시장경제체제를 이론적으로 뒷받침하는 것은 사회주의 이론가들의 몫이었다. 중국공산당과 중국정부의 이론가들은 마오쩌둥의 경제정책 실패를 초래한 사회주의 이념 해석을 정치적 실패가 아닌 사회주의 중국화 과정에서 불가피하게 발생한 것으로 해석하여 이론적 돌파구를 마련하였다. 이렇게 사회주의 이념을 시대의 변화에 맞게 재해석하면서 탄생한 것이 사회주의초급단계론(社会主义初级阶段论)과 사회주의적응론(社会主义适应论), 중국특색사회주의종교론(中国特色社会主义宗教论) 등 사회주의 재해석 이론이다.

H. 중국공산당의 사회주의 종교이론 재해석과 종교정책의 변화

중국 종교신앙자유정책의 이념적 근거는 사회주의 종교관에 대한 재해석이다. 1978년 중국공산당 제11회기 전국대표대회 제3차 전체회의(三中全会)를 계기로 중국공산당과 중국정부가 개혁개방정책을 시행하면서 중국의 종교신앙자유정책은 근본적으로 변화한다. 마오쩌둥을 대표로 하는 중국공산당 1세대 지도부의 종교정책은 계급투쟁과 통일전선을 기반으로 했다면, 덩샤오핑을 중심으로 하는 중국공산당 제2세대 지도부의 종교정책은 사회주의시장경제, 사회주의현대화를 완수하기 위한 경제개발정책의 일환으로 진행된다. 물론 사회주의 이론 전문가들은 사회주의 종교관을 재해석하면서 마오쩌둥과 덩샤오핑의 종교정책을 절묘하게 연결시켜, 중국의 종교신앙자유정책은 건국 초기부터 개혁개방 이후까지 일관되게 시행되어 왔다는 이론적 근거를 제시한다. 문화혁명 시기의 좌편향적 종교정책은 시대착오적 오류이며 사회주의 종교관을 미숙하게 해석한 결과이므로 철저하게 부정해야 한다고 강조함으로써 마오쩌둥과 덩샤오핑 사이의 간극을 메우고 있다.

I. 중국의 종교정책문건과 종교행정규범 원문 분석 목적

1992년 8월 24일, 대한민국과 중화인민공화국이 수교한 후 양국은 정치, 경제, 문화, 예술, 체육 등 사회 전 분야에 걸쳐 다양한 교류 활동을 시작하였다. 한중수교 이후 중국과의 교류에 적극적으로 참여한 진영은 한국의 종교계, 특히 선교를 지상과제로 여기는 개신교였다.

1949년에 중국공산당이 집권한 사회주의 국가 중화인민공화국이 건립되면서 한중 개신교 교류는 중단되었다. 중국에서 활동한 최후의 한국인 개신교 선교사 방지일은 1957년에 귀국하였다.

한중수교 이후, 대한민국 개신교계는 중국에서의 활동을 재개하기 원했다. 그러나 중화인민공화국은 자국민들의 종교신앙자유를 법적으로 허용하지만, 외국인들이 자국민과의 종교 영역에서 교류는 철저하게 법적으로 제한하였다. 한중수교 직후인 1994년에 국무원이 제정한 종교행정규범인 〈외국인종교활동관리규정(中华人民共和国境内外国人宗教活动管理规定)〉에서는 외국인이 중국 영토 내에서 자국민을 상대로 종교활동 하는 것을 엄격하게 금지하고 있었다.

> 제8조 중화인민공화국 영토 내에서 종교활동을 하는 외국인은 중화인민공화국의 법률과 규정을 준수해야 하며, 중화인민공화국 내에 종교단체를 설립하거나, 종교 사무실을 설치하거나, 종교활동장소를 설치하거

나, 종교학교를 개설해서는 안 되며, 중국 공민 중에서 신도를 모집하거나 종교 전문가를 임명하거나 기타 선교 활동을 해서는 안 된다.

第八条 外国人在中国境内进行宗教活动, 应当遵守中国的法律、法规, 不得在中国境内成立宗教组织、设立宗教办事机构、设立宗教活动场所或者开办宗教院校, 不得在中国公民中发展教徒、委任宗教教职人员和进行其他传教活动。

<中华人民共和国境内外国人宗教活动管理规定>

심지어는 규정을 위반할 경우 형사처벌이 가능하도록 규정하고 있다.

제9조 외국인이 이 규정을 위반하여 종교활동을 하는 경우 현(縣) 이상의 인민 정부의 종교 부서 및 기타 관련 부서는 이를 설득하고 중지시켜야 한다. 외국인의 출입국 관리 또는 공안 관리 위반이 성립하는 경우 공안기관은 법률에 따라 처벌한다. 범죄가 성립하는 경우 사법기관은 법률에 따라 형사책임을 추궁하여야 한다.

第九条 外国人违反本规定进行宗教 活动的, 县级以上人民政府宗教事务部门和其他有关部门应当予以劝阻、制止;构成违反外国人入境出境管理行为或者治安管理行为的, 由公安机关依法进行处罚;构成犯罪的, 由司法机关依法追究刑事责任。

<中华人民共和国境内外国人宗教活动管理规定>

2005년에는 중국 국무원에서 최초로 제정한 종합적 종교행정규범 〈종교사무조례〉가 시행되었다. 〈종교사무조례〉에서는 자국민의 종교신앙의

자유를 보장하고, 외국과의 종교적 교류를 허용하지만, 독립자주자체경영 원칙(独立自主自办的原则)을 전제로 한다.

> 제2조 국민에게는 종교를 믿을 자유가 있다.
>
> 第二条　公民有宗教信仰自由。
>
> 제4조 모든 종교는 독립, 자주, 자체운영의 원칙을 견지하며, 종교단체, 종교활동장소, 종교업무는 외세의 지배를 받지 않는다.
>
> 종교단체, 종교활동장소 및 종교 교직원은 우정과 평등을 기반으로 대외교류를 한다. 단체 혹은 개인이 외국의 경제나 문화 등 협력, 교류활동을 할 때 종교와 관련된 추가적인 조건을 수용해서는 안 된다.
>
> 第四条　各宗教坚持独立自主自办的原则，宗教团体、宗教活动场所和宗教事务不受外国势力的支配。
>
> 宗教团体、宗教活动场所、宗教教职人员在友好、平等的基础上开展对外交往；其他组织或者个人在对外经济、文化等合作、交流活动中不得接受附加的宗教条件。
>
> <宗教事务条例>(2005)

이러한 법적 규제로 인해 타문화권에서 타민족에게 복음을 전하는 활동이라는 의미인 전통적인 선교는 불법적인 활동으로 간주되었다. 국가간의 교류는 상호존중을 전제로 한다. 상대국에서 우호적인 교류를 허용한다면 우호적인 교류의 범위를 확인하고 그 범위를 벗어나지 않는 한도내에서 활동해야 한다. 전통적인 선교 개념과 우호적인 종교교류 사이에 존재하는 간극을 확인하고 극복하는 것은 한중양국 개신교 교류에 의미있는 진전을 가져올 선제적 작업이 된다.

1부

중국공산당의 종교인식과 종교정책

1장

개혁개방 이후 종교정책 문건을 기준으로 구분한 중국의 종교인식과 종교정책

• • •

본 연구는 중국정부가 주장하는 종교자유 정책의 실상을 중국공산당과 중국정부가 제정한 정책문건과 행정규범 본문 분석을 통해 규명하는 역사적 문헌연구 방식으로 접근한다. 1978년에 시작된 정치개혁과 경제개방은 중국 종교정책의 새로운 기점이 되므로, 중국의 종교자유정책에 대한 연구는 개혁개방 이후를 집중적으로 다루는 것이 효과적일 것이다. 그러나 역사는 시간의 연속된 흐름이다. 따라서 과거가 없는 현재나, 현재가 없는 미래는 존재하지 않는다. 그러므로 중국 종교자유정책을 연구함에 있어서 가장 주요한 전환점인 개혁개방 시기를 중심으로 하되, 개혁개방정책이 시행되기 이전인 중화인민공화국 수립 시기, 문화대혁명 시기의 종교정책을 먼저 살펴보고, 이어서 개혁개방 시기의 종교정책을 분석하는 연구구조를 설정한다.

최초 연구 설계에서 제시한 연구 주제는 대한민국과 중화인민공화국 양국의 개신교 교류를 위한 연구이다. 중국공산당의 종교인식과 중국정부의 종교정책 사이의 관계성을 규명하려는 궁극적인 목적을 한중 양국의 개신교 교류에 두는 것은 연구 범위를 특정 영역으로 한정하는 것으로 보일 우려가 있다. 개신교 교류는 일반적으로 한국 교회의 중국선교를 의미하기 때문이다. 그럼에도 불구하고 최초 연구주제에 한중 양국 개신교 교류를 위한 연구로 연구범위를 설정했던 이유는 기독교(개신교), 천주교, 불교, 이슬람교, 도교 등 중국이 공인하는 다섯 가지 종교 가운데 유독 개신교(基督教)는 외래종교라는 색채가 강하므로, 중국의 종교정책 역사에서 특별하게 다루고 있음을 고려한 것이다. 그렇다고 중국의 종교정책이 특정 종교를 대상으로 수립되었다는 가설은 설득력이 없다. 법제화의 원칙은 보편적 적용을 핵심으로 하기 때문이다. 따라서 중국 종교정책은 최소한 중국이 인정하는 다섯 가지 종교에 보편적으로 적용된다고 인정하는 것을 전제로 연구를 진행한다.

A. 개혁개방 이후 중국의 종교정책 시기 구분

중국공산당이 문화대혁명의 종결과 개혁개방을 선포한 1978년 12월 중국공산당 제13회기 중앙위원회 제3차 전체회의(十一届三中全会)는 대내적으로는 정치개혁, 대외적으로는 경제개방을 추구하는 새로운 시대를 열었고, 이에 따라 문화대혁명 기간 거의 사라졌던 종교신앙자유정책의 부활을 알린다. 따라서 시기적으로 중국의 종교자유정책에 관한 연구는 개혁개방 이후에 집중된다.

중국공산당이 정권을 잡은 중화인민공화국 성립 이후 중국은 종교신앙자유정책을 강조해 왔다. 물론 문화혁명 시기에는 사회주의 이념에 대한 좌편향적인 해석으로 말미암아 사회 각 영역에서 계급투쟁을 강조하고, 모든 사회적 역량을 국가통일, 민족안정, 사회주의 체제 완성에 집중한다는 통일전선이념은 더 이상 유효하지 않았다. 특히 종교는 이념 문제와 긴밀하게 연결되어 있고, 종교행정체계 자체가 존립하지 않는 최악의 상황에서 그동안 중국공산당과 정부가 추구해 온 종교신앙자유정책은 더 이상 지속될 수 없었다.

개혁개방정책이 시행된 후 중국공산당과 중국정부는 종교신앙자유정책을 회복하였다. 개혁개방 이후 중국공산당 종교정책의 역사는 종교정책 문건과 종교행정규범 제정 시점을 기준으로 네 단계로 구분할 수 있다. 첫 번째 단계는 종교정책 회복기(1978년부터 1990년까지)이다. 둘째 단계는 종교정책 확립기(1991년부터 2004년까지)이다. 셋째 단계는 종교정책 확장기(2004년부터 2011년까지)이다. 넷째 단계는 종교정책 전환기(2012년부터 현재까지)이다.

B. 중국공산당의 종교정책 회복기 (1978년부터 1990년까지)

종교신앙자유정책이 사라졌던 문화대혁명 시기가 종식되고, 개혁개방 시기가 시작되면서 중국공산당은 종교자유정책을 회복한다. 이 시기에 제정된 중요한 종교정책 문건은 1978년에 중앙통전부가 제정한 문건을 중국공산당 중앙위원회 명의로 발표한 "현재 종교업무에서 긴급하게 해결해야 할 두 가지 정책적 문제 지시에 대한 보고(关于当前宗教工作中急需解决的两个政策性问题的请示报告)"와 1982년에 중국공산당 중앙위원회가 제정한 "우리나라 사회주의 시기 종교문제에 관한 기본 관점과 기본 정책(关于我国社会主义时期宗教问题的基本观点和基本政策, 十九号文件)"이다.

C. 중국공산당의 종교정책 확립기 (1991년부터 2004년까지)

이 시기에 제정된 종교정책문건은 1991년에 제정된 "종교업무를 더욱 잘 시행하기 위한 몇 가지 문제에 관한 통지(关于进一步做好宗教工作若干问题的通知, 6호문건)", 1993년에 개최된 전국통전업무에서 행한 장쩌민의 연설문, 1994년 국무원에서 제정하여 반포한 〈종교활동장소관리조례(宗教活动

场所管理条例)〉와 〈중화인민공화국 영토 내 외국인 종교활동관리규정(中华人民共和国境内外国人宗教活动管理规定)〉, 2001년 전국종교업무회의에서 제정한 "종교문제론(论宗教问题)", 2002년에 중국공산당 중앙위원회와 국무원에서 제정한 "关于加强宗教工作的决定", 2004년 국무원에서 반포한 〈종교사무조례(宗教事务条例)〉이다.

1993년 전국통전업무회의에서 장쩌민은 첫째, 당의 종교정책을 시행하라(全面、正确地贯彻执行党的宗教政策), 둘째, 종교업무에 대한 의법관리를 강화하라(依法加强对宗教事务的管理), 셋째, 종교가 사회주의 사회에 부합하도록 적극적으로 인도하라(积极引导宗教与社会主义社会相适应) 등의 세 가지 문장(3句话)으로 이루어진 중국공산당의 종교정책 원칙을 제시했다. 2001년 전국종교업무회의에서는 "독립, 자주, 자체경영의 원칙을 견지하라(坚持独立自主自办原则)"는 문장을 추가하여 네 가지 문장으로 구성된 중국공산당의 종교정책 원칙을 완성하였다.

1994년에 최초로 제정한 두 가지 종교행정법규가 〈종교활동장소관리조례〉와 〈외국인종교활동관리규정〉인데, 여기서 우리는 종교활동 장소라는 중국만의 독특한 행정 개념과 외국인을 특정한 종교행정의 출현을 보게 된다. 종교활동 장소라는 독특한 개념은 소위 정상적인 종교활동과 비정상적인 종교활동을 구분하는 기준으로 작동하고, 외국인을 대상으로 하는 종교신앙의 자유 보장은 철저한 종교활동 통제를 위한 종교행정규범이다.

2004년에 제정된 〈종교사무조례〉는 중국이 제정한 최초의 종합적인 종교행정규범으로, 1994년에 제정된 〈종교활동장소관리조례〉를 바탕으로 확장한 것이다.

D. 중국공산당의 종교정책 확장기 (2004년부터 2011년까지)

이 시기에 제정된 종교정책문건은 2006년 제20차 전국통전업무회의 후진타오(胡锦涛)의 연설문, 2006년 중국공산당 제16회기 전국대표대회 중앙위원회 제6차 전체회의 결의문, 2007년 제17회기 중국공산당 전국대표대회 보고서, 2007년 중국공산당 중앙위원회 정치국 제2차 단체학습회 연설 등이다.

2006년 제20차 전국통전업무회의에서 후진타오는 통일전선을 구축하는 대상으로 기존의 정당, 민족, 계급, 해외동포 외에 종교를 추가함으로써 중국공산당의 종교업무를 국가적인 통일전선 영역으로 확대하였다.

2007년 중국공산당 제17회기 전국대표대회 보고서에서 당이 제시한 종교업무 기본 방침을 준수하라고 요청하였고, 이러한 내용은 〈중국공산당정관〉 개정안에도 그대로 반영되었다.

이 시기 종교업무의 중점사항은 종교행정규범을 제정하는 것이었다. 2005년 4월에 〈宗教活动场所设立审批和登记办法〉, 2006년 12월에 〈宗教教职人员备案办法〉, 〈宗教活动场所主要教职任职备案办法〉, 〈宗教事务方面部分行政许可项目实施细则〉, 2007년 8월에 〈宗教院校设立办法〉, 2010년 1월에 〈宗教活动场所财务监督管理办法(试行)〉 등의 종교행정규범이 제정되었다. 이는 2004년에 제정된 〈종교사무조례〉를 시행하기 위한 종교행정실무규범이다.

E. 중국공산당의 종교정책 전환기 (2012년부터 현재까지)

이 시기에 제정된 종교정책문건은 2012년 중국공산당 제18회기 전국대표대회 보고서, 2015년 중앙통전업무회의 시진핑(习近平) 연설문, 2016년 전국종교업무회의 시진핑 연설문 등이다. 중국공산당의 종교정책이 종교행정법제화를 본격적으로 추진하는 방향으로 전개되기 시작한다. 2012년 11월에는 〈宗教院校教师资格认定和职称评审聘任办法(试行)〉과 〈宗教院校学位授予办法(试行)〉이 제정되었다.

2012년 제18회기 전국대표대회 보고서에서는 당의 종교업무 기본 방침을 준수하여 종교계와 신도들이 국가의 경제개발에 적극적으로 동참할 것을 강조하였는데, 이는 직전 회기인 제17회기 전국대표대회 보고에도 반영된 내용으로, 중국공산당이 종교업무 기본 방침을 일관되게 시행하고 있음을 보여준다.

2015년 중앙통전업무회의에서 시진핑은 종교업무의 본질이 대중업무이며, 종교신앙자유정책, 종교업무법제화, 종교의 독립자주자체운영원칙, 종교사회주의적응 등을 강조하였으며, 특히 종교사회주의적응은 종교중국화, 종교법제화, 종교계와의 통전구축, 종교의 국가와 사회에 대한 책무를 위한 전제조건임을 제시하였다.

2016년 전국종교업무회의에서 시진핑은 종교문제가 중국공산당의 국정운영에 있어서 반드시 해결해야 할 중요한 문제이며, 종교업무는 당과 정부의 전체 업무에서도 중요한 부분을 차지하고 있음을 강조하였는데, 그 핵심은 종교신앙자유정책을 안정적으로 시행하는 것과 종교가 사회주의 사회에 적응하도록 중국공산당이 지도력을 발휘하는 것으로 귀결된다.

2017년 중국공산당 제19회기 전국대표대회 보고서에서는 중국공산당의 종교업무 기본 방침이 종교신앙자유정책이며, 종교중국화와 종교사회주의적응을 거듭 강조한다.

그런데 무엇보다도 중요한 것은 이 시기에 2004년에 국무원에서 반포한 〈종교사무조례〉에 대한 개정 작업이 2017년에 마무리되었다. 이후 개정된 〈종교사무조례〉를 시행하기 위한 행정실무규범이 지속적으로 제정되었다. 2022년 2월 22일에 공포, 2022년 6월 1일부터 시행된, 〈종교활동 장소 재무감독관리법(宗教活动场所财务管理办法)〉, 2018년 5월 7일 자로 의견취합안이 공개된 〈중화인민공화국 경내 외국인단체종교활동관리법(토론안)(中华人民共和国境内外国人集体宗教活动管理办法(征求意见稿))〉, 〈종교임시활동장소 심사 및 비준관리법(宗教临时活动地点审批管理办法)〉, 2021년 12월 3일 공포되고 2022년 3월 1일부터 시행된 〈인터넷종교정보서비스관리법(互联网宗教信息服务管理办法)〉, 2019년 11월 20일 공포되고 2022년 2월 1일부터 시행된 〈종교단체관리법(宗教团体管理办法)〉, 2021년 1월 18일 공포되어 2021년 5월 1일부터 시행된 〈종교직원관리법(宗教教职人员管理办法)〉 등은 〈종교사무조례〉 수정안이 시행되고 행정실무를 위해 제정된 행정실무규범이다.

〈국가종교사무국업무규칙(国家宗教事务局工作规则)〉, 〈중화인민공화국 경내 외국인 종교활동관리규정 시행세칙(토론안)/中华人民共和国境内外国人宗教活动管理规定实施细则(修订征求意见稿)〉 역시 중국에 거주하거나 활동하는 외국인들의 종교활동을 통제하는 중요한 종교 관련 법령이 될 가능성이 있다.

이상의 중국공산당의 종교정책문건을 제정 시기와 기관, 문건 종류에 따라 분류한 도표는 〈부록 01〉을 참조하라.

F. 중국 종교정책 관련 공식정책문건과 종교행정규범 연구의 필요성

대한민국과 중화인민공화국은 1992년 8월 24일 국교를 맺으면서 공식적인 국가 간의 교류를 시작한다. 이 시기는 중국이 개혁개방을 시작한 초기에 해당한다. 당시 중국공산당과 중국정부의 관계는, 정책은 공산당에서 행정은 중앙정부가 담당하는 이원적인 국가통치체계를 구축하고 있었다. 중국공산당의 종교행정법제화 작업은 초기 단계였다.

국가의 행정은 국가가 정한 행정규범을 바탕으로 한다. 1994년을 기준으로 그 이전에는 행정규범이 제정되지 않았고, 중국공산당이 제정한 종교정책 공식 문건이 종교행정의 기준이었다. 대한민국과 중화인민공화국이 수교한 1992년에 중국정부는 종교행정규범이 아직 제정되지 않은 상황이었기 때문에 종교 영역에서 교류는 중국공산당의 종교정책 공식 문건을 기준으로 진행할 수밖에 없었다. 1994년 이후에는 종교행정규범이 제정되기 시작하였고, 중국 종교계는 종교행정규범에 따라 국가종교사무국을 통해야 정상적인 국제교류로 인정을 받을 수 있게 되었다. 따라서 중국정부가 정치, 경제, 문화, 외교, 종교, 예술, 체육 등 다양한 영역에서 추진하는 국가행정 법제화에 관한 연구는 한중 양국의 민간교류와 학술교류의 지속성을 확보하기 위해서는 필수적인 작업이다.

G. 연구를 위한 종교정책 공식 문건과 종교행정규범 원문자료

연구 초기에는 주로 중국 국가종교사무국 공식홈페이지에서 새로 업

데이트된 중국종교정책 관련 법령자료를 수집하였다. 종교사무국과 관련된 규정이나 규범성 문건, 행정허가절차, 종교단체 제도 등 자료가 홈페이지에 공개되어 있다. 그러나 최근 중국정부의 종교정책 담당 부서의 조직변화가 감지되었다. 중국공산당은 2018년에 〈당과 국가기구개혁안(深化党和国家机构改革方案)〉에서 국가종교사무국을 중앙통전부로 통합함으로써 이미 기구 개혁을 시행하였다. 이에 따라 중국공산당 중앙위원회 직속 통일전선부가 이념을 바탕으로 종교정책을 수립하고 중국정부 국무원 산하 국가종교국은 정부에서 제정한 관련법규를 근거로 종교정책을 시행하는 종교업무 관련 당정협업체제의 정치구조는 더 이상 존재하지 않게 되었다. 중앙통일전선부가 종교업무를 전담하게 되었는데 이는 종교업무에 대한 당의 통제력을 강화하여 당의 종교업무에 대한 기본 방침을 관철함으로써 종교중국화를 지속적으로 추진하기 위한 것으로 보인다.

온라인에서 취득한 원문자료는 수시로 재확인이 필요하다. 특히 중국정부가 직제 개편을 하면서 종교행정과 관련된 문건과 규범 원문 데이터베이스로 활용하던 국가종교사무국 홈페이지는 일정 기간 접속이 제한되었고, 따라서 연구자료를 확보하기 위해 중화인민공화국 중앙인민정부 홈페이지 자료실, 중국법률검색시스템 홈페이지에서 제공하는 데이터베이스를 활용하게 되었다.

※ 중국의 종교정책 관련 문건 데이터베이스 목록

1. 중국법률검색시스템(中国法律检索系统)

홈페이지에서 제공하는 법률자료는 헌법, 법률, 법률해석, 행정법규, 감찰법규, 지방법규, 부서규정, 지방정부규정, 사법해석 등으로 분류한다. 〈헌법〉은 1954년 9월 20일부터 시행된 〈54헌법〉, 1975년 1월 17일부터 시행된 〈75헌법〉, 1978년 3월 4일부터 시행된 〈78헌법〉, 1979년 7월 1일에 개정된 〈79개정헌법〉, 1980년 9월 10일에 개정된 〈80개정헌법〉, 1982년 12월 4일부터 시행된 〈82헌법〉, 1988년에 개정된 〈88개정헌법〉, 1993년 3월 29일에 개정된 〈93개정헌법〉, 1999년 3월 15일부터 시행된 〈99개정헌법〉, 2004년 3월 14일에 개정된 〈04개정헌법〉, 2018년에 개정된 〈18개정헌법〉 등 중화인민공화국 성립 이후 제정 및 개정된 〈헌법〉 전문과 헌법 개정안을 제공한다. 본 연구에서는 최신 헌법인 〈84헌법〉에 명기된 종교정책과 관련된 내용을 분석한다.

법률 항목에서는 1949년에 시행되었던 〈中国人民政治协商会议共同纲领〉을 포함하여 2023년 4월 26일 중화인민공화국 주석령 제4호로 개정, 공포하여 2023년 3월 1일부터 시행한 〈中华人民共和国反间谍法(2023修订)〉, 2023년 3월 13일에 개정, 공포하여 2023년 3월 15일부터 시행한 〈中华人民共和国立法法(2023修正)〉 등 중국의 종교정책과 연관된 법률 전문을 확보할 수 있다.

행정법규는 본 연구에서 주요 연구자료로 사용하는 종교행정규범으로 1994년 1월 31일 시행되었던 〈宗教活动场所管理条例〉와 〈中华人民共和国境内外国人宗教活动管理规定〉, 2005년 3월 1일에 시행되었던 〈宗教事务条例〉와 이를 개정하여 2019년 2월 1일부터 시행된 〈宗教事务条例

(2017修订)〉 등 네 가지 종교행정법률 전문을 확보할 수 있다.

지방법규 가운데 현재 유효한 종교행정규범은 시행령 포함 성급 47건, 시급 22건, 경제특구종교행정규범 1건 등의 종교행정규범 원문과 행정 문건을 제공한다.

부서 규범은 본 연구에 가장 필요한 자료를 제공한다. 현재 유효한 부서종교행정규범은 11건을 제공한다.

2. 국가종교사무국 홈페이지 자료실(国家宗教事务局 信息公开)

국가종교사무국 홈페이지에서는 법률법규, 부서규정, 규범성문건, 행정허가, 종교단체제도로 구분하여 종교행정규범 데이터베이스를 제공한다.

법률법규 항목으로 구분된 자료는 〈중화인민공화국 헌법〉, 〈종교사무조례(18개정안)〉, 〈中华人民共和国境内外国人宗教活动管理规定〉 외에 성급지방종교행정규범의 원문과 행정 문건을 제공한다. 〈宗教活动场所管理办法〉, 〈宗教活动场所财务管理办法〉, 〈互联网宗教信息服务管理办法〉, 〈宗教院校管理办法〉, 〈宗教教职人员管理办法〉, 〈伊斯兰教朝觐事务管理办法〉, 〈宗教团体管理办法〉, 〈藏传佛教学衔授予办法(试行)〉, 〈宗教院校学位授予办法(试行)〉, 〈宗教院校教师资格认定和职称评审聘任办法(试行)〉, 国家宗教事务局令第9号 "关于修订〈中华人民共和国境内外国人宗教活动管理规定实施细则〉的决定" 등 종교행정규범 원문을 확보할 수 있다.

규범성문건 항목으로는 "国家宗教事务局关于印发《宗教活动场所法人章程示范文本》的通知" 등 종교행정 실무를 위한 행정 문건을 제공한다.

행정허가 항목에는 "2024年度国家宗教事务局招标科研项目申报公告" 등 종교행정 인허가 절차와 관련된 행정 문건을 제공한다.

종교단체제도 항목에는 〈中国基督教协会章程〉, 〈中国基督教三自爱国运动委员会章程〉 등 5대 종교단체의 정관, 〈伊斯兰教教职人员资格认定办法〉 등 각 종교별 교무행정규범, 〈中华基督教青年会全国协会章程〉 등 각 유사종교단체의 장정 원문을 제공한다. 다만 국가종교사무국이 국무원 직속 기관에서 중앙통전부로 이관되는 과정에서 기존에 제공하던 자료 가운데 일부는 현재 검색이 되지 않는다.

3. 중국공산당 전국대표대회 자료실(中国共产党历次全国代表大会数据库)

중국은 제도적으로는 중국공산당과 중앙인민정부가 정책업무와 행정업무를 나누어서 담당한다. 그러나 실제로는 국정운영 전반을 중국공산당이 담당한다. 국가를 구성하는 모든 조직, 심지어 정부조직에도 당위원회 또는 당소조라는 중국공산당 조직이 설치되어, 중국공산당의 정책이 행정영역에서 철저하게 이행되도록 감독한다.

중국공산당의 최고의결기관은 5년에 1회 정기적으로 소집되는 전국대표대회와 전국대표대회 폐회 기간에 전국대표대회 업무를 대행하는 중국공산당 중앙위원회이다. 중국공산당이 종교문제와 종교정책을 국정운영의 중요한 정책분야로 보고 있음을 참작할 때, 중국공산당 전국대표대회와 중앙위원회 자료는 중국공산당의 종교인식과 종교정책을 규명하기 위한 중요한 연구자료이다. 중국공산당 전국대표대회 공식 홈페이지에서는 중국공산당 역대 전국대표대회, 각 회기별(1차부터 20차까지) 보고서, 연설문, 결의문, 중앙위원회 전체회의 공보 등을 전문 또는 발췌문 형식으로 제공한다.

4. 중국공산당원 네트워크(中国共产党员网)

중국공산당의 종교인식의 변화가 중국종교정책에 미친 영향을 규명하기 위해서 중국공산당이 제정한 종교정책 공식 문건을 검색하는 과정에서 중국공산당 정책문건, 학습자료 등을 제공하는 데이터베이스를 발견하게 된다. 중국공산당 중앙위원회 조직부가 중국공산당원들에게 당의 최근 동태, 정책문건, 학습자료 등을 제공할 목적으로 운영하는 홈페이지이다. 조직업무, 당원교육, 사상이론, 당장당규, 당의 역사 등으로 분류된 자료 가운데 당원교육 항목에서 역대 〈중국공산당 정관〉 원문과 정책문건, 지도부의 연설자료 등 중국공산당의 종교인식을 규명할 수 있는 자료 원문을 확인할 수 있다.

5. 중화인민공화국 중앙인민정부 공식 홈페이지 정책문건자료실

중화인민공화국 중앙인민정부 공식 홈페이지에는 국가행정법규 전문과 국무원 정책문건 원문을 제공하는 데이터베이스가 있다. 국가행정법규 데이터베이스에서는 역대 〈종교사무조례(宗教事务条例)〉 원문자료, 〈중화인민공화국경내외국인종교활동관리규정(中华人民共和国境内外国人宗教活动管理规定)〉 등 국무원에서 제정한 종교행정규범 원문을 제공하며, 국무원 정책문건 데이터베이스에서는 〈종교교직원관리방법(宗教教职人员管理办法)〉, 〈종교단체관리방법(宗教团体管理办法)〉 등 국무원에서 제정한 정책문건 원문 8건을 제공한다.

6. 중국공산당 중앙위원회 중앙통일전선공작부 종교업무자료 데이터베이스

중국공산당 중앙위원회 홈페이지에는 통전업무 영역 10가지 분야와 관련된 자료 데이터베이스가 있다. 그 가운데 종교업무 항목에서는 통전부에서 담당하는 종교업무와 관련된 정보를 제공하며, 중국의 종교정책을 제정하는 전국통전업무회의 자료와 종교정책 행정실무를 논의하는 전국종교업무회의 자료를 검색할 수 있다.

H. 개혁개방 이후 중국공산당의 종교정책 문건과 국무부의 종교행정규범

중화인민공화국 성립 이후 중국은 중국공산당이 제정한 종교정책을 기반으로 종교업무를 수행하였다. 중국공산당의 종교정책을 수립하는 과정에서 중국공산당 지도부의 종교인식은 정책 수립의 이론적 근거를 제공한다.

1954년, 중국의 국가행정을 담당하는 국무부가 종교행정을 전담하는 기구로 종교사무국을 설치하면서 중국의 종교업무는 국가행정 영역으로 자리 잡게 된다. 그러나 1957년 이후, 중국의 종교정책은 좌편향적인 노선을 추구하였고, 특히 문화혁명 기간에 통전업무, 민족업무, 종교업무는 투항주의로 낙인찍혔다. 1975년에 국무원은 종교사무국을 폐쇄했다. 이후 문화혁명 시기에 신도들의 정상적인 종교활동을 강제로 금지했으며, 종교계 인사들은 타도의 대상이 되었고, 종교활동은 지하화되었다.

1978년, 중국공산당 제11회기 전국대표대회 중앙위원회 제3차 전체회의(十一届三中全会)에서 문화혁명 종식을 선언하고, 국정 방향을 계급투쟁에서 경제개발로 전환한 이후, 중국공산당은 종교문제에 대한 당의 방침과 정책을 회복하면서 종교업무가 회복되었다. 1979년에 중국공산당 중앙위원회는 중앙통전부가 제출한 "통전, 민족, 종교업무가 투항주의 노선이라는 모함 철회보고(全国统战、民族、宗教工作部门摘掉"执行投降主义路线"帽子的请示报告)"를 수용하였고, 국무부원은 국무원종교사무국을 다시 설치하였다.

1978년 10월 21일, 중국공산당 중앙위원회는 통전부에서 작성한 통전정책문건 "현재 종교업무 추진 과정에서 긴급하게 해결해야 할 두 가지 정책성 문제에 관한 보고(关于当前宗教工作中急需解决的两个政策性问题的请示报

告)"를 중국공산당 중앙위원회 문건 1978년 65호(中发[1978]65号文件)로 발표한다. 통전부가 제시한 두 가지 종교 문제는 첫째, 헌법에 규정된 종교신앙자유정책을 철저하게 시행하고, 신도들의 정당한 종교 생활을 존중하며, 일부 종교활동 장소를 개방함으로써 지하화된 종교활동 문제를 해결하는 것이요, 둘째, 종교활동에 대한 관리를 강화하기 위한 구체적인 방침을 지키도록 하는 것이었다. 본 정책문건에서 주목할 내용은 문화혁명 시기 종교를 강제로 소멸하기 위한 좌편향적 종교정책으로 지하화된 종교활동을 복원하기 위해 종교활동 장소를 회복해야 한다는 것이다.

1. 종교신앙자유정책을 시행하고, 신도들의 종교 생활을 존중하며, 일부 종교활동 장소를 복구한다.
2. 종교활동에 대한 관리를 강화하기 위한 규정을 제시한다.
(1) 18세 이상 공민에게는 신앙의 자유와 불신앙의 자유, 무신론 선전의 자유가 있다.
(2) 18세 이하의 청소년에게는 종교신앙을 전하거나 종교활동에 참여하지 않도록 한다.
(3) 정상적인 종교활동은 정부가 보호한다.
(4) 폐지된 봉건적 특권이나 착취 제도를 회복하지 말라.
(5) 규정을 위반하는 불법적인 활동을 제지하라.
(6) 공산당원이나 공청단원은 종교를 믿을 수 없다.
(7) 종교계와 통일전선을 구축하라.
(8) 종교를 가장한 반혁명적인 활동을 제지하라.

一、认真地、全面地贯彻执行宪法所规定的宗教信仰自由政策，尊重信教群众的正当宗教生活，开放少量寺庙教堂。杜绝秘密的地下宗教活动。

二、严格区分两类不同性质的矛盾，加强对宗教活动的管理，重申以下规定；

(一)年满十八岁的公民有信仰宗教的自由，也有不信仰宗教和宣传无神论的自由。

(二)不得对未满十八岁的青年灌输宗教思想，不准带领少年儿童参加宗教活动。

(三)信教群众正常的宗教活动受到政府的保护。

(四)已废除的宗教封建特权和压迫剥削制度不得恢复。

(五)凡违反上述规定的非法、违法活动，应进行教育制止。

(六)共产党员和共青团员不得信仰宗教。

(七)对宗教界人士继续贯彻执行团结、教育、改造的方针，团结他们为实现新时期的总任务贡献力量。

(八)对披着宗教外衣进行反革命活动的阶级敌人，要发动群众彻底揭露，坚决打击，以提高信教群众的觉悟，使他们认识宗教的本质，逐步削弱宗教势力和影响，巩固无产阶级专政。

"关于当前宗教工作中急需解决的两个政策性问题的请示报告"

중국공산당 중앙위원회는 1979년 9월 13일에 전국통전업무회를 소집하여 당의 통일전선 방침을 제시한 통전정책문건인 "새로운 역사 시기 통일전선 방침과 임무(新的历史时期统一战线的方针任务)"를 채택하였다. 문건에서 중국공산당의 종교정책은 종교신앙자유정책이며, 종교계와 통일전선을 구축하는 것이 통전업무 방침 가운데 하나임을 밝힌다.

종교신앙자유정책은 우리 당이 군중의 종교신앙을 정확하게 처리하는 기본정책이다. 반드시 결연한 태도로 각종 어려움을 극복하고 중앙의 방침과 정책을 수행하여 신도들이 신앙생활을 할 수 있는 종교활동 장소, 종교용품, 성직자 문제를 해결하여, 신도들이 종교신앙자유권리를 향유하고 종교계 인사들과의 통일전선 구축정책을 수행함으로써 신도들과 종교계 인사들이 정부를 중심으로 결집하여 당의 영도 아래 네 가지 현대화에 힘을 다하도록 해야 한다.

宗教信仰自由政策，是我们党正确处理群众宗教信仰的一项根本政策。必须以坚定的态度，大力克服各种困难，认真贯彻中央的方针政策，尽快地解决信教群众过宗教生活所需要的场所、用品和主持宗教活动的神职人员，使信教群众享有宗教信仰自由的权利，并认真落实对宗教界人士的政策，把广大信教群众和宗教界人士团结在政府的周围，在党的领导下为四化贡献力量。

"新的历史时期统一战线的方针任务"

1982년 3월 31일, 중국공산당 중앙위원회는 당의 종교문제에 대한 기본 관점과 기본 정책을 정리한 종교정책 문건 "중국 사회주의 시대 종교문제에 관한 기본관점과 기본정책(关于我国社会主义时期宗教问题的基本观点和基本政策)"을 발표한다. 이 문건은 〈19호문건〉이라 간칭하며, 종교행정법제화의 출발점이 된다.

1990년 12월에 중국공산당 중앙위원회가 소집한 전국종교업무회의에서 "종교업무를 더욱 발전시키는 데 관한 여러 문제에 관한 중국공산당 중앙위원회와 국무원의 통지(中共中央、国务院关于进一步做好宗教工作若干问题的通知)"를 발표한다. 이 문건은 〈6호문건〉이라 간칭하며, 정부가 종교와 관련된 법률, 법규, 정책을 제정하여 종교업무에 대해 관리와 감독을 한다는 방침을 명시하고 있다.

이 문건은 중국공산당이 공식적으로 종교신앙자유정책을 당의 기본정책으로 확정한 최초의 종교정책 문건이며, 이후 종교행정법제화의 출발점이라고 할 수 있다.

이처럼 중국공산당이 제정한 종교정책문건은 종교행정법제화를 위한 방침이 된다. 개혁개방 이후 중국공산당과 정부의 종교인식은 문화대혁명 시기 극좌편향적인 종교인식에 대한 반성 또는 마르크스 종교관에 대한 오류에서 비롯되었으므로, 이러한 오류를 바로잡는 것이 개혁개방 시기 종교정책의 방향성이다. 중국공산당이 제정한 종교정책 문건에는 개혁개방 이후 변화된 종교인식이 반영되어 있으며, 종교정책 문건을 종교행정의 근거로 활용하기 위해 제정하였다.

중국의 종교자유정책은 사회주의 이념을 재해석하여 이론적 근거를 확보한다. 이는 중국공산당과 정부가 시대적 흐름과 국정 상황에 맞추어 지속적으로 마르크스주의를 재해석한 것과 무관하지 않다. 1978년 개혁개방 이후 중국공산당과 중국정부는 제1세대 지도부 마오쩌둥의 종교정책 노선과 차별화된 종교정책을 시행한다. 좌편향된 종교인식의 극단적 실천으로 중국 종교정책의 암흑기를 초래한 문화혁명 시기를 사회주의 종교관에 대한 완전한 해석 오류로 간주하고, 이에 따라 문화혁명 시기의 종교정책은 사회주의 종교관과는 유리된 정책이었다고 강조한다.

중화인민공화국은 사회주의 체제 국가이다. 사회주의 체제는 마르크스주의를 신봉한다. 중화인민공화국은 종교정책을 수립하면서 마르크스주의 종교관을 근거로 하였다. 마르크스주의는 유물론이다. 마르크스주의 종교인식은 종교는 사회주의 체제가 완성되면 종교는 스스로 사라지게 된다는 종교자연소멸론이다.

2장

중국공산당의 종교 관련 정책문건과 종교인식

• • •

1949년 9월 21일부터 30일까지 중국인민정치협상회의 제1회기 전체회의가 개최되었다. 당시 중국인민정협주비회(中国人民政协筹备会) 주임 겸 중국공산당 중앙위원회 주석은 마오쩌둥이었다. 중국공산당 및 각 민주당파, 사회단체와 무당파 등 대표 552명(후보 대표 포함)이 참석하였는데, 그 중에는 기독교, 불교, 이슬람교 등 중국 종교계 대표도 포함되며, 기독교계에서는 우야오종(吳耀宗) 등 5명이 대표로 참석하였다. 당시 중국인민정치협상회의는 현재 중국인민대표대회의 직권인 입법기구로서의 역할을 담당하여, 임시헌법 격인 〈중화인민정치협상회의공동강령(中国人民政治协商会议共同纲领)〉, 〈중국인민정치협상회의조직법(中国人民政治协商会议组织法)〉, 〈중화인민공화국중앙인민정치조직법(中华人民共和国中央人民政府组织法)〉을 제정하였다.

A. 〈중화인민정치협상회의공동강령〉에 나타난 종교 관련 조항

제5조 중화인민공화국 인민에게는 사상, 언론, 출판, 집회, 결사, 통신, 인신, 거주, 이주, 종교신앙 및 시위의 자유권이 있다.

第五条 中华人民共和国人民有思想、言论、出版、集会、结社、通讯、人身、居住、迁徙、宗教信仰及示威游行的自由权。

> 제53조 모든 소수민족에게는 자신의 언어와 문자를 개발하고 자신의 풍속과 관습 및 종교신앙을 유지하거나 개혁할 자유가 있다. 인민정부는 모든 소수민족 구성원들이 자신들의 정치, 경제, 문화, 교육체계를 구축하도록 도와주어야 한다.
>
> 第五十三条 各少数民族均有发展其语言文字、保持或改革其风俗习惯及宗教信仰的自由。人民政府应帮助各少数民族的人民大众发展其政治、经济、文化、教育的建设事业。

〈공동강령〉 제1장은 총칙으로 제5조에서는 “중화인민공화국 인민에게는 종교신앙의 자유권이 있다”라고 규정하고 있다. 이 조항은 중화인민공화국 건국 당시부터 종교자유를 보장하고 있다는 증거자료로 주로 활용되는 조항이다. 중화인민공화국 초기에 중국은 종교신앙의 자유를 공민(人民)의 기본권으로 인정하였다. 그런데 〈공동강령〉 서언에 따르면 중국인민정치협상회의는 인민민주통일전선조직으로서, 중화인민공화국 설립에 동의하는 모든 세력을 통일전선전략 차원에서 공산당, 각 민주당파, 각 사회단체, 각 지방, 인민해방군, 각 소수민족, 해외화교 및 기타 애국민주인사들의 대표로 구성하였다. 이는 정협에서 제정한 〈공동강령〉에서 종교신앙의 자유를 보장하고 있는 것이 통일전선전략의 실천적 조치라고 볼 수 있는 근거이다. 특히 제53조에 명기된 종교신앙의 자유는 소수민족에게 해당하는 것으로, 소수민족을 대상으로 한 통일전선전략의 연장선상에 있다.

B. 〈중화인민공화국 헌법〉에 나타난 종교 관련 조항

1949년에 제정된 〈중국인민정치협상회의조직법(中国人民政治协商会议组织法)〉 제6조에 "중국인민정협전체회의는 3년에 1회 개최한다(中国人民政协全体会议, 每三年开会一次)"라는 규정에 따라 중국인민정치협상회의 제2차 회의는 1952년 9월경에 개최되어야 했지만 국내 정세가 급격하게 변화하면서, 〈공동강령〉 제14조의 규정에 따라 "군사행동이 종료되고, 토지개혁이 실현된 지역부터 인민대표대회"를 소집하였다. 이에 따라 중국공산당 중앙위원회에서는 전국인민대표대회 개최와 〈헌법〉 제정을 논의하기 시작했다.

1953년 1월, 중앙인민정부위원회 제12차 회의에서 저우언라이(周恩来)는 "전국인민대표대회 및 지방 각급 인민대표대회 소집보고(召开全国人民代表大会及地方各级人民代表大会的报告)"를 통해 〈헌법〉을 〈공동강령〉을 기초로 하고, 국가제도, 사회구조, 인민권리 등의 내용으로 구성할 계획을 보고하였고, "전국인민대표대회 및 지방 각급 인민대표대회에 관한 결의(关于召开全国人民代表大会及地方各级人民代表大会的决议)"를 채택하였다. 당시 계획으로는 1953년에 먼저 지방인민대표대회를 소집하고, 이어서 전국인민대표대회를 소집하려고 했지만, 제1회기 전국인민대표대회는 예정보다 1년 정도 늦어진 1954년 9월 15일부터 28일까지 1차 회의가 개최되었다.

제1회기 전국인민대표대회의 주요 안건은 〈중화인민공화국 헌법〉을 결의하는 것이었다. 1954년 초에 구성한 〈헌법〉 초안작성위원회의 업무보고를 듣고, 위원회가 작성하여 상정한 〈헌법(초안)〉을 심의하여 최초의 〈중화인민공화국 헌법〉으로 채택하였다. 1954년에 제정된 〈헌법〉이므로 간칭하여 〈54헌법〉이라고 한다.

〈54헌법〉에는 종교와 관련된 두 개의 조항이 있다. 종교신앙을 공민의 기본권으로 규정하고 있으며, “중화인민공화국 공민에게는 종교신앙의 자유가 있다”라고 명문화하였다.

제86조 중화인민공화국의 만 18세 이상 공민에게는 민족, 종족, 성별, 직업, 출신성분, 종교신앙, 교육정도, 재산상황, 거주기간과 관련 없이 모두에게 선거권과 피선거권이 있다.

第八十六条 中华人民共和国年满十八岁的公民,不分民族、种族、性别、职业、社会出身、宗教信仰、教育程度、财产状况、居住期限,都有选举权和被选举权。

제88조 중화인민공화국 공민에게는 종교신앙의 자유가 있다.

第八十八条 中华人民共和国公民有宗教信仰的自由。

1954년에 최초의 〈중화인민공화국 헌법〉인 〈54헌법〉이 제정한 이후, 중국인민대표대회에서는 1975년, 1978년, 1982년 등 3차례에 걸쳐 〈헌법〉을 개정하였고, 〈78헌법〉은 1979년과 1980년 등 2차례 부분 개정을 하였으며, 〈82헌법〉은 1988년, 1993년, 1999년, 2004년 등 현재까지 총 4차례 부분 개정을 하였다.

〈75헌법〉에는 종교와 관련된 한 가지 조항이 있다. 〈54헌법〉과 비교하면 종교신앙의 자유를 공민의 기본권으로 규정함과 동시에 불신앙의 자유와 무신론 선전의 자유가 추가되었다. 〈75헌법〉은 1975년 1월 17일 제4회기 전국인민대표대회 제1차 회의에서 제정되었다. 본 대회가 1975년이 문화대혁명 기간에 소집된 것을 참작할 때, 당시 좌편향된 정치적 이념

성향이 종교신앙자유에 반영된 것으로 볼 수 있다.

> 제28조 공민에게는 언론, 통신, 출판, 집회, 결사, 데모, 시위, 파업의 자유가 있으며, 종교를 믿을 자유와 종교를 믿지 않을 자유, 무신론을 선전할 자유가 있다.
>
> 第二十八条 公民有言论、通信、出版、集会、结社、游行、示威、罢工的自由,有信仰宗教的自由和不信仰宗教、宣传无神论的自由。

〈78헌법〉에는 종교와 관련된 한 가지 조항이 있다. 〈78헌법〉은 1978년 3월 5일, 제5회기 전국인민대표대회 제1차 회의에서 제정되었는데, 이 시기에는 문화대혁명의 영향으로부터 완전히 자유롭지 못했던 것으로 보인다.

> 제46조 공민에게는 종교신앙의 자유와 종교 불신앙의 자유, 무신론을 선전할 자유가 있다.
>
> 第四十六条 公民有信仰宗教的自由和不信仰宗教、宣传无神论的自由。

〈82헌법〉에는 종교와 관련된 두 가지 조항이 있다.

> 제34조 중화인민공화국의 만 18세 공민에게는 민족, 종족, 성별, 직업, 출신성분, 종교신앙, 교육정도, 재산상황, 거주기한을 불문하고 모두에게 선거권과 피선거권이 있다. 그러나 법률에 의해 정치권이 박탈된

사람을 예외로 한다.

第三十四条　中华人民共和国年满十八周岁的公民, 不分民族、种族、性别、职业、家庭出身、宗教信仰、教育程度、财产状况、居住期限, 都有选举权和被选举权; 但是依照法律被剥夺政治权利的人除外。

제36조 중화인민공화국 공민에게는 종교신앙의 자유가 있다.
어떤 국가기관, 사회단체 또는 개인이라도 공민들에게 종교를 강제로 믿게 하거나 종교를 믿지 않도록 해서는 안 되며, 종교신앙을 가진 공민이나 종교신앙을 가지지 않은 공민을 차별해서는 안 된다.

第三十六条　中华人民共和国公民有宗教信仰自由。
任何国家机关、社会团体和个人不得强制公民信仰宗教或者不信仰宗教, 不得歧视信仰宗教的公民和不信仰宗教的公民。
国家保护正常的宗教活动。任何人不得利用宗教进行破坏社会秩序、损害公民身体健康、妨碍国家教育制度的活动。
宗教团体和宗教事务不受外国势力的支配。

〈82헌법〉은 1982년 12월 4일, 제5회기 전국인민대표대회 제5차 회의에서 채택되었다. 〈82헌법〉이 제정된 시대적 배경은 다음과 같다. 1978년 11월 10일부터 12월 15일까지 개최된 중국공산당 중앙위원회 업무회의, 이어서 12월 18일부터 개최된 중국공산당 중앙위원회 제3차 전체회의를 기점으로 덩샤오핑을 중심으로 하는 중국공산당 제2세대 지도부가 출범한다. 이를 기점으로 중국공산당과 정부는 중국특색의 사회주의를 실현하기 위한 개혁개방정책을 시행하면서, 국가 전 영역의 역량을 경제

개발에 집중하기 위한 통일전선업무를 강조한다.

1980년 12월, 중국공산당 중앙위원회 중앙서기처는 중국공산당의 종교정책을 담당하는 중앙통전부와 국무원 국가종교사무국에 지시하여 "우리나라 사회주의 시기 종교문제에 관한 기본 관점과 기본 정책(关于我国社会主义时期宗教问题的基本观点和基本政策)"을 작성하였고, 이를 1982년 3월 31일 중국공산당 중앙위원회 공식문건 제19호로 발표하였다. 이에 앞서 중국공산당은 1981년 6월 27일, 중국공산당 중앙위원회는 제11회기 중앙위원회 제6차 전체회의에서 중화인민공화국의 역사를 정리한 "건국 이래 당의 몇 가지 역사적 문제에 관한 결의(关于建国以来党的若干历史问题的决议)"를 발표하면서 중국공산당의 종교정책 방향을 제시한 바 있다.

개혁개방정책을 효과적으로 시행하기 위한 중국공산당과 중앙통전부의 종교정책 방향성은 〈82헌법〉에 적극적으로 반영된 것으로 보인다. 먼저는 문화대혁명 시기에 제정된 〈75헌법〉과 〈78헌법〉에서 종교신앙의 자유와 관련된 조항이 하나의 조항을 축소되었던 것을 두 가지 조항으로 회복하였다. 둘째, 선거권 및 피선거권과 관련하여 종교신앙을 차별하지 않음을 명시적으로 밝혔다. 셋째, 공민들에게 종교신앙의 자유가 있음을 명기하였다. 넷째, 종교신앙의 자유에 대한 부가적인 내용을 더욱 상세하게 제시하였다. 다섯째, 정상적인 종교활동과 비정상적인 종교활동을 명확하게 구분하였다. 여섯째, 중국종교가 외세의 영향으로부터 독립성을 확보해야 한다는 내용을 추가하였다.

1949년에 제정된 〈공동강령〉과 1954년에 제정된 최초의 헌법인 〈54헌법〉, 그리고 3차례 전면 개정과 7차례 부분 개정된 일시와 제정된 회의, 종교와 관련된 조항을 표로 정리하여 "역대 〈중화인민공화국 헌법〉에 나타난 종교관련 조항"이라는 제목으로 말미에 〈부록 03〉으로 수록한다.

C. 중국공산당의 통일전선과 종교정책

1. 중국공산당 전국대표대회

중국공산당의 최고 의결기관은 전국대표대회이다. 중국공산당 전국대표대회는 국가의 최고 의결기관 역할을 한다. 전국공산당 대표대회에서 권력 이양이 이루어지며, 역대 중국공산당 지도자의 지도 이념을 채택하고, 이는 곧 중국의 통치 이념이 된다. 중국공산당의 핵심 권력은 정치국(중국공산당 정치국 상무위원회)으로, 정치국 상무위원회는 중국의 최상위 집단 지도체제이다. 국가주석, 인민대표대회 상무위원장, 국무원 총리, 정치협상회의 주석, 중앙군사위원회 주석은 정치국 상무위원 서열에 따라 지명된다. 중국공산당의 이념 정책의 핵심은 통일전선이며, 통일전선 실무는 중앙통전부에서 담당한다. 중국공산당의 종교정책은 통일전선업무 영역이다. 중국공산당은 중앙통전공작부에게 종교정책 수립업무를 부여하였다. 중앙통전공작부는 중국공산당 중앙위원회의 지시에 따라 종교정책 기초적인 작업을 한다. 그러므로 중국공산당의 종교정책 공식문건 제정의 이론적 배경이 되는 통전업무 관련 자료를 먼저 분석해 보도록 한다.

2. 통일전선의 시기별 변화

통일전선은 역사적으로 다섯 차례 시기별 중요한 변화가 있었다.

첫째, 국민혁명연합시기이다. 1922년 7월 중국공산당 제2차 전국대표대회에서 제정한 "민주적연합전선에 관한 결의(关于'民主的联合战线'的议决案)"를 바탕으로 공산당원이 개인 신분으로 국민당에 가입하면서 형성된 국민혁명연합전선시기이다.

둘째, 항일민족통일전선시기이다. 1927년 통일전선을 구축했던 노동자, 농민, 도시소자본가, 민족자산가 등 네 가지 계급 가운데 민족자산가 계급이 이탈하면서 형성된 공농민주통일전선시기, 1931년 발발한 918사건(노구교사건)을 계기로 형성된 항일민족통일전선시기이다.

셋째, 인민민주통일전선시기이다. 1945년 8월, 항일전쟁 종식 이후 1949년 10월 1일 중화인민공화국이 성립하는 과정에서 형성된 인민민주통일전선시기이다.

넷째, 애국통일전선시기이다. 1978년에 개최된 중국공산당 제13회기 전국대표대회 중앙위원회 제3차 전체회의를 계기로 형성된 애국통일전선시기이다.

통전업무에는 종교업무가 포함되므로, 종교정책의 수립은 통일전선과 무관하지 않다. 중국공산당에 국정운영정책을 수립하고, 통일전선 담당 부서에서는 통전업무 실무 차원에서 종교정책을 제정한다. 이를 하달하면 종교업무 담당 부서에서 행정실무를 위한 법령 제정이나 정책 시행을 담당한다.

3. 통전업무 내용

통전업무와 관련된 행정규범으로는 2021년 1월 5일, 중국공산당 중앙위원회가 개정한 〈중국공산당통전업무조례〉가 현재 확보할 수 있는 최신 자료이다. 2015년 4월 30일에 중국공산당 중앙위원회 정치국에서 제정하여 같은 해 5월 18일에 반포하였던 〈조례〉에 시진핑의 신시기 중국특색사회주의 사상을 행정규범에 반영하기 위해 개정하였다. 〈조례〉 내용을 분석하면 통일전선 업무 내용을 파악할 수 있다. 아울러 통일전선의 변화 과정을 파악하기 위해서는 역대 전국통일전선업무회의(国统战工作会议)

의 역사와 그 내용을 분석할 필요가 있다. 이러한 작업을 통해서 통일전선과 종교정책의 관계를 규명할 수 있다.

4. 역대 전국통일전선업무회의와 종교정책

전국통전업무회의는 중국공산당이 통전정책을 논의하고 수립하는 회의이다. 가장 최근에 소집된 전국통전업무회의는 2024년에 소집된 중앙통전업무회의이다. 중화인민공화국 성립 이후에 최초의 전국통전업무회의는 1950년에 소집되었고, 그 후 22차례 개최되었다. 시진핑의 중국공산당 제5세대 지도부가 소집한 제21차 전국통전업무회의부터 회의 명칭을 중앙통전업무회의로 변경하였다.

시진핑 제5세대 지도부는 2차례 전국통전업무회의를 소집하였다. 시진핑 지도부가 첫 번째 소집한 전국통전업무회의는 직전 회의가 2006년에 개최되었던 제20차 전국통전회의 이후 9년 만에 개최된 것으로, 그 명칭을 중앙통전업무회의로 개칭한 첫 번째 회의이며, 두 번째 회의는 2022년에 개최되었으며, 역대 22번째 회의이다. 중화인민공화국 건국 초기, 중국공산당은 인민민주주의 통일전선을 구축하기 위해 끊임없이 노력했다. 역대 전국통전업무회의를 정리한 도표는 〈부록 04〉를 참조하라.

제1차 전국통전업무회의

최초의 전국통일전선업무회의는 마오쩌둥을 중심으로 하는 중국공산당 제1세대 지도부가 총동원되어 인민민주통일전선을 강조한 회의이다. 건국 초기 중국공산당은 노동자계급, 농민계급, 소자본계급, 민족자본계급으로 구성된 인민민주통일전선을 구축하였다. 통일전선의 성격에 대해

저우언라이는 "인민민주통일전선은 노동자계급, 농민계급, 소자본계급, 민족자산계 등 네 가지 계급의 연맹(人民民主统一战线是工人阶级、农民阶级、小资产阶级和民族资产阶级四个阶级的联盟。)"이라고 설명했으며, 저우언라이가 정의한 인민민주통일전선 개념은 제1기 전국인민정치협상회의에서 채택된 〈중국인민정치협상회의공동강령(中国人民政治协商会议共同纲领)〉에 그대로 반영되었다.

> 서언 중국인민민주독재는 중국의 노동자계급, 농민계급, 소자본계급, 민족자산계급 및 기타 애국민주인사로 구성된 인민민주통일전선 정권이며, 노동자농민연맹을 기초로 하고, 노동자계급이 영도한다.
>
> 序言 中国人民民主专政是中国工人阶级、农民阶级、小资产阶级、民族资产阶级及其他爱国民主分子的人民民主统一战线的政权, 而以工农联盟为基础, 以工人阶级为领导。(〈중국인민정치협상회의공동강령〉 서언)
>
> 제13조 중국인민정치협상회의는 인민민주통일전선 조직이다.
>
> 第十三条 中国人民政治协商会议为人民民主统一战线的组织形式。

제2차 전국통전업무회의

제2차 전국통전업무회의는 1951년 1월 16일부터 25일까지 개최되었다. 회의에서 논의한 주요 안건은 반제애국운동을 전개하는 과정에서의 통전업무와 민주당파 인사들이 조직을 구축할 수 있도록 돕는 문제였으며, 마오쩌둥, 저우언라이 등 중국공산당 지도부가 연설하였다.

제3차 전국통전업무회의

제3차 전국통전업무회의는 1952년 6월 6일부터 23일까지 개최되었다. 주요 토의 안건은 민족자산계급 문제와 민주당파 문제였다. 특히 민주당파의 본질에 대해 다음과 같이 개념화하였다.

> 민주당파는 통일전선 성격을 지닌 조직으로, 민족자산계급, 도시 상등부의 소자본계급(소수의 노동자 혹은 점원을 고용하는 소자본가), 일부 지주계급에서 분화되어 자산계급 색채를 띤 사람들이나 이러한 계급, 계층과 관계있는 지식인들 가운데 상당수를 계급기반으로 한다.
>
> 民主党派是统一战线性质的组织，其主要阶级基础是民族资产阶级、城市上层小资产阶级(即雇有少数几个工人或店员的小资本家)、一部分从地主阶级分化出来的带有资产阶级色彩的分子以及和这些阶级、阶层相联系的知识分子中的许多人们。

제4차 전국통전업무회의

제4차 전국통전업무회의는 1953년 6월 25일부터 7월 22일까지 개최되었다. 본 회의에서는 소수민족 집단거주 지역에 대한 통전업무를 주요 안건으로 논의하였다. 특히 이 지역에서 시행하는 토지개혁 과정에서 소수민족의 종교에 대해 신중한 태도를 지니고, 모스크나 라마불교 사원 및 기타 소수민족 사원이 소유한 토지문제는 신중하게 처리해야 한다고 강조했다.

제5차 전국통전업무회의

제5차 전국통일전선업무회의는 1954년 3월 20일부터 4월 11일까지 개최되었다. 주요 안건으로 인민대표대회제도를 시행하면서 통일전선 차원에서 인민대표대회 대표를 구성하는 문제를 다루었다.

제6차 전국통전업무회의

제6차 전국통일전선업무회의는 1956년 2월 16일부터 3월 3일까지 개최되었다. 본 회의에서는 사회주의 개혁이 어느 정도 완성되었다고 판단하고 "1956년에서 1972년까지의 통일전선업무방침(一九五六年到一九六二年统一战线工作的方针)"이라는 제목의 문건을 제정하였다.

제7차 전국통전업무회의

제7차 전국통전업무회의는 1956년 10월 16일부터 11월 8일까지 개최되었다. 공산당과 민주당파의 관계에 대한 논의가 주요 의제였다. 이는 "여덟 글자 방침(八字方针: 长期共存, 互相监督)"으로 공산당과 민주당파의 관계를 규정하였다.

第8차 전국통전업무회의

第8차 전국통전업무회의는 1957년 3월 21일부터 4월 4일까지 개최되었다. 마오쩌둥이 "인민 내부모순을 정확하게 처리하라(关于正确处理人民内部矛盾的问题)"는 제목으로 연설했다. 연설에서 종교는 군중성, 민족성, 장기성이라는 특성이 있으므로 강제적인 행정 수단으로 금지해서는 안 된다고 지적함으로써 이후 중국 종교정책의 이론적 근거가 되는 종교오성론의 기초를 제기했다.

문화혁명 시기 전국통전업무회의

1957년부터 반우파투쟁이 확산된 후, 중국공산당의 지도 이념이 좌편향되면서 1957년 12월 16일에 개최된 第9차 통일전선업무회의, 1958년 7월 1일부터 22일까지 개최된 第10차 전국종교업무회의, 1958년 12월 18일부터 1959년 1월 7일까지 개최된 第11차 전국통전업무회의, 1962년 4월 23일부터 5월 21일까지 개최된 第12차 전국통전업무회의, 1962년 5월 25일부터 6월 18일까지 개최된 第13차 전국통전업무회의는 계급투쟁을 강조하면서 계급 간의 협력을 기반으로 하는 통전업무는 더 이상 정상적인 역할을 담당하지 못하게 되었고, 문화대혁명 기간에는 통전업무가 중단되었다.

第14차 전국통전업무회의

1978년 12월 개최된 중국공산당 전국대표대회 제11회기 중앙위원회 第3차 전체회의에서 문화대혁명의 종식을 선언하면서, 중국공산당의 통전업무는 전환기를 맞이한다. 1978년 개혁개방정책이 시행되었다. 개혁개방은 중국이 경제개발을 중심으로 하는 사회주의현대화의 새로운 시기를 열었다. 이 시기의 통일전선은 공인계급이 영도하고, 공농연맹을 기초로 하는 사회주의 노동자, 사회주의를 옹호하는 애국자, 조국통일을 옹호하는 애국자들의 광범위한 연맹이다. 당이 국정의 중심을 계급투쟁에서 경제개발로 변경하는 상황에 적응하는 것이 통전업무의 주안점이었다. 개혁개방 이후 최초로 제14차 전국통전업무회의가 1979년 8월 15일부터 9월 13일까지 개최되었다. 이는 1963년에 제13차 전국통전업무회의가 개최된 이후 16년 만에 재개된 회의이며, 개혁개방정책을 시행한 후 첫 번째 개최된 회의로, 새로운 역사시기에 부합하는 통일전선의 성격과 임무를 확립하는 중요한 의미가 있다. 특히 이 회의에서 확정한 통일전선 구축 대상으로 정치협상회의와 각 민주당파, 각 영역의 애국자, 지식인업무, 원래는 공상업자였다가 스스로의 힘으로 생활하는 노동자가 된 사람들, 홍콩과 마카오, 타이완을 대상으로 하는 통전업무, 화교계 상층부를 대상으로 하는 통전업무, 국제교류활동 등과 함께 소수민족 업무와 종교 업무가 포함되어 있다. 1979년에 개최된 제14차 전국통전업무회의에서는 "종교활동을 지하로부터 지상으로 끌어올려야 한다"라는 관점과 "종교가 사회주의 사회에 부합하게 해야 한다"라는 관점을 제시하였다.

제15차 전국통전업무회의

제15차 전국통전업무회의는 1981년 12월 21일부터 1982년 1월 6일까지 개최되었다. 이 회의에서는 통일전선 구축 대상을 기존의 8가지에서 10가지로 확장하였다. 그 대상은 민주당파, 저명한 무당파 인사, 당 외 지식인 간부, 전향한 국민당 군정계 인사, 공상업자 출신, 소수민족 상류

계층, 타이완으로 이주한 인사들의 대륙에 남아있는 가족이나 친구, 타이완 동포와 홍콩, 마카오 동포, 귀국한 교포나 해외에 체류하는 교포이며 그리고 종교계의 애국적인 지도급 인사도 여전히 통일전선 구축 대상으로 포함되어 있다.

第15차 전국통전업무회의는 중국공산당이 최초의 종교정책 공식문건에 대해 논의한 회의라는 점에서 중국의 종교정책 역사에 중요한 의미를 지닌다. 1982년 3월 31일에 중앙19호문건 "우리나라 사회주의 시기 종교문제에 관한 기본 관점과 기본 정책(关于我国社会主义时期宗教问题的基本观点和基本政策)"이 하달되었다. 〈19호문건〉은 개혁개방 이후 최초로 제정된 중국공산당의 종교정책 공식문건이다.

第16차 전국통전업무회의

第16차 전국통전업무회의는 1986년 11월 27일부터 12월 4일까지 개최되었다. 본 회의에서 논의한 두 가지 주요 의제는 첫째, 일국양제(一国两制) 정책인데, 이는 타이완을 통일하기 위한 기본적인 국가정책을 논의한 것이며, 둘째는 종교신앙자유정책을 중국공산당의 기본 종교정책으로 다시 제시하였다. 이는 종교계가 통일전선 구축 대상임을 공개적으로 인정한 것이며, 내용상으로는 종교가 사회주의 제도에 부합하도록 해야 한다는 것이었다.

第17차 전국통전업무회의

第17차 전국통전업무회의는 1990년 6월 11일부터 15일까지 개최되었다. 이에 앞서 1989년 6월 23, 24일 양일간 중국공산당 전국대표대회 제13회기 중앙위원회 제4차 전체회의가 소집되었다. 이 회의에서 장쩌민은 중국공산당 중앙위원회 총서기로 선출되면서 장쩌민을 중심으로 중국공산당 제3세대 지도부가 탄생한다. 따라서 이 대회는 장쩌민을 중심으로 하는 중국공산당 3세대 지도부가 개최한 첫 번째 전국통전업무회의였다.

이 회의는 1989년에 일어났던 천안문사건으로 인해 중국공산당의 통일전선정책이 변경되거나 축소될 우려가 있던 시기에, 중국공산당 중앙은 통전업무의 중요성을 인식하고 향후 통전업무 방침을 확립할 목적으로 소집되었다. 회의에서는 "통일전선업무를 강화하는 것에 관한 중공중앙의 통지(中共中央关于加强统一战线工作的通知)"라는 제목으로 통일전선 정책문건 제정하였다. 〈통지〉는 통일전선정책문건 가운데 처음으로 종교업무가 통전업무의 중요한 영역임을 명시했다는 점에서 중요한 의미를 지닌다.

"통일전선업무를 강화하는 것에 관한 중공중앙의 통지(中共中央关于加强统一战线工作的通知)" 내용분석

〈통지〉 내용은 9가지 조항으로 구성되어 있다.[1] 그 가운데 통전업무와 종교업무를 연결해 주는 내용은 제4항 "국가의 안정을 보호하라(坚决维护国家的稳定)"와 제7항 "당이 제정한 통일전선정책의 각 항목 성실하게 이

---

1 "통일전선업무를 강화하는 것에 관한 중공중앙의 통지(中共中央关于加强统一战线工作的通知)"
一、坚持和发展统一战线是党的一项坚定不移的战略方针。
二、高举爱国主义、社会主义旗帜，巩固和发展最广泛的爱国统一战线。
三、坚持党对统一战线的领导权。
四、坚决维护国家的稳定。
五、充分发扬社会主义民主，密切联系党外人士。
六、努力为四化建设、改革开放服务。
七、认真贯彻落实党的统一战线的各项政策。
八、积极培养和选拔党外干部。
九、全党重视做统一战线工作。

행하라(认真贯彻落实党的统一战线的各项政策)”라는 조항이다. 조항의 내용은 다음과 같다.

4. 국가 안정을 수호하라

종교문제는 사회적 안정과 긴밀하게 연결되어 있다. 우리나라 종교계의 애국적인 역량을 활용하여 신도들을 단결시켜 사회적 안정을 보호하는 유의미한 업무를 수행한다. 최근 국외의 적대 세력들이 종교를 이용하여 침투하여, 일부 지역에서는 지하조직을 만들어 사회 치안을 어지럽히고, 민족단결과 국가통일을 파괴한다. 우리는 애국적인 종교계 인사들과 단결하여, 자주, 독립, 종교자체운영의 원칙과 애국적인 삼자(자전, 자치, 자양)의 길을 걷고, 적대적인 종교세력을 와해시켜, 그들로부터 영향을 받은 대중들을 되찾아야 한다. 각급 당위원회와 정부는 필요한 역량을 끌어모아 최선을 다해 이 업무를 성실하게 감당해야 하며, 최근 일부 지역에서 종교계의 애국적 역량이 부족한 현상과 종교계의 지하세력에 법적으로 대처하지 못하는 현상을 변화시켜야 한다.

四、坚决维护国家的稳定。

宗教问题同社会的安定团结密切相关。我国宗教界的爱国力量团结广大信教群众，为维护社会稳定做了大量有益的工作。近年来，国外敌对势力利用宗教对我国进行渗透，在一些地区发展地下组织，扰乱社会治安，破坏民族团结和国家统一。我们要团结依靠宗教界的爱国力量，坚持独立自主、自办教会的原则和“三自”(自传、自治、自养)爱国道路，分化、瓦解敌对的宗教势力，把受他们影响的群众争取过来。各级党委和政府应组织必要的力量，非常认真地做好这项工作，切实改变目前一些地区发挥爱国宗教力量作用不够、对地下宗教势力依法打击不力的现象。

위의 〈통지〉 내용은 우리에게 중국공산당이 종교업무를 통전업무 범위에 포함시킨 목적이 종교계의 역량을 동원하여 사회적 안정을 도모하기 위한 전략임을 알 수 있다. 내용을 정리하면 다음과 같다.

첫째, 종교문제는 사회 안정과 밀접하게 연관된다. 따라서 종교계 인사들과 통일전선을 구축해야 한다. 둘째, 종교계는 독립자주자체경영의 원칙과 삼자(자전, 자치, 자양) 원칙을 지켜야 한다. 셋째, 각급 당위원회와 정부 조직은 종교업무를 성실하게 수행해야 한다.

> 7. 당이 제정한 통일전선정책을 성실하게 이행하라
>
> (4) 애국적인 종교계 인사들에 대한 통전업무를 제대로 수행하여, 통일전선을 구축하라. 〈19호문건〉은 신시기 종교업무를 지도하는 중요한 문건이므로 철저하게 시행해야 한다.
>
> 종교신앙의 자유를 존중하고 보장하는 것은 종교를 믿을 자유를 보장할 뿐 아니라 종교를 믿지 않을 자유도 보장한다는 것으로, 종교문제에 대한 우리 당의 기본정책이다. 이러한 정책을 실행하면 신앙인들과 비신앙인들이 서로 존중하고 단결하여 사회주의 현대화를 달성하기 위해 함께 노력하게 된다.
>
> 애국적인(친정부적인) 종교단체가 자신의 역할을 충분히 발휘하게 하고, 그들이 가지고 있는 긍정적인 요소를 동원하고, 그들이 유익한 활동을 하도록 지지한다. 애국적인 종교단체와 인사들이 애교와 애국을 결합하여 그들의 종교활동이 헌법과 법률이 허용하는 범위 내에서 사회주의 제도에 부합하도록 한다.
>
> 국가는 정상적인 종교활동을 보호하고, 종교는 국가의 행정, 사법, 학교교육, 사회공공교육에 간섭하지 않으며, 이미 폐지된 봉건적 종교특권이나 착취제도를 회복하거나, 종교를 이용해서 공산당의 영도나 사

회주의제도를 반대하고, 국가통일과 민족단결을 훼손하지 못하게 해야 한다.

그 누구라도 종교활동 장소에서는 무신론을 선전해서는 아니 되며, 어떤 종교단체나 신도라도 종교활동 장소 이외의 장소에서 포교활동이나 전도활동, 승인되지 않은 종교서적이나 음향제품, 기타 물품을 반포해서는 아니 된다.

종교계의 부동산 문제를 적절하게 처리하여 정상적인 종교활동에 필요한 장소 문제를 해결해 주어야 한다.

마르크스주의 입장, 관점, 방법으로 종교문제에 관해 과학적으로 연구하고, 인민들 특히 청소년들에게 (무신론을 포함한) 과학적 세계관을 교육한다.

종교문제와 관련된 논문, 저서, 문학작품 등을 출간하려면 종교정책에 위배되지 않고, 신도들의 종교적 감정을 건드리지 않도록 신중한 태도로 접근해야 한다.

七、认真贯彻落实党的统一战线的各项政策。

(四)做好爱国宗教界人士的工作,巩固和扩大党同各民族爱国宗教界的统一战线。《中共中央关于我国社会主义时期宗教问题的基本观点和基本政策》,是指导新时期宗教工作的重要文件,要认真贯彻落实。

尊重和保护宗教信仰自由,既保障人们信教的自由,又保障人们不信教的自由,是我们党对宗教问题的基本政策。实行这个政策,有利于广大信教群众和不信教群众彼此尊重,相互团结,共同致力于社会主义现代化建设事业。

要充分发挥爱国宗教团体的作用,调动他们的积极因素,支持他们开展有益的工作。要引导爱国宗教团体和人士把爱教与爱国结合起来,把宗教活动纳入宪法和法律的范围，同社会主义制度相适应。要坚持政教分离的原则。
国家保护正常的宗教活动，宗教不得干预国家行政、司法、学校教育和社会公共教育，不得恢复已被废除的宗教封建特权和宗教压迫剥削制度，不得利用宗教反对共产党的领导和社会主义制度，破坏国家统一和民族团结。
任何人都不应当到宗教场所进行无神论的宣传，任何宗教组织或教徒也不应当在宗教活动场所以外布道、传教、散发未经政府主管部门批准的书刊、音像制品和其他物品。
要妥善处理历史遗留的宗教房产问题，解决好正常宗教活动所必需的场所。
要用马克思主义立场、观点、方法加强对宗教问题的科学研究，向人民群众特别是广大青少年进行科学世界观（包括无神论）的宣传教育。
公开发表涉及宗教问题的文章、著作、文艺作品等，要采取慎重态度，不要违背宗教政策，伤害信教群众的宗教感情。

이때 전국통전업무회의에서 제시한 당의 종교정책 원칙은 다음과 같다.
첫째, 종교계 인사들과 통일전선을 구축해야 한다.
둘째, 종교신앙 자유를 존중하고 보호한다.
셋째, 종교단체가 종교업무에서 중요한 역할을 담당하게 해야 한다.
넷째, 국가는 정상적인 종교활동을 보호한다.
다섯째, 종교활동 장소를 존중한다.
여섯째, 마르크스주의 입장, 관점, 방법으로 종교 문제를 연구한다.
일곱째, 종교 문제를 신중하게 다루어야 한다.

1992년 5월, 중국공산당 중앙위원회 사무실에서는 중앙통전부에서 작성한 〈90년대통일전선부서업무강요(九十年代统一战线部门工作纲要)〉를 발표한다. 이 〈통지〉에서는 통전업무 영역에서 종교업무와 관련된 두 가지 방향을 제시하고 있는데,

첫째, 종교업무는 기본적으로 당의 종교정책을 수행하고,

둘째, 종교업무를 법제화하고,

셋째, 종교계와의 통일전선을 구축하고,

넷째, 종교가 사회주의 사회에 부합하도록 지도함으로써

다섯째, 사회 안정에 기여해야 하는 것이다.

이처럼 1990년대에 들어서면서 종교업무가 통전업무의 중요한 영역으로 자리 잡기 시작한다. 특히 중국공산당의 종교정책 원칙이 점차 명확하게 정리되면서, 이후 제18차 전국통전업무회의에서 장쩌민의 연설을 통해 처음으로 당의 종교정책 3대 원칙이 제시된다.

제18차 전국통전업무회의

제18차 전국통전업무회의는 1993년 11월 3일부터 7일까지 개최되었다. 본 회의에서 중국공산당 3세대 지도부 책임자인 장쩌민(江泽民)은 "민족업무와 종교업무를 고도로 중시하라(高度重视民族工作和宗教工作)"는 제목으로 연설하였다. 연설문에서 장쩌민은 중국공산당의 종교정책 원칙을 세 가지 문장으로 요약하였다. 이를 "당의 종교정책 3대 원칙(三句话)"이라고 한다.

종교 문제에 관해서도 세 문장을 강조하고 싶은데,
첫째, 당의 종교 정책을 전면적이고 정확하게 집행하고,
둘째, 법에 따라 종교 사무 관리를 강화하고,
셋째, 종교가 사회주의 사회에 적응하도록 적극 지도한다.

在宗教问题上我也想强调三句话:
一是全面、正确地贯彻执行党的宗教政策,
二是依法加强对宗教事务的管理,
三是积极引导宗教与社会主义社会相适应。

장쩌민이 제시한 당의 3대 종교정책 원칙은 첫째, 종교신앙자유정책, 둘째, 종교업무의법관리, 셋째, 종교사회주의 적응이다. 그런데 장쩌민이 제시한 당의 3대 종교정책 원칙의 핵심은 종교가 사회주의 사회에 적응하도록 당이 적극적으로 지도해야 한다는 종교사회주의적응론이다. 장쩌민의 연설에서 보면 "당의 종교신앙자유정책 시행이든 아니면 종교업무를 법으로 관리하든, 그 목적은 종교가 사회주의 사회에 적응하도록 인도(贯彻党的宗教信仰自由政策也好, 依法加强对宗教事务的管理也好, 目的都是要引导宗教与社会主义社会相适应)"하는 것이다. 여기서 말하는 적응이란 "신자들이 유신론 사상이나 종교신앙을 버리라는 것이 아니라 정치적으로는 조국을 사랑하고 사회주의 제도를 옹호하고 공산당의 영도를 옹호하는 동시에 사회주의에 적합하지 않은(不适应) 종교제도와 교리를 개혁하고, 종교교의와 종교규칙, 종교도덕에서 긍정적인 요소를 찾아내어 사회주의를 위해 일하는 것"을 의미한다.

这种适应，并不要求宗教信徒放弃有神论的思想和宗教信仰，而是要求他们在政治上热爱祖国，拥护社会主义制度，拥护共产党的领导；同时，改革不适应社会主义的宗教制度和宗教教条，利用宗教教义、宗教教规和宗教道德中的某些积极因素为社会主义服务。

제18차 전국통전업무회의에서 당의 3대 종교 원칙을 제시한 장쩌민은 2001년 12월 10일부터 12일까지 국무원이 소집한 전국종교업무회의에서 "독립자주자체경영원칙(独立自主自办原则)"을 추가하여 당의 4대 종교 원칙을 완성한다.

제19차 전국통전업무회의

제19차 전국통전업무회의는 2000년 12월 4일부터 6일까지 개최되었다. 본 회의에서 장쩌민은 "통일전선업무의 새로운 국면을 개척하라(进一步开创统一战线工作的新局面)"는 제목의 연설을 통해 종교사회주의적응론을 재차 강조하고, 이를 위해 종교계와의 통일전선 구축을 통전업무에 정식으로 삽입하였다.

이어서 2002년에 개최된 중국공산당 제16회기 전국대표대회 정치보고에 "종교신앙자유정책, 종교업무의법관리, 종교사회주의 적응론, 독립자주자체경영원칙(全面贯彻党的宗教信仰自由政策，依法管理宗教事务，积极引导宗教与社会主义社会相适应，坚持独立自主自办的原则)"을 내용으로 하는 당의 종교정책 4대 원칙을 국정기조에 포함시켰다. 이러한 과정을 통해 장쩌민을 중심으로 하는 중국공산당 제3세대 지도부의 종교정책 원칙이 확정되었으며, 이는 2005년 최초의 종합적인 종교행정규범인 〈종교사무조례〉를 제정하는 종교정책 기조를 확립하였다.

제20차 전국통전업무회의

제20차 전국통전업무회의는 2006년 7월 10일부터 12일까지 개최되었다. 본 회의는 후진타오를 중심으로 하는 중국공산당 제4세대 지도부가 소집한 유일한 전국통전업무회의이다. 2005년에 〈종교사무조례〉를 제정하면서 중국공산당과 정부는 종교행정법제화의 이정표를 마련하였지만, 통전업무 영역에서 종교문제나 종교정책에 대해 중국공산당의 정책적 입장을 명확하게 밝힌 부분은 찾을 수 없다.

제21차 중앙통전업무회의

제21차 중앙통전업무회의는 2015년 5월 19일부터 20일까지 개최되었다. 제21차 전국통전업무회의는 시진핑을 중심으로 하는 중국공산당 제5세대 지도부가 구성된 이후 최초로 소집한 통전업무회의이다. 전국통전업무회의 명칭을 중앙통전업무회의로 변경하였고, 시진핑이 "애국통일전선을 공고히 발전시켜서 중국의 꿈을 실현하도록 적극 지지하라(巩固发展最广泛的爱国统一战线为实现中国梦提供广泛力量支持)"는 제목으로 연설하였다. 연설을 통해 시진핑은 장쩌민이 제시한 당의 종교정책 4대 원칙에 종교중국화를 추가하였다.

> 종교업무는 본질적으로 대중업무이므로, 당의 종교신앙자유정책을 전면적으로 시행하고, 종교업무를 법에 따라 관리하며, 독립자주자체경영의 원칙을 지키고, 종교가 사회주의 사회에 적응(부합)하도록 적극적으로 인도해야 한다. 종교사 사회주의 사회에 적응(부합)하도록 인도하려면 반드시 중국화의 방향을 지키고, 종교업무의법제화 수준을 높이고,

종교의 사회적 역할을 변증법적으로 보아야 하며, 종교계 인사들의 역할을 중시하고, 종교적 역량이 경제발전, 사회조화, 문화번영, 민족단결, 조국통일 촉진하는 일에 기여하도록 지도해야 한다.

宗教工作本质上是群众工作, 要全面贯彻党的宗教信仰自由政策, 依法管理宗教事务, 坚持独立自主自办原则, 积极引导宗教与社会主义社会相适应。积极引导宗教与社会主义社会相适应, 必须坚持中国化方向, 必须提高宗教工作法治化水平, 必须辩证看待宗教的社会作用, 必须重视发挥宗教界人士作用, 引导宗教努力为促进经济发展、社会和谐、文化繁荣、民族团结、祖国统一服务。

여기서 우리가 주목할 점은 시진핑을 중심으로 하는 중국공산당 제5세대 지도부가 종교사회주의적응론에서 한 걸음 더 나아가 종교중국화를 강조하기 시작했다는 점이다.

제22차 중앙통전업무회의

제22차 중앙통전업무회의는 2022년 7월 29일부터 30일까지 개최되었다. 시진핑이 연설하였다. 이번 전국통전업무회의는 직전회의가 열린 지 7년 만에 소집된 회의였다. 이 회의에서 시진핑은 중국공산당의 통전업무에 가상공간을 포함시켜야 한다고 강조함으로써 통전업무영역을 더욱 확장하였다. 이는 2018년에 개정된 〈종교사무조례〉에서도 동일하게 적용된 내용이다.

5. 중국공산당 종교정책 공식문건

본 연구에서 중국공산당 전국대표대회, 전국통전업무회의, 전국종교업무회의에서 논의하고 제정한 중국공산당의 국정운영정책 문건에 관심을 기울이는 이유는 중국공산당 지도부가 각종 회의에서 연설 또는 국정보고 형식으로 제출한 문건이 종교정책의 방향을 제시하기 때문이다.

중국공산당 통전업무에서 제정한 종교업무 정책문건은 1978년에 발표한 “현재 종교업무에서 긴급하게 해결해야 할 두 가지 정책적 문제 지시에 대한보고(关于当前宗教工作中急需解决的两个政策性问题的请示报告)”, 1982년에 하달된 “우리나라 사회주의 시대의 종교문제에 대한 기본 관점과 기본정책(关于我国社会主义时期宗教问题的基本观点和基本政策)”, 1991년에 제정된 “종교업무를 더욱 잘 시행하기 위한 몇 가지 문제에 관한 통지(关于进一步做好宗教工作若干问题的通知)”, 2002년에 제정된 “종교업무를 강화하기 위한 결정(国务院关于加强宗教工作的决定)”이 있다. 중국공산당이 정책방향을 제시하기 위해 정치적인 관점에서 중화인민공화국의 역사를 정리한 문건으로는 1945년 “여러 역사적 문제에 관한 결의(关于若干历史问题的决议)”와 1981년 “건국 이래 당의 몇 가지 역사문제에 관한 결의(关于建国以来党的若干历史问题的决议)”, 그리고 2021년 “당의 백년투쟁 과정에서의 성과와 역사적 경험에 관한 결의(中共中央关于党的百年奋斗重大成就和历史经验的决议)”가 있다.

〈도표 01〉 중국공산당 4가지 종교정책 공식문건

关于当前宗教工作中急需解决的两个政策性问题的请示报告	关于我国社会主义时期宗教问题的基本观点和基本政策	关于进一步做好宗教工作若干问题	关于加强宗教工作的决定
中发[1978]65号 〈65호문건〉	中发〔1982〕19号 〈19호문건〉	中发〔1991〕6号 〈6호문건〉	中发[2002]3号文件 〈3호문건〉
1978년 10월 21일	1982년 3월 31일	1991년 2월 25일	2002년 1월 20일
중앙통전부에서 작성한 보고서로 중공중앙 명의로 하달	중국공산당 중앙위원회 중앙통전부 국무원 종교사무국	중국공산당 중앙위원회 국무원	중국공산당 중앙위원회 국무원
	종교활동관리규정 8가지	1990년 12월에 소집된 전국종교업무회의에서 논의	

문건 01) 〈65호문건〉

"현재 종교업무에서 긴급하게 해결해야 할 두 가지 정책적 문제 지시에 대한보고(关于当前宗教工作中急需解决的两个政策性问题的请示报告)"

본 〈65호문건〉은 1978년 10월 21일 중앙통전부가 제정하고 중국공산당 중앙위원회가 제65호 정책문건으로 하달한 종교정책 공식문건이다. 본 문건이 제정된 시기를 보면 중국공산당 제11회기 전국대표대회(1977년 8월 12일부터 18일), 중앙위원회 제3차 전체회의(1978년 12월 18일부터 22일) 사이이다. 문화혁명을 종식하고 개혁개방정책을 시행하던 무렵에 본 문건이 제정되었다는 것은 주목할 만한 일이다.

중국공산당이 제정한 종교정책 공식문건 가운데 가장 결정적인 작용을 한 것은 1991년에 제정된 〈19호문건〉이라고 할 수 있다. 그러나 〈19호문건〉이 제정되기에 앞서 제정된 본 문건은 시기적으로 문화혁명 시기 종교업무를 담당하는 국가기구가 폐쇄될 정도로 암울한 시기를 지나 이제 종교행정 담당부서를 복원하고, 종교정책을 새롭게 수립해야 하는 시점에 제정되 었다.

본 문건에서 말하는 것처럼 이 시기에 긴급하게 해결해야 하는 종교문제는 무엇이었을까? 문화혁명 시기에는 종교업무와 함께 통전업무조차 타도의 대상이었다. 이제 새로운 시기를 맞이하면서 중앙통전부에서는 종교정책을 새롭게 수립하기 위해 종교정책 영역에서 긴급하게 해결해야 할 두 가지 문제를 제기한다. 화궈펑(华国锋) 주석이 제5회기 전국인민대표대회 업무보고에서 "종교신앙자유정책을 지속적으로 시행하라"고 지시함에 따라, 종교업무 담당부서인 중앙통전부는 문화혁명 시기 종교업무를 완전히 파괴했던 과오를 청산하고, 정책적으로 문제를 해결하기 위한 본 방안을 제시하였다.

종교업무를 회복하기 위해 먼저 해결해야 할 문제는 〈헌법〉에 규정된 종교신앙자유정책을 전면적으로 시행하는 것이다. 〈65호문건〉에는 다음과 같은 내용을 담고 있다.

> 1. 진지하고 전면적으로 헌법이 정한 종교신앙자유정책을 시행하고, 신도들의 정당한 종교생활을 존중하며, 일부 종교활동 장소를 개방함으로써 지하에서 비밀리에 진행하는 종교활동을 두절한다.
>
> 一、认真地、全面地贯彻执行宪法所规定的宗教信仰自由政策，尊重信教群众的正当宗教生活，开放少量寺庙教堂。杜绝秘密的地下宗教活动。

문화혁명 시기를 거치면서 좌편향된 중국공산당과 정부는 종교를 강제로라도 소멸시켜야 한다는 종교강제소멸론을 주장했다. 이로 인해 중국의 모든 종교활동 장소를 폐쇄되었고, 종교활동은 지하로 숨어들었다. 따라서 종교업무 회복을 위한 당면 과제는 종교활동 장소를 다시 개방하여 정상적인 종교활동을 회복할 수 있도록 하는 것이었다.

두 번째 해결해야 할 당면한 문제는 당의 종교정책의 원칙을 새롭게 수립하는 것이다. 본 문건에서는 종교정책 8가지 원칙을 제시한다.

2. 종교활동에 대한 관리를 강화하기 위해 아래의 규정을 다시 제시한다.

(1) 만 18세 이상의 공민에게는 종교를 믿을 자유가 있으며, 종교를 믿지 않고 무신론을 선전할 자유도 있다.

(2) 만 18세 이하의 청소년들이 종교사상에 물들게 해서는 안 되며, 청소년이나 아동들이 종교활동에 참여하는 것을 허용하지 않는다.

(3) 신도들의 정상적인 종교활동은 정부의 보호를 받는다.

(4) 이미 폐지된 종교적 봉건 특권이나 착취 제도는 회복해서는 안 된다.

(5) 위의 규정을 위반하는 위법, 불법 활동에 대해서는 교육을 통해 제지한다.

(6) 공산당원이나 공청당원은 종교를 믿을 수 없다.

(7) 종교계 인사들이 사회에 공헌할 수 있도록 한다.

(8) 종교의 외피를 입고 반혁명 활동을 하는 것을 철저하게 제재한다.

二、严格区分两类不同性质的矛盾，加强对宗教活动的管理，重申以下规定：

(一)年满十八岁的公民有信仰宗教的自由，也有不信仰宗教和宣传无神论的自由。

(二)不得对未满十八岁的青年灌输宗教思想, 不准带领少年儿童参加宗教活动。

(三)信教群众正常的宗教活动受到政府的保护。

(四)已废除的宗教封建特权和压迫剥削制度不得恢复。

(五)凡违反上述规定的非法、违法活动, 应进行教育制止。情节严重的, 应严肃处理。

(六)共产党员和共青团员不得信仰宗教。

(七)对宗教界人士继续贯彻执行团结、教育、改造的方针, 团结他们为实现新时期的总任务贡献力量。要认真落实党的政策, 特别是对一贯表现积极的进步朋友, 更应在政治上, 工作上和生活上作妥善处理, 解决他们的困难。

(八)对披着宗教外衣进行反革命活动的阶级敌人, 要发动群众彻底揭露, 坚决打击, 以提高信教群众的觉悟, 使他们认识宗教的本质, 逐步削弱宗教势力和影响, 巩固无产阶级专政。

시대적 상황을 반영한 중국공산당의 종교정책을 담은 공식문건이 이 시기에 제정되었다는 것만으로도 의미가 있지만, 〈65호문건〉에서 제시하는 종교정책의 내용도 향후 중국공산당의 종교정책 방향을 제시하는 데에 중요한 역할을 하였다.

문건 02) 〈19호문건〉

"우리나라 사회주의 시대의 종교문제에 대한 기본 관점과 기본 정책(关于我国社会主义时期宗教问题的基本观点和基本政策)"

본 문건은 개혁개방 이후 중국의 종교정책을 보여주는 대표적인 문건이다. 중국공산당 중앙위원회에서 1982년에 발행한 19호문건(中发〔1982〕19号)이므로 약칭하여 〈19호문건〉이라고 한다.

개혁개방은 중국이 경제건설을 중심으로 사회주의를 현대화하는 새로운 시기의 시작이다. 이 시기의 통일전선은 노동자계급이 영도하고, 노농연맹을 기초로 하는 사회주의 노동자, 사회주의를 옹호하는 애국자, 조국통일을 수호하는 애국자들이 함께 구축한 광범위한 연맹을 구성하였다. 당의 국정중심이 전환되고, 긍정적인 요소를 조정하고, 부정적인 요소를 적극적으로 전환시키기 위해 노력하고, 모든 단결시킬 수 있는 역량을 단결시켜, 현대화된 사회주의 강국을 건설하고, 조국의 평화통일을 촉진하는 것이 통일전선의 두 가지 과업이 되었다.

1. 〈19호문건〉 제정 배경

〈19호문건〉 제정 주체는 중국공산당 중앙서기처(中央书记处)이다. 〈중국공산당정관(中国共产党党章)〉 제3장 당의 중앙조직 규정에 따르면, 중국공산당의 중앙조직은 전국대표대회, 중앙위원회, 중앙위원회 상무위원회, 중앙정치국(中央政治局), 중앙정치국 상무위원회(中央政治局常务委员会)로 구성되며, 상급기관의 회의 폐회기간에는 차상급 기관의 회의가 순차적으로 그 직능을 대표하는 구조로 되어 있다. 따라서 중앙정치국과 중앙정치국 상무위원회는 중국공산당의 업무를 전담하는 상설기구이며, 중앙서기처는 중앙정치국의 실무담당기관이다. 다시 말하면 중앙서기처는 중국공산당의 일상 업무를 담당하는 실무기관이다. 〈19호문건〉 제정의 주체가 중앙서기처라는 것은 〈19호문건〉이 중국공산당이 작성한 문건이라는 의미이다.

〈19호문건〉은 중앙서기처의 지시에 따라 중앙통전부와 국무원 종교사무국에서 초안을 작성하였다. 초안 작성 과정에서 두 기관은 전국 종교상황과 종교문제를 연구하고, 중국사회과학원 등 관련 학술기관에서는 초안 작성 과정에서 종교정책, 종교상황, 종교이론 등 관련 연구 자료를 제공하였다. 초안 작성이 완료된 후에는 당 내외 인사들에게 자문을 구하고, 이를 보완하여 문건을 최종 완성하였다. 완성된 문건의 제목은 "우리나라 사회주의 시기 종교문제에 관한 기본 관점과 기본 정책(关于我国社会主义时期宗教问题的基本观点和基本政策)"이며, 이 문건은 1982년 3월 31일에 중국공산당 중앙위원회 명의로 발표되었다.

2. 〈19호문건〉의 내용 분석

〈19호문건〉은 종교문제에 대해, 특히 사회주의 시기 종교문제의 기본 관점과 기본 정책을 12개 항목으로 구성되어 있는데, 각 항목은 중국공산당의 종교인식을 보여준다.

제1항에 나타난 중국공산당의 종교인식은 종교가 장기적으로 존재한다는 종교장기존재론적 인식이다. 중국공산당은 종교가 장기적으로 존재한다는 종교인식을 가지고 있다. 종교는 하나의 사회현상으로 생성, 발전, 소멸의 단계를 거치므로, 사회주의 사회에서도 장기적으로 존재하므로, 행정력을 동원해서 종교를 소멸시킬 수 없다. 그 구체적인 내용은 다음과 같다.

> 종교는 인류사회의 특정한 발전단계에서 나타나는 역사 현상으로, 발생, 발전, 소멸이라는 과정이 있다. 종교신앙, 종교적 감정 및 이러한 신앙과 감정에 부합하는 종교의식과 종교조직 역시 사회역사적 산물이다.

종교는 사회주의 사회에서도 일부 사람들에게 영향을 미치며, 불가피하게 장기적으로 존재한다.

宗教是人类社会发展一定阶段的历史现象，有它发生、发展和消亡的过程。宗教信仰，宗教感情，以及同这种信仰和感情相适应的宗教仪式和宗教组织，都是社会的历史的产物。
宗教在社会主义社会一部分人中的影响，也就不可避免地还会长期存在。

〈19호문건〉 제1항

종교를 인류사회의 특정한 발전단계에 나타나는 역사적 현상이며, 종교신앙, 종교적 정서, 이에 부합하는 종교의식과 종교조직이 사회적이고 역사적인 산물이라고 보는 관점은 종교강제소멸을 주장했던 문화혁명 시기의 종교인식이 오류라는 것을 지적한 것이다. 중국공산당은 문화혁명 시기에 종교강제소멸을 추구하던 종교정책이 마르크스주의 종교관에 위배된다는 사실을 지적하고, 종교신앙자유정책을 당의 종교정책으로 선언하였다.

제2항에 나타난 중국공산당의 종교인식은 종교문제는 복잡한 문제라는 인식이다. 종교가 장기적으로 존재하므로 종교문제 역시 장기적인 문제이고, 군중들과 관련된 문제이며, 민족문제와 관련된 문제이며, 국제적인 문제이다. 중국공산당의 이러한 종교인식은 이후 종교오성(五性)론으로 발전하는 기초가 된다.

종교문제는 여전히 일정 범위 내에서 장기적으로 존재하며, 어느 정도 군중성을 갖추고 있고, 여러 영역에서 민족문제와 엮여있고, 또한 특정한 계급투쟁과 국제적인 복잡한 요인의 영향을 받는다.

宗教问题仍将在一定范围内长期存在，有一定的群众性，在许多地方同民族问题交织在一起，还受到某些阶级斗争和国际复杂因素的影响。

〈19호문건〉 제2항

제3항에 나타난 중국공산당의 종교인식은 문화대혁명 시기 좌편향적 종교정책에 대한 인식이다. 본 조항에 따르면 문화혁명 시기 종교정책은 착오적 종교인식에서 비롯된 잘못된 종교정책이다. 개혁개방 시기를 맞이하여 중국공산당이 제시할 종교정책의 방향은 종교신앙자유정책이다. 물론 좌편향적 종교정책의 오류를 바로잡아야 하지만, 동시에 자유방임적인 종교정책이 되지 않도록 주의해야 함을 동시에 나타낸다.

당의 종교정책을 전면적이고 정확하게 이행하기 위해서는 현재 잘못된 좌경화를 반대하고 동시에 (종교현상을) 방임하는 잘못된 태도를 극복해야 한다.

为了全面地正确地贯彻执行党的宗教政策；当前要应当反对"左"的错误倾向，同时也要注意防止和克服放任自流的错误倾向。

〈19호문건〉 제3항

제4항에 나타난 중국공산당의 종교인식은 종교신앙자유정책이 마르크스레닌주의 종교이론에 근거한 것이며, 인민들의 이익에 부합하는 종교정책이라는 인식이다.

> 종교신앙자유정책은 우리 당의 마르크스레닌주의 이론을 근거로 제정한 것이며, 인민들의 이익에 실제로 부합하는 유일하고도 정확한 종교정책이다.
>
> 宗教信仰自由的政策，是我们党根据马克思列宁主义理论所制定的、真正符合人民利益的唯一正确的宗教政策。
>
> 〈19호문건〉 제4항

이러한 정책은 장기적인 정책이며, 종교가 자연스럽게 사라질 때까지 계속 유지해야 할 정책이다. 다만 이러한 자유는 일반 공민들에게 해당하는 자유이며, 공산당원들은 무신론자이므로 무신론을 선전해야 할 책무가 있음을 강조한다. 그럼에도 불구하고 종교자유정책은 마르크스주의 이론에 어긋나지 않는다고 보는 것이 이들의 종교인식이다.

다만 종교자유정책의 핵심은 신앙인과 비신앙인을 포함한 모두가 사회주의 현대화 강국을 달성하기 위해 협력해야 한다는 통일전선이론을 기반으로 하고 있음을 알 수 있다.

> 결론적으로 신앙인과 비신앙인이 연합하여 그들의 의지와 역량을 현대화된 사회주의 강국 건설이라는 공동의 목표에 집중하게 하는 것은 우리가 종교신앙자유정책을 지속적으로 이행하고, 모든 종교문제를 해결하는 출발점인 동시에 종착점이다. 이러한 기본 관점에서 어긋난 어떤 언론과 행동이라도 모두 잘못된 것으로 당과 인민 모두의 저항과 반대를 받게 될 것이다.
>
> 总之，使全体信教和不信教的群众联合起来，把他们的意志和力量集

中到建设现代化的社会主义强国这个共同目标上来，这是我们贯彻执行宗教信仰自由政策，处理一切宗教问题的根本出发点和落脚点。任何背离这个基点的言论和行动，都是错误的，都应当受到党和人民的坚决抵制和反对。

〈19호문건〉 제4항

제5항에 나타난 중국공산당의 종교인식은 종교계 인사들도 통일전선을 구축할 주요 협력대상이라는 인식이다. 중국공산당의 종교정책은 통일전선 업무의 일환임을 알 수 있다.

종교계 인사들 가운데 각 종교의 성직자들과 통일전선을 구축하여 단결시키고 교육하는 것은 종교업무에 대한 장의 중요한 내용이며, 당의 종교정책을 구현하는 중요한 전제조건이다.

争取、团结和教育宗教界人士首先是各种宗教职业人员，是党对宗教的工作的重要内容，也是贯彻执行党的宗教政策的极及其重要的前提条件。

〈19호문건〉 제5항

여섯째 인식은 종교신앙의 자유와 종교활동의 자유를 철저하게 분리해야 한다는 것이다. 중국이 종교자유정책을 시행하는 과정에서 정상적인 종교활동과 비정상적인 종교활동을 구분하는데, 그 핵심 개념이 바로 종교활동 장소이다. 정부로부터 공인받은 종교활동 장소에서 행해지는 종교활동을 정상적인 종교활동으로 인정하며, 이는 표면적으로 종교자유정책을 표방하면서 사실상 종교통제정책을 시행하는 근거로 작동한다. 이러한 인식은 1994년에 〈종교활동장소관리조례〉가 최초의 종교행정규범으로 제정되면서 실무적인 차원으로 전환된다.

> 종교활동 장소를 합리적으로 배치하는 것은 당의 종교정책을 시행하여 종교활동을 정상화하기 위한 중요한 물적 조건이다. 모든 종교활동 장소는 정부의 종교업무 담당부서로부터 행정지도를 받으면서 종교조직과 성직자들이 관리를 담당해야 한다.
>
> 合理安排宗教活动的场所, 是落实党的宗教政策, 使宗教活动正常化的重要物质条件。
> 一切宗教活动场所, 都在政府宗教事务部门的行政领导之下, 由宗教组织和宗教职业人员负责管理。
>
> 〈19호문건〉 제6항

모든 종교활동 장소는 종교업무를 담당하는 정부기관의 지도를 전제로 종교단체와 종교성직자가 관리한다. 표면적으로는 자율적인 종교활동을 강조하지만, 내면적으로는 정부기관이 관리하는 체제라고 보아야 한다.

제7항에 나타난 중국공산당의 종교인식은 종교단체의 역할에 대한 인식이다. 문건에서 사용하는 용어를 보면 종교단체 앞에는 애국(爱国)이라는 수식어가 붙어있다. 여기서 애국이라는 말은 국가에 협조적인 성향을 의미한다. 종교단체는 당과 정부가 시행하는 종교신앙자유정책에 협력하여 신도들이 애국주의와 사회주의에 대한 각오를 높이도록 하며, 동시에 종교계를 대표하여 종교활동과 교무를 담당하는 조직이다.

> 종교단체의 기본적인 임무는 당과 정부가 종교신앙정책을 이행하는 데

협조하여 신도들과 종교계 인사들이 애국주의와 사회주의에 대한 각오를 부단히 높이고, 종교계의 합법적인 권익을 대표하고, 정상적인 종교 활동을 조직하고, 교무를 잘 처리하는 것이다.

各级爱国宗教织的基本任务，是协助党和政府贯彻执行宗教信仰自由的政策，帮助广大信教群众和宗教界人士不断提高爱国主义和社会主义的觉悟，代表宗教界的合法权益，组织正常的宗教活动，办好教务。

〈19호문건〉 第7항

第8항에 나타난 중국공산당의 종교인식은 차세대 성직자의 양성에 대한 인식이다. 종교단체와 마찬가지도 성직자 역시 애국하는 성직자라는 전제가 있다. 차세대 성직자를 양성하는 것은 종교단체의 미래에 중요한 의미가 있다. 따라서 이들을 계획적으로 양성하는 것은 중국의 종교문제와 종교정책에서 중요한 문제라고 인식하고 있다.

다음 세대 성직자를 계획을 세워 양성하는 것은 우리나라 종교조직의 장래 모습에 결정적인 의의가 있다.

有计划地培养和教育年轻一代的爱国宗教职业人员，对我国宗教组织的将来面貌具有决定的意义。

〈19호문건〉 第8항

차세대 성직자 양성의 중요성에 대한 인식은 향후 종교학교에 대한 정책에 적극적으로 반영되는 근거가 된다.

제9항에 나타난 중국공산당의 종교인식은 종교신앙자유정책과 공산당원에게는 종교신앙자유정책이 해당되지 않는다는 인식이다. 공산당원은 무신론을 근간으로 하는 마르크스주의를 신봉하므로 무신론자이다. 무신론자는 유신론을 근거로 하는 종교를 믿을 수 없다는 논리가 적용된 종교인식이라 할 수 있다.

> 우리 당이 종교신앙자유정책을 선포하고 시행하는 것이 공산당원들도 자유롭게 종교를 믿어도 된다는 말은 아니다. 당의 종교신앙자유정책은 우리나라 일반 공민들을 대상으로 하는 것일 뿐 공산당원에게는 해당되지 않는다. 공산당원은 일반 공민과는 다르며, 마르크스주의 정당의 성원으로서 의심할 여지 없이 무신론자이므로 유신론자가 되어서는 안 된다.
>
> 我们党宣布和实行宗教信仰自由的政策, 这当然不是说共产党员可以自由信奉宗教。党的宗教信仰自由的政策, 是对我国公民来说的, 并不适用于共产党员。一个共产党员, 不同于一般公民, 而是马克思主义政党的成员, 毫无疑问地应当是无神论者, 而不应当是有神论者。
>
> 〈19호문건〉 제9항

제10항에 나타난 중국공산당의 종교인식은 정상적인 종교활동과 비정상적인 종교활동을 구분하는 인식이다. 정상적인 종교활동은 철저하게 보호하지만, 종교활동으로 가장한 불법활동, 종교활동 범주에 포함되지 않는 미신활동에 대해서는 철저하게 의법 처리해야 함을 강조한다. 이 조항은 제6항의 조항과 연속성을 갖는다.

제11항에 나타난 중국공산당의 종교인식은 종교의 국제성과 대외교류에 대한 인식이다. 중국에서 공식적인 종교로 인정하는 불교, 이슬람교, 천주교, 기독교는 국제적인 종교이므로, 국제적인 교류 활동이 불가피하다. 그러나 국제교류는 국내 종교의 독립성을 저해하지 않는다는 전제하에서 가능하다. 사실 이러한 인식은 국외의 어떤 종교적인 간섭도 허락하지 않는 폐쇄적인 종교정책의 근거가 된다.

당의 이러한 방침에 따라 우리나라 종교계는 각국 종교계 인사들과 서로 방문하고 내왕하면서 종교학술문화 교류를 전개한다. 그러나 이러한 왕래 과정에서 반드시 독립자주자체경영원칙을 준수하고, 국제종교계의 불순한 세력이 우리나라 종교를 다시 통제하려는 의도를 방지하고, 외국 교회와 종교계 인사들이 우리나라 종교업무를 간섭하는 것을 거절하고, 외국의 어떤 종교조직(그들이 통제하는 기구를 포함하는)이 어떤 방식으로라도 우리나라에 전도하거나 종교선전자료를 대량으로 반포하는 것을 허용해서는 안 된다.

按照党的这个方针，我国宗教界可以而且应当同各国宗教界人士进行互相访问，友好往来，开展宗教学术文化的交流；但是在所有这些交往当中，一定要坚持独立自主、自办教会的原则，坚决抵制国际宗教反动势力重新控制我国宗教的企图，坚决拒绝任何外国教会和宗教界人士插手干预我国宗教事务，绝不允许任何外国宗教组织（包括它们所控制的机构）用任何方式来我国传教，或者大量偷运和散发宗教宣传材料。

〈19호문건〉 제11항

마지막으로 제12항에 나타난 중국공산당의 종교인식은 중국공산당의 영도력을 강화해야 종교문제를 제대로 해결할 수 있다는 인식이다. 종교업무는 당의 통전업무와 대중 업무를 구성하는 중요한 부분이며, 사회생활의 다양한 영역과 연계되어 있으므로, 중국공산당의 각급 당위원회가 중앙통전부와 국무원국가종교사무국, 민족사무부서, 정법부서, 선전, 문화, 교육, 과학기술, 위생부서와 노동조합, 공청단, 부녀연맹 등 민간단체를 포함한 종교업무와 직간접적으로 관련된 모든 부서에 대한 지도력을 발휘해야 한다고 주장하는 것은 종교업무가 일반행정 영역이 아닌 중국공산당과 국가가 직접 관할하는 영역임을 보여준다.

당의 영도를 강화해야 종교문제를 제대로 처리할 수 있다. 당의 종교업무는 당의 통전업무나 대중업무의 중요한 한 부분이며, 사회생활의 다양한 영역과 관련이 있다.
마르크스주의 입장, 관점, 방법으로 종교문제에 대해 과학적으로 연구하는 것은 당이 이론을 수립하는 업무의 한 영역이다.

加强党的领导, 是处理好宗教问题的根本保证。党对宗教的工作是党的统战工作和群众工作的重要组成部分, 涉及社会生活的许多方面。用马克思主义立场、观点、方法对宗教问题进行科学研究, 是党的理论工作的一个重要组成部分。

〈19호문건〉 제12항

3. 〈19호문건〉이 중국 종교정책에 미친 영향

〈19호문건〉은 중국공산당이 통일전선업무 차원에서 중앙통전부와 국가종교사무국에 지시하여 작성한 종교정책 공식문건이다. 제정 배경, 제정 과정, 문건 내용을 분석해 본 결과, 〈19호문건〉에는 개혁개방으로 국정기조를 계급투쟁에서 경제개발로 전환한 중국공산당의 종교인식의 구체적인 변화와 이를 근거한 종교이론, 종교업무 방침, 종교정책의 변화를 확인할 수 있다.

첫째, 〈19호문건〉은 중국특색 사회주의 종교이론을 체계화하는 출발점이 되었다. 중국공산당 종교정책의 이론적 근거는 마르크스주의 종교관이다. 〈19호문건〉 제1항에서 "종교적 신념, 종교적 감정에 상응하는 종교의식과 종교단체는 모두가 사회적 역사의 산물(宗教信仰，宗教感情，以及同这种信仰和感情相适应的宗教仪式和宗教组织，都是社会的历史的产物)"이라고 언급한 데서 중국공산당이 종교를 인간의 개인적인 인식 영역에서 사회적인 인식 영역으로 전환하였음을 의미한다. 문화혁명 시기 중국공산당 지도부는 종교강제소멸론을 강조하는 좌편향적 종교인식을 가지고 있었다. 이는 종교가 사회역사적 산물로서 사회주의가 완성되면 소멸된다는 전통적인 사회주의 종교인식인 종교자연소멸론에도 위배되는 주장이었다. 그러나 〈19호문건〉을 기점으로 중국공산당은 문화대혁명 시기 좌평향적인 종교정책의 오류를 바로잡기 위해 중국공산당은 종교장기존재론을 제시한 것이다.

둘째, 〈19호문건〉은 중국공산당의 종교와 관련된 방침을 명확하게 계기로 작동하였다.

〈19호문건〉은 중국공산당이 중화인민공화국을 성립한 이후에 발생한 종교문제에 대해 종합적으로 정리한 정책문건이다. 내용상으로는 마르크스주의 종교이론을 바탕으로 중국 종교문제의 현실적인 상황을 결합함으로써 사회주의 시기에 종교문제를 어떻게 인식할 것인가 하는 기본 이론과 종교업무를 실체적으로 어떻게 수행할 것인가에 대한 실천적 방향성을 제시하고 있다. 특히 중국공산당 중앙위원회가 본 문건을 하달하면서, 각 성과 자치구, 직할시의 당위원회 및 중공중앙과 관련된 부서나 기관의 당 소조를 향해 본 문건을 접수한 후에 종교문제에 대해 추가적으로 연구하고 토론하여 실제적인 정책을 수립하도록 한 것에 주목할 필요가 있다. 그렇다면 1982년 3월 31일, "우리나라 사회주의 시기 종교문제에 관한 기본 관점과 기본 정책(关于我国社会主义时期宗教问题的基本观点和基本政策)"이라는 제목의 중국공산당 중앙위원회 〈19호문건〉이 하달된 후에 중국공산당은 어떤 후속 작업을 진행하였는지 살펴보자.

문건 03) 〈6호문건〉

"종교업무를 보다 잘 시행하기 위한 몇 가지 문제에 관한 통지(中共中央国务院关于进一步做好宗教工作若干问题的通知)"

개혁개방 이후 최초로 제정된 종교정책 공식문건인 〈19호문건〉을 이어 두 번째로 제정된 중국공산당의 종교정책 공식문건은 "종교업무를 보다 잘 시행하기 위한 몇 가지 문제에 관한 통지(中共中央国务院关于进一步做好宗教工作若干问题的通知)"이다. 1991년 2월 25일, 중국공산당 중앙위원회와 국무원이 공동으로 제정하여 하달한 종교정책 공식문건이다. 중국공산당 중앙위원회가 1991년 6호문건(中发〔1991〕6号)으로 발행하였으므로 약칭하여 〈6호문건〉이라고 한다.

(1) 〈6호문건〉 제정 배경

〈19호문건〉이 하달된 직후인 1982년 4월 2일부터 8일까지 제9차 전국종교업무회의(全国宗教工作会议)가 소집되었다. 이 회의의 주요 의제는 종교업무 담당 공무원들이 실무 차원에서 〈19호문건〉에서 제시한 중국공산당의 종교정책에 대해 논의하고, 이를 바탕으로 종교행정 업무계획을 수립하였다.

1990년 6월 11일부터 15일까지 제17차 전국통전업무회의가 개최되었다. 본 회의는 장쩌민을 핵심으로 하는 중국공산당 제3세대 지도부가 소집한 최초의 전국통전업무회의였으며, 회의 주제는 제3세대 중국공산당 지도부가 추진하는 통일전선정책과 방향을 제시할 통전정책문건인 "통일전선업무를 강화하는 것에 관한 중공중앙의 통지(中共中央关于加强统一战线工作的通知)"에 대해 논의하고, 향후 통일전선 정책과 업무를 확립하는 것이었다. 회의 종료 직후인 1990년 7월 14일, 중국공산당 중앙위원회는 본 문건을 정식으로 하달하였다. 〈통지〉에서는 통전업무를 9가지 항목으로 제시하고 있다. 그 가운데 두 항목에서 종교업무와 관련된 두 가지 내용을 언급하고 있다.

종교와 관련된 내용을 담고 있는 첫 번째 항목은 제1항목으로, 통일전선이 중국공산당의 불변의 전략이라는 제목하에 종교문제에 대한 중국공산당의 인식을 설명하고 있다.

> 종교문제는 사회의 안정과 화합과 밀접한 관련이 있다. 우리나라 종교계의 애국적인 세력은 신도들을 단결시켜, 사회 안정을 유지하는 데 엄청나게 유익한 역할을 하였다. 최근, 국외 적대세력이 종교를 이용해서 우리나라에 침입하여, 일부 지역에서는 지하조직을 만들어 사회 치안을

교란하고, 민족단결과 국가통일을 방해한다. 우리는 종교계의 애국적인 세력과 협력하고 그들과 함께 독립, 자주, 자체 경영이라는 원칙과 "삼자(자전, 자치, 자양)"라는 애국의 길을 걸으며, 적대적인 종교 세력을 분리하고 와해시켜야 하며, 그들의 영향을 받은 사람들을 우리 편으로 끌어들여야 한다. 각급 당위원회와 정부는 필요한 힘을 모아서 이러한 업무를 충실하게 수행하여 최근 일부 지역에서 종교의 애국적인 세력이 역할을 충분하게 하지 못하고, 지하 종교세력을 법적으로 처리하는 데 힘을 발휘하지 못하는 현상을 바로잡아야 한다.

宗教问题同社会的安定团结密切相关。我国宗教界的爱国力量团结广大信教群众, 为维护社会稳定做了大量有益的工作。近年来, 国外敌对势力利用宗教对我国进行渗透, 在一些地区发展地下组织, 扰乱社会治安, 破坏民族团结和国家统一。我们要团结依靠宗教界的爱国力量, 坚持独立自主、自办教会的原则和"三自"(自传、自治、自养)爱国道路, 分化、瓦解敌对的宗教势力, 把受他们影响的群众争取过来。各级党委和政府应组织必要的力量, 非常认真地做好这项工作, 切实改变目前一些地区发挥爱国宗教力量作用不够、对地下宗教势力依法打击不力的现象。

위의 내용에 나타난 중국공산당의 종교인식은 다음의 네 가지로 정리할 수 있다.

첫째, 종교문제는 사회문제이다.

둘째, 종교계는 통일전선을 구축할 대상이다.

셋째, 종교계는 외국 종교계의 영향을 받지 않도록 삼자 원칙을 준수해야 한다.

넷째, 당의 하부조직은 종교계를 대상으로 하는 통일전선전략을 적극적으로 수행해야 한다.

제7항목은 당의 통일전선정책의 기본 방향을 〈19호문건〉 내용을 바탕으로 하지만, 그 내용에는 일부 차이가 있다.

19호문건	〈통지〉 제7항 4
1. 宗教是人类社会发展一定阶段的历史现象,有它发生、发展和消亡的过程。 2, 我国是一个有多种宗教的国家。 3. 建国以来,我们党对宗教的工作经历了一段曲折的道路。 4. 尊重和保护宗教信仰自由,是党对宗教问题的基本政策。 5. 争取、团结和教育宗教界人士首先是各种宗教职业人员,是党对宗教的工作的重要内容,也是贯彻执行党的宗教政策的极及其重要的前提条件。 6. 合理安排宗教活动的场所,是落实党的宗教政策,使宗教活动正常化的重要物质条件。 7. 充分发挥爱国宗教组织的作用,是落实宗教政策,使宗教活动正常化的重要组织保证。 8. 有计划地培养和教育年轻一代的爱国宗教职业人员,对我国宗教组织的将来面貌具有决定的意义。 9. 我们党宣布和实行宗教信仰自由的政策,这当然不是说共产党员可以自由信奉宗教。 10. 坚决保障一切正常的宗教活动,同时就意味着要坚持打击一切在宗教外衣掩盖下的违法犯罪活动和反革命破坏活动,以及各种不属于宗教范围的、危害国家利益和人民生产的迷信活动。 11. 在我国宗教中占有重要地位的佛教、伊斯兰教、天主教和基督教,同时也是在国际上占有重要地位的几大宗教。 12. 加强党的领导,是处理好宗教问题的根本保证。	1. 尊重和保护宗教信仰自由,既保障人们信教的自由,又保障人们不信教的自由,是我们党对宗教问题的基本政策。 2. 实行这个政策,有利于广大信教群众和不信教群众彼此尊重,相互团结,共同致力于社会主义现代化建设事业。 3. 要充分发挥爱国宗教团体的作用,调动他们的积极因素,支持他们开展有益的工作。 4. 要引导爱国宗教团体和人士把爱教与爱国结合起来,把宗教活动纳入宪法和法律的范围,同社会主义制度相适应。 5. 要坚持政教分离的原则。 6. 国家保护正常的宗教活动,宗教不得干预国家行政、司法、学校教育和社会公共教育,不得恢复已被废除的宗教封建特权和宗教压迫剥削制度,不得利用宗教反对共产党的领导和社会主义制度,破坏国家统一和民族团结。 7. 任何人都不应当到宗教场所进行无神论的宣传,任何宗教组织或教徒也不应当在宗教活动场所以外布道、传教、散发未经政府主管部门批准的书刊、音像制品和其他物品。 8. 要妥善处理历史遗留的宗教房产问题,解决好正常宗教活动所必需的场所。 9. 要用马克思主义立场、观点、方法加强对宗教问题的科学研究,向人民群众特别是广大青少年进行科学世界观(包括无神论)的宣传教育。 10. 公开发表涉及宗教问题的文章、著作、文艺作品等,要采取慎重态度,不要违背宗教政策,伤害信教群众的宗教感情。

〈통지〉에서 〈19호문건〉의 항목을 그대로 이어받은 항목은 종교신앙의 자유 보장, 종교활동 장소에서의 정상적인 종교활동, 종교단체의 역할, 종교신앙자유정책 등이다. 〈19호문건〉이 중국공산당 종교정책의 기본 방향을 제시하였다는 근거이다. 그리고 〈통지〉에서는 새롭게 제시한 내용은 정교분리원칙, 종교행정법제화와 종교사회주의적응론이다. 이 두 문건에서 우리는 중국공산당의 종교정책이 점진적으로 변화하고 있음을 확인할 수 있다. 특히 〈통지〉는 종교사회주의적응론을 처음으로 언급한 중국공산당 종교정책 공식문건이라는 점에서 의미가 있다. 종교사회주의적응론은 이후에 중국공산당이 종교행정 업무에서 추구하는 기본 방침과 가치 목표로 자리 잡게 된다.

1990년 12월, 중화인민공화국 국무원은 전국종교업무회의를 소집한다. 회의 주제는 "종교업무를 더욱 잘 시행하기 위한 몇 가지 문제에 대한 중공중앙과 국무원의 통지(中共中央、国务院关于进一步做好宗教工作若干问题的通知)"라는 제목의 종교정책 문건 초안에 대해 토론하고 수정하는 것이었다. 1991년 2월 25일, 중국공산당 중앙위원회와 국무원은 이 문건을 중국공산당 종교정책 공식문건으로 하달한다. 중국공산당이 종교정책 공식문건을 제정하는 과정에서 전국종교업무회의를 소집하고, 문건 초안에 대해 진지하게 토론하고 수정하였다는 점에서 향후 종교행정법제화의 초석을 닦았다고 평가할 수 있다.

(3) 〈6호문건〉과 〈19호문건〉 비교

〈6호문건〉은 1990년에 소집된 전국종교업무회의 결과물이라고 앞에서 언급한 바 있다. 사실상 〈6호문건〉의 내용은 1982년에 제정된 〈19호문건〉의 내용을 시대적 흐름에 따라 보완하기 위해 제정한 것으로 보아도

무방하다. 두 문건의 내용을 비교해 보면 다음과 같다.

中共中央国务院关于进一步做好宗教工作若干问题的通知〈6호문건〉	关于我国社会主义时期宗教问题的基本观点和基本政策〈19호문건〉
	1. 宗教是人类社会发展一定阶段的历史现象，有它发生、发展和消亡的过程。
	2. 我国是一个有多种宗教的国家。
一、全面正确地贯彻执行宗教信仰自由政策	3. 建国以来，我们党对宗教的工作经历了一段曲折的道路。
二、依法对宗教事务进行管理	4. 尊重和保护宗教信仰自由，是党对宗教问题的基本政策。
	5. 争取、团结和教育宗教界人士首先是各种宗教职业人员，是党对宗教的工作的重要内容，也是贯彻执行党的宗教政策的极及其重要的前提条件。
三、充分发挥爱国宗教团体的作用	6. 合理安排宗教活动的场所，是落实党的宗教政策，使宗教活动正常化的重要物质条件。
四、坚决打击利用宗教进行的犯罪活动 五、健全宗教工作机构，加强宗教工作干部队伍建设	7. 充分发挥爱国宗教组织的作用，是落实宗教政策，使宗教活动正常化的重要组织保证。
	8. 有计划地培养和教育年轻一代的爱国宗教职业人员，对我国宗教组织的将来面貌具有决定的意义。
	9. 我们党宣布和实行宗教信仰自由的政策，这当然不是说共产党员可以自由信奉宗教。
	10. 坚决保障一切正常的宗教活动，同时就意味着要坚持打击一切在宗教外衣掩盖下的违法犯罪活动和反革命破坏活动，以及各种不属于宗教范围的、危害国家利益和人民生产的迷信活动。对于披着宗教外衣的反革命分子和其他刑事犯罪分子，必须依法给以严厉的制裁。
六、加强党对宗教工作的领导	11. 在我国宗教中占有重要地位的佛教、伊斯兰教、天主教和基督教，同时也是在国际上占有重要地位的几大宗教。
	12. 加强党的领导，是处理好宗教问题的根本保证。

〈6호문건〉은 〈19호문건〉의 정신을 이어받아 중국공산당의 종교정책원칙을 보다 간결하게 재구성하였다. 장쩌민은 〈6호문건〉을 바탕으로 1992년 전국통전업무회의에서 중국공산당의 종교정책 3대 원칙을 제시하고 2001년 전국종교업무회의에서 4대 원칙을 제시하였으며, 이를 기반으로 중국공산당의 네 번째 종교정책 공식문건인 "종교업무를 강화하는 것

에 관한 국무원의 결정(国务院关于加强宗教工作的决定)"을 제정하게 된다.

〈6호문건〉	장쩌민 당의 종교정책 3대 원칙	장쩌민 당의 종교정책 4대 원칙
1990 전국종교업무회의	1993년 전국통전업무회의	2001년 전국종교업무회의 2002년 16대 업무보고
一、全面正确地贯彻执行宗教信仰自由政策 二、依法对宗教事务进行管理 三、充分发挥爱国宗教团体的作用 四、坚决打击利用宗教进行的犯罪活动 五、健全宗教工作机构，加强宗教工作干部队伍建设 六、加强党对宗教工作的领导	一、全面、正确地贯彻执行党的宗教政策， 二、依法加强对宗教事务的管理， 三、积极引导宗教与社会主义社会相适应。	一、全面贯彻党的宗教信仰自由政策， 二、依法管理宗教事务， 三、积极引导宗教与社会主义社会相适应， 四、坚持独立自主自办的原则

문건 04) 〈3호문건〉

"종교업무를 강화하기 위한 결정(国务院关于加强宗教工作的决定)"

본 〈결정〉은 1978년에 제정된 〈65호문건〉, 1982년에 제정된 〈19호문건〉, 1991년에 제정된 〈6호문건〉과 함께 중국공산당 중앙위원회가 제정한 4대 종교정책 공식문건이다. 2002년 1월 20일 중국공산당 중앙위원회 3호문건(中发[2002]3号文件)으로 하달되었다.

본 〈결정〉은 기존의 3가지 종교정책 공식문건을 통합하여 중국공산당의 종교정책 원칙을 29개 조항으로 정리하고, 이를 10개 분류하고 있다. 2005년에 중앙정부 국무원에서 종합종교행정규범인 〈종교사무조례〉를 제정하면서 중국공산당이 제정한 종교행정 공식문건은 더 이상 중국의 종교행정 근거자료로서의 법적 효력을 상실하게 되었지만, 본 〈결정〉에서 제시한 중국공산당의 종교정책원칙은 종교행정규범의 전체적인 구조를 형성하는 틀로 작용한다.

문건에서는 반드시 마르크스주의 종교관의 기본원리 즉 마르크스, 엥겔스, 레닌이 주장하는 종교의 본질, 근원, 사회적 역할 및 생성, 발전, 소멸의 규율, 종교문제에 대한 중국공산당의 입장과 태도와 원칙을 반드시 지켜야 하고, 새로운 역사적 조건에 놓이게 된 우리가 마르크스주의 종교관을 견지하고 발전시켜야 한다는 분명한 방향을 제시하고 있다. 본 문건은 마르크스주의 종교관의 기본원리를 강조함으로써, 개혁개방 이후 회복된 중국 종교정책의 기조가 여전히 사회주의 종교관을 유지하고 있음을 보여준다.

〈3호문건〉의 내용 구성은 다음과 같다.

国务院关于加强宗教工作的决定	
中发[2002]3号文件	
2002년 1월 20일	
중국공산당 중앙위원회 국무원	
(1) 宗教工作的形势和基本任务。	1、宗教工作的主要成绩和进展。 2、宗教领域和宗教工作中存在的突出问题。 3、宗教工作的基本任务。 新世纪初宗教工作的基本任务是: 全面贯彻党的宗教信仰自由政策, 依法管理宗教事务, 积极引导宗教与社会主义社会相适应, 坚持独立自主自办的原则, 巩固和发展党同宗教界的爱国统一战线, 维护稳定,增进团结, 为推进社会主义现代化建设、实现祖国完全统一、维护世界和平与促进共同发展而努力奋斗。

国务院关于加强宗教工作的决定	
(2) 正确认识社会主义初级阶段的宗教问题。	4、坚持和发展马克思主义宗教观。维护国家统一。 5、党对宗教问题的基本观点和基本政策 (1) 宗教有其产生、发展和消亡的过程，在社会主义社会将长期存在，不能用行政力量去消灭宗教，也不能用行政力量去发展宗教。 (2) 宗教信仰自由受宪法保护，公民有信仰宗教的自由，也有不信仰宗教的自由。 (3) 要宣传无神论，但不能简单地把有神论和无神论的区别等同于政治上的对立。要坚持政治上团结合作、信仰上互相尊重。 (4) 国家依法对宗教事务进行管理，保护正常的宗教活动和宗教界的合法权益，制止和打击利用宗教进行的违法犯罪活动。 (5) 我国宗教方面的矛盾主要是人民内部矛盾，但在一定条件下也可能出现对抗性的问题，要严格区分、妥善处理两类不同性质的矛盾。 (6) 坚持独立自主自办的原则，在平等的基础上开展宗教对外友好交往，抵御境外敌对势力利用宗教进行渗透，不允许境外任何宗教组织、团体和个人干预我国宗教事务。 (7) 爱国宗教团体是党和政府联系信教群众的桥梁，要支持他们加强自身建设，自主开展活动，充分发挥作用。 (8) 爱国宗教界人士是团结信教群众、维护社会稳定的重要力量。要有计划、有组织地培养爱国宗教教职人员队伍。 (9) 积极引导宗教与社会主义社会相适应。宗教界人士和信教群众要树立公民意识，把爱国与爱教结合起来，在法律、法规和政策允许的范围内活动。 (10) 所有宗教团体和宗教界人士都必须维护法律尊严，维护人民利益，维护民族团结，
(3) 全面正确地贯彻宗教信仰自由政策。	6、尊重和保护公民的宗教信仰自由权利。 7、坚持权利和义务的统一。 8、坚持政教分离的原则。
(4) 依法对宗教事务进行管理。	9、把对宗教事务的管理纳入法制化轨道。 10、依法加强对宗教活动场所的管理。 11、认真解决宗教管理中的重点、难点问题。
(5) 积极引导宗教与社会主义社会相适应。	12、与社会主义社会相适应是我国宗教在历史过程中的正确方向。 13、鼓励和支持宗教界拓展宗教与社会主义社会相适应的内容和途径。 14、引导宗教与社会主义社会相适应既要积极又要稳妥。

国务院关于加强宗教工作的决定	
(6) 坚持独立自主自办的原则。	15、在扩大开放形势下坚持独立自主自办原则不动摇。 16、加强抵御境外利用宗教进行渗透的工作。 17、积极开展宗教方面的对外和对港澳台地区的友好交往。
(7) 加强爱国宗教力量的建设。	18、支持宗教团体加强自身建设。 19、加强爱国宗教教职人员的培养工作。 20、加强宗教院校的建设。
(8) 加强农村宗教工作。	21、农村基层党政组织要切实抓好宗教工作。 22、把解决农村宗教问题纳入经济、社会发展的全局。
(9) 做好少数民族中的宗教工作。	23、高度重视少数民族中的宗教工作。 24、妥善处理与民族、宗教有关的突发性事件和群体性事件。 25、坚决同利用宗教进行的分裂破坏活动作斗争。
(10) 加强党对宗教工作的领导。	26、各级党委、政府要从战略和全局的高度认识宗教工作的重要性。 27、加强马克思主义宗教观、党的宗教政策的宣传教育和宗教理论政策研究。 28、巩固和发展党同宗教界的爱国统一战线。 29、健全机构，完善职能，加强宗教工作干部队伍建设。

6. 중화인민공화국 역사결의 문건

중국공산당이 정책방향을 제시하기 위해 정치적인 관점에서 중화인민공화국의 역사를 정리한 문건으로는 1945년 "여러 역사적 문제에 관한 결의(关于若干历史问题的决议)"와 1981년 "건국 이래 당의 몇 가지 역사문제에 관한 결의(关于建国以来党的若干历史问题的决议)", 그리고 2021년 "당의 백년 투쟁 과정에서의 성과와 역사적 경험에 관한 결의(中共中央关于党的百年奋斗重大成就和历史经验的决议)"가 있다.

〈도표 02〉 중국공산당 3가지 역사결의 문건

关于若干历史问题的决议	关于建国以来党的若干历史问题的决议	中共中央关于党的百年奋斗重大成就和历史经验的决议
1945년 4월 20일	1981년 6월 27일	2021년 11월 11일
중국공산당 제7기 중앙위원회 확대회의	중국공산당 제11기 6중전회	중국공산당 제19기 6중전회
1921-1945 당 창립부터 항일전쟁 승리까지	1949-1981 건국부터 개혁개방 초기까지	1921-2021 당 창립부터 건당 100주년까지
종교를 계급투쟁 대상으로 규정 종교개조 및 통제정책 이론적 근거 문화대혁명 시기 종교탄압 정당화	종교정책 정상화의 이론적 토대 1982년 <19호문건> 이론적 배경 종교 자유의 제한적 인정 근거	종교 중국화 방향의 역사적 정당성 종교의 사회주의 사회 적응 강조 종교관리법제화 강화 근거

중국공산당은 창당 이래 100년간 당의 역사와 정치노선을 정리하고 미래 방향을 제시하기 위해 세 차례에 걸쳐 역사결의를 채택했다. 이러한 역사결의들은 단순한 과거사 정리를 넘어 각 시대의 정치적 정당성을 확보하고 정책 방향을 제시하는 핵심적 정치문헌으로서 기능해 왔으며, 종교정책을 포함한 제반 정책 영역에 광범위한 영향을 미쳤다. 세 차례 역사결의의 내용과 특징을 분석하고 그것이 종교정책에 미친 함의를 검토하는 것은 중국공산당의 종교인식 변화와 정책 발전의 정치적 맥락을 이해하는 데 필수적이다.

(1) 제1차 역사결의(1945): 마오쩌둥 노선의 확립과 계급투쟁적 종교관

"몇 가지 역사문제에 관한 결의(关于若干历史问题的决议)"

1945년 4월 20일 중국공산당 제7기 중앙위원회 확대회의에서 채택된 "몇 가지 역사문제에 관한 결의(关于若干历史问题的决议)"는 중국공산당 최초의 역사결의로서 당의 역사 서술과 정치노선 정립에 있어 중요한 전례를 확립했다. 이 결의는 1921년 당 창립부터 1945년까지 24년간의 역사를 정리하면서, 특히 1930년대 초 왕명(王明)으로 대표되는 좌경 기회주의 노선을 비판하고 마오쩌둥의 정치노선과 군사노선을 당의 정통 이데올로기로 확립하는 데 핵심적 목적이 있었다.

제1차 역사결의가 채택된 역사적 배경은 중일전쟁(항일전쟁)이 막바지에 이르렀던 1945년 상황과 밀접하게 연관되어 있다. 중국공산당은 항일전쟁 승리 후 예상되는 국민당과의 정치적 경쟁에서 우위를 점하기 위해 당의 정치적 정당성을 역사적으로 입증할 필요가 있었다. 이러한 맥락에서 제1차 역사결의는 마오쩌둥이 중국혁명의 실제 조건에 맞는 올바른 노선을 견지해 왔음을 역사적으로 증명함으로써, 향후 중국공산당의 정치적 지도력에 대한 역사적 근거를 제공했다.

> 우리 당내에서 역대 발생한 사상적 주관주의, 정치적 좌 · 우경화, 조직적 종파주의 등 현상은 노선을 형성하여 지도권을 장악했던 아니던, 명백히 소자산계급 사상이 반(反) 마르크스-레닌주의적, 반(反) 프롤레타리아 계급적 표현임을 보여준다.
>
> 我们党内历次发生的思想上的主观主义, 政治上的'左'、右倾, 组织上的宗派主义等项现象, 无论其是否形成了路线, 掌握了领导, 显然都是小资产阶级思想之反马克思列宁主义、反无产阶级的表现。

제1차 역사결의가 확립한 마오쩌둥 사상의 핵심인 계급투쟁론과 반제국주의, 반봉건주의 신민주주의 혁명론은 이후 종교를 봉건사회주의 잔재이자 지배계급의 이데올로기적 도구로 규정하는 이론적 토대가 되었다. 1950년 정무원이 발표한 종교정책의 기본 방향이 각 종교단체에 대해 "반제국주의, 반봉건주의 투쟁"에의 참여를 요구한 것은 제1차 역사결의가 확립한 정치노선의 직접적 반영이었다. 나아가 1966년부터 1976년까지의 문화대혁명 시기에 나타난 종교에 대한 전면적 부정과 탄압은 제1차 역사결의가 정당화한 마오쩌둥의 혁명노선이 극단적으로 발현된 결과로 해석할 수 있다.

(2) 제2차 역사결의(1981): 개혁개방의 이론적 토대와 종교정책 정상화

"건국 이래 당의 몇 가지 역사문제에 관한 결의(关于建国以来党的若干历史问题的决议)"

1981년 6월 27일 중국공산당 제11기 6중전회(中国共产党第十一届中央委员会第六次全体会议)에서 채택된 "건국 이래 당의 몇 가지 역사문제에 관한 결의(关于建国以来党的若干历史问题的决议)"는 중국공산당의 정치노선에 있어 가장 중대한 전환점을 마련한 문헌이다. 이 결의는 1949년 중화인민공화국 건국부터 1981년까지 32년간의 역사를 정리하면서, 특히 마오쩌둥에 대한 평가와 문화대혁명에 대한 정의를 통해 덩샤오핑의 개혁개방 노선에 역사적 정당성을 부여하는 데 초점을 맞추었다.

제2차 역사결의의 역사적 배경은 1976년 마오쩌둥 사망과 1978년 중국공산당 11기 3중전회(中国共产党第十一届中央委员会第三次全体会议)를 거치면서 형성된 새로운 정치적 상황과 관련이 깊다. 문화대혁명의 종료와 함께 중국사회는 경제발전과 대외개방을 통한 현대화를 추진해야 한다는 과제에 직면했으며, 이를 위해서는 과거의 급진적 좌경 노선에 대한 역사적 청산과 함께 새로운 정치노선의 이론적 근거를 마련할 필요가 있었다. 제2차 역사결의는 마오쩌둥을 "위대한 마르크스주의자"로 평가하면서도 그의 만년 과오, 특히 문화대혁명을 "전면적이고 장기간에 걸친 좌경 착오"

로 규정함으로써 과거와의 연속성을 유지하면서도 정책 전환의 정당성을 확보하는 정교한 정치적 균형을 달성했다.

> 종교신앙자유정책을 지속적으로 시행해야 한다. 네 가지 기본 원칙을 지키는 것은 신앙인들에게 종교신앙을 버리라고 요구하는 것이 아니라 그들이 마르크스-레닌주의, 마오쩌둥 사상을 반대하는 선전을 하지 않을 것을 요구하며, 종교가 정치와 교육에 간여하지 않을 것을 요구한다.

> 要继续贯彻执行宗教信仰自由的政策。坚持四项基本原则并不要求宗教信徒放弃他们的宗教信仰,只是要求他们不得进行反对马列主义、毛泽东思想的宣传,要求宗教不得干预政治和干预教育。

제2차 역사결의가 종교정책에 미친 영향은 매우 직접적이고 광범위했다. 이 결의가 강조한 "실사구시(实事求是)" 사상노선은 1982년 3월 31일 발표된 "우리나라 사회주의 시대의 종교문제에 대한 기본 관점과 기본정책(关于我国社会主义时期宗教问题的基本观点和基本政策)"〈19호문건〉의 이론적 방법론이 되었다. 19호 문건이 종교의 대중성, 민족성, 국제성, 복잡성, 장기성, 즉 오성(五性)을 인정한 것은 제2차 역사결의가 제시한 객관적 현실 인식과 과학적 분석 방법의 종교 분야에 적용한 것이었다. 또한 제2차 역사결의가 개혁개방 정책의 역사적 필연성을 강조한 것은 1982년 헌법에서 종교신앙의 자유를 명문화하는 이론적 배경이 되었다. 대외개방과 경제발전을 위해서는 종교 문제에 대해서도 보다 개방적이고 포용적인 접근이 필요하다는 현실적 인식이 역사결의의 이론적 정당화와 결합된 것이다.

(3) 제3차 역사결의(2021): 중국식 현대화와 종교 중국화의 이론적 일치

"중국공산당 중앙위원회의 당의 백 년 분투 과정에서의 중대한 성취와 역사적 경험에 관한 결의(中共中央关于党的百年奋斗重大成就和历史经验的决议)"

2021년 11월 11일 중국공산당 제19기 6중전회(中国共产党第十九届中央委员会第六次全体会议)에서 채택된 "중국공산당 중앙위원회의 당의 백년 분투 과정에서의 중대한 성취와 역사적 경험에 관한 결의(中共中央关于党的百年奋斗重大成就和历史经验的决议)"는 당 창립 100주년을 맞아 중국공산당의 전체 역사를 조망하고 향후 발전 방향을 제시한 종합적 역사문헌이다. 이 결의는 1921년부터 2021년까지 100년간의 역사를 "신민주주의혁명 시기(新民主主义革命时期)", "사회주의혁명과 건설 시기(社会主义革命和建设时期)", "개혁개방과 사회주의현대화건설 신시기(改革开放和社会主义现代化建设新时期)", "중국특색사회주의 신시대(中国特色社会主义新时代)" 등 네 단계로 구분하고, 각 시기의 성취와 경험을 체계적으로 정리했다.

제3차 역사결의의 역사적 배경은 시진핑이 집권한 2012년 이후 중국이 "중화민족의 위대한 부흥(中华民族伟大复兴)"이라는 새로운 역사적 목표를 설정하고 이를 실현하기 위한 "중국식 현대화" 전략을 본격 추진하고 있는 상황과 밀접하게 관련되어 있다. 이 결의는 특히 시진핑 신시기 중국특색사회주의의 역사적 지위를 확립하고, 시진핑을 당의 "핵심"이자 당 전체와 전국 각 민족 인민의 "주심골(主心骨)"로 위치 지음으로써 시진핑 체제의 정치적 권위를 역사적으로 정당화하는 데 핵심적 목적이 있다.

> 당은 당의 종교업무 기본방침을 견지하고, 우리나라 종교의 중국화 방향을 견지하며, 종교가 사회주의 사회에 적응하도록 적극적으로 이끈다.

党坚持党的宗教工作基本方针，坚持我国宗教的中国化方向，积极引导宗教与社会主义社会相适应。

제3차 역사결의가 종교정책에 미친 함의는 "종교 중국화" 방향에 역사적 필연성과 이론적 정당성을 부여한 것에서 찾을 수 있다. 이 결의가 강조한 "중국식 현대화"와 "중화우수전통문화의 창조적 전화와 혁신적 발전(中华优秀传统文化的创造性转化和创新性发展)"이라는 문화정책 방향은 2016년 시진핑이 전국종교업무회의에서 제시한 "각 종교로 하여금 중화문화에 깊이 뿌리내리도록(引导各宗教深深扎根于中华文化沃土)" 한다는 종교 중국화 정책과 이론적으로 완전히 일치한다. 2017년 개정된 〈宗教事务条例〉 제5조에서 "종교단체, 종교학교, 종교활동 장소, 종교교직자는 사회주의 핵심가치관을 실천하고 중화우수전통문화를 계승하여 종교 중국화를 추진해야 한다(宗教团体、宗教院校、宗教活动场所、宗教教职人员应当践行社会主义核心价值观，传承中华优秀传统文化，推进宗教中国化)"고 법적으로 규정한 것은 제3차 역사결의가 제시한 문화정책 노선의 종교 분야에서의 구체적 실현이라고 할 수 있다.

(4) 역사결의와 종교정책 문건 내용의 상호작용 메커니즘

중국공산당의 세 차례 역사결의가 종교정책에 미친 영향을 종합적으로 분석해 보면, 역사결의와 구체적 정책 문건 간에 일종의 상호작용 메커니즘이 작동하고 있음을 확인할 수 있다. 역사결의는 각 시대의 정치노선과 이데올로기적 방향을 설정함으로써 종교정책의 기본 틀과 접근 방식을 규정하는 역할을 담당한다. 반면 구체적인 종교정책 문건들은 역사결의가 제시한 이론적 원칙을 종교 분야의 현실에 적용하고 구체화하는 기능을 수행한다.

이러한 상호작용 메커니즘의 특징은 "연속성과 변화의 변증법적 통일(继承性与变化性的辩证统一)"에 있다. 세 차례 역사결의는 모두 마르크스주의와 마오쩌둥 사상이라는 기본 이데올로기적 틀을 유지하면서도 각각 다른 시대적 과제와 조건에 맞는 이론적 발전을 제시했다. 이는 종교정책에서도 마찬가지로 나타나는데, 종교에 대한 마르크스주의적 기본 인식과 중국공산당의 종교관리 주도권이라는 원칙은 일관되게 유지되면서도 구체적 정책 내용과 방법은 각 시대의 정치적 필요와 현실적 조건에 따라 조정되어 왔다.

또한 역사결의는 종교정책 변화에 대한 정치적 정당성을 제공하는 중요한 기능을 수행한다. 1950년대의 강력한 종교 통제에서 1980년대의 종교 자유 보장, 그리고 2010년대 이후의 종교 중국화 추진에 이르는 정책 변화는 표면적으로는 상당한 차이를 보이지만, 각각의 해당 시기 역사결의가 설정한 정치노선과 일치한다는 점에서 일관성을 갖는다. 이는 중국공산당이 급격한 정책 변화에도 불구하고 이론적 정통성과 정치적 정당성을 유지할 수 있는 중요한 메커니즘이라고 할 수 있다.

(5) 역사의 정치적 도구화와 종교정책 연구의 함의

중국공산당의 세 차례 역사결의는 역사를 "정치적 도구"로 활용하여 현재의 정책방향을 정당화하는 중국 공산주의 체제의 독특한 특징을 명확하게 보여준다. 각각의 역사결의는 객관적이고 중립적인 역사 서술을 목적으로 하는 것이 아니라, 현재의 정치적 필요와 미래의 정책 방향에 맞게 과거를 해석하고 재구성하는 정치적 문헌의 성격을 갖는다. 이러한 역사의 정치적 도구화는 종교정책을 포함한 모든 정책 영역에서 정책 변화의 정당성을 역사적으로 뒷받침하는 중요한 수단으로 활용된다.

종교정책 연구에서 이러한 역사결의의 성격과 기능을 이해하는 것은 매우 중요한 방법론적 의미를 갖는다. 중국의 종교정책 변화를 정확히 이해하기 위해서는 개별 정책 문건의 내용 분석을 넘어 그것이 형성된 정치적, 이데올로기적 맥락을 종합적으로 고려해야 한다. 특히 각 시기의 역사결의가 설정한 정치노선과 이론적 틀이 종교정책에 어떤 영향을 미쳤는지를 체계적으로 분석함으로써 중국 종교정책의 내재적 논리와 발전 방향을 파악할 수 있다.

또한 역사결의와 종교정책 간의 상관관계 분석은 중국 종교정책의 미래 전망을 위해서도 중요한 시사점을 제공한다. 2021년 제3차 역사결의가 강조한 "중국식 현대화"와 "중화민족의 위대한 부흥"이라는 목표가 유지되는 한, 종교정책에서도 "종교중국화" 방향의 지속적 심화와 법제화가 예상된다. 동시에 마르크스주의 종교관의 기본 틀과 중국공산당의 종교관리 주도권이라는 근본 원칙도 변함없이 유지될 것으로 전망된다. 이러한 분석은 중국 종교정책 연구뿐만 아니라 중국에서 활동하는 종교단체들의 전략 수립에도 중요한 참고가 될 수 있다.

3장

종교행정법령에 나타난 중국공산당의 종교인식

• • •

중국종교정책 또는 종교업무를 시행하기 위한 법적 근거는 중국공산당이 제정한 종교정책문건과 국무원 또는 국가종교사무국에서 제정한 종교행정규범으로 구분할 수 있다. 중국이 종교행정법제화를 추진하면서 1994년에 중국 국무원이 처음으로 국무원령으로 국가종교행정규범인 〈종교활동장소관리조례〉와 〈중국 영토 내 외국인 종교활동관리규정〉을 제정하기 전까지 중국의 종교업무는 주로 중국공산당이 제정한 종교행정문건을 근거로 하였다.

A. 중국법률체계에서 종교행정규범의 위치

중국정부가 제공하는 국가법률법규 데이터베이스에서는 중국의 법률체계를 헌법, 법률, 행정법규, 감찰법규, 사법해석, 지방성법규로 구분한다. 여기서 종교행정규범을 검색해 보면, 종교행정규범으로 〈종교사무조례〉를 행정법규로 각 지역 〈종교사무조례〉를 지방법규로 분류한다. 중화인민공화국 중앙인민정부에서 제공하는 국가행정법규 데이터베이스에서는 〈종교사무조례〉와 〈중화인민공화국 영토 내 외국인 종교활동관리규정(中华人民共和国境内外国人宗教活动管理规定)〉을 행정법규로 분류한다. 국가종교사무국 홈페이지에서는 법률법규, 부서규정, 규범성문건, 행정허가, 종교단체제도 등으로 나누어, 법률법규 범위에 〈종교사무조례〉와 〈중화인민공화국 영토 내 외국인 종교활동관리규정(中华人民共和国境内外国人宗教活动管理规定)〉 및 지방 종교사무조례 30가지를 포함하고 있고, 〈宗教活动

场所管理办法〉 등 국가종교사무국에서 제정한 행정규범을 부서규정으로 분류한다. 따라서 중국법률체계로 보면 종교행정규범은 국무원에서 제정한 국가행정규범과 국가종교사무국에서 제정한 부서행정규범으로 분류한다고 볼 수 있다.

B. 종교행정업무 법제화

개혁개방 이후 중국공산당은 중국 현실에 적합한 국정운영을 위해 지속적으로 사회주의 이념에 대한 해석을 했고, 새로운 이념을 국가 행정에 반영하기 위해 행정 법제화를 추진했다. 〈헌법〉에 따르면 중국의 국가 법률은 헌법, 법률, 행정법규, 지방정부가 제정한 법률은 지방정부법규, 자치조례, 단행조례 등으로 나눈다. 법을 제정한 주무부서에 따라 구분한다. 헌법을 제외한 중국의 모든 법률은 〈중화인민공화국 입법법〉[1]을 근거로 제정한다. 〈입법법〉 제2조에 따르면 국가의 법령체계는 법률, 행정법규, 지방법규(地方性法规), 자치조례, 독립조례(单行条例)로 구분할 수 있다.

종교업무를 담당하는 국무원이 최초로 제정한 종합적인 종교행정법규는 〈종교사무조례〉이다. 〈종교사무조례〉는 국무원령 426호로 2004년 11월 30일에 공포되었다. 국무원이 종교행정법규를 제정한 것은 중국공산당이 국정운영법제화를 강조한 것과 궤를 같이한다. 중국공산당은 종교업무에 관한 정책을 수립하였는데, 그 정책은 바로 종교업무에 대한 법제 관

1 〈중화인민공화국 입법법〉은 최초 2000년 3월 15일 제9회기 전국인민대표대회 제3차 회의에서 통과되어 중화인민공화국 주석령 제31호로 공포, 2000년 7월 1일부터 시행되었다. 2015년 3월 15일 제12회기 전국인민대표대회 제3차 회의에서 "〈중화인민공화국입법법〉개정결정"에 따라 1차 개정되었다. 2023년 3월 13일 제14회기 전국인민대표대회 제1차 회의에서 "〈중화인민공화국입법법〉개정결정"에 따라 2차 개정하여 시행되었다.

리이다. 이는 중국공산당 중앙위원회가 1982년, 1991년, 2002년에 중앙통전부, 국무원 종교사무국과 공동으로 제정한 종교정책문건에 드러나 있다. 1978년 개혁개방 이후, 중국공산당이 종교행정법제화를 제시한 내용은 다음과 같다.

연도	종교정책문건	내용
1982	〈19호문건〉 关于我国社会主义时期宗教问题的基本观点和基本政策	종교활동을 보다 정상화하기 위해서, 국가는 앞으로 법률 절차에 따라 종교계 대표들과 충분히 상의하여 종교법규를 제정할 것 为了保证宗教活动的进一步正常化, 国家今后还将按照法律程序, 经过同宗教界代表人士充分协商, 制订切实可行的宗教法规
1990	〈6호문건〉 中共中央、国务院关于进一步做好宗教工作若干问题的通知	종교활동을 보다 정상화하기 위해서, 국가는 앞으로 법률 절차에 따라 종교계 대표들과 충분히 상의하여 종교법규를 제정할 것 为了保证宗教活动的进一步正常化, 国家今后还将按照法律程序, 经过同宗教界代表人士充分协商, 制订切实可行的宗教法规
1991	종교입법체계와 제8차 5개년계획기간 종교입법 항목에 관한 생각(关于宗教立法体系和'八五'期间宗教立法项目的设想)	첫째, 전국인민대표대회 또는 전국인민대표대회 상무위원회에서 종교기본법을 제정한다. 둘째, 국무원에서 행정법규를 반포한다. 셋째, 부서규정을 제정한다. 넷째, 지방종교법규 또는 지방정부규정을 제정한다. 第一，由全国人大或全国人大常委会颁布一个有关宗教的基本法律，从整体上调整宗教与社会其它方面的关系，保障公民宗教信仰自由权利，维护宗教组织合法权益，保障宗教活动正常化。第二，由国务院颁布行政法规，调整涉及各宗教共同性问题，在政府管辖权限内对宗教场所、教职人员、外国人在华宗教活动、宗教音像制品等问题依法管理解决。第三，制定部门规章，调整涉及范围不大、政策性较强及属于部门内部管理范围的问题。第四，由地方人大或政府根据当地实际自行制定地方性宗教法规或地方性政府规章。

1993	전국종교업무회의, 장쩌민 연설 宗教工作“三句话”	종교문제에 관한 생각을 세 가지 문장으로 정리한다. 첫째, 전면적이고 정확하게 당의 종교정책을 시행하라. 둘째, 종교업무에 대한 의법관리를 강화하라. 셋째, 종교가 사회주의사회에 부합되도록 적극적으로 인도하라. 在宗教问题上我也想强调三句话: 一是全面、正确地贯彻执行党的宗教政策; 二是依法加强对宗教事务的管理; 三是积极引导宗教与社会主义社会相适应。
2002	2002年 중국공산당 제16회기 전국대표대회 장쩌민 연설 宗教工作“四句话”	종교업무 네 가지 방침 종교신앙자유정책 종교업무의법관리 종교사회의주적응 독립자주자체경영원칙 全面贯彻党的宗教信仰自由政策,依法管理宗教事务,积极引导宗教与社会主义社会相适应,坚持独立自主自办的原则。

1982년 〈19호문건〉에서 “종교활동을 보다 정상화하기 위해서, 국가는 앞으로 법률 절차에 따라 종교계 대표들과 충분히 상의하여 종교법규를 제정할 것(为了保证宗教活动的进一步正常化, 国家今后还将按照法律程序, 经过同宗教界代表人士充分协商, 制订切实可行的宗教法规)”이라고 밝혔다.

1990년 〈6호문건〉에서 “종교입법업무의 속도를 내야 한다. 국무원 종교사무국에서는 종교업무를 위한 행정법규 초안을 서둘러 제정해야 한다. 각 성, 자치구, 직할시도 국가의 관련 법률과 법규를 바탕으로 현지 상황에 맞추어 종교업무와 관련된 지방행정법규를 제정할 수 있다(要加快宗教立法工作. 国务院宗教事务局应抓紧起草关宗教事务的行政法规. 各省、自治区、直辖市也可根据国家的有关法律和法规, 结合当地实际情况, 制定地方性的有关宗教事务的行政法规)”라고 하였다.

1993년에 개최된 전국종교업무회의 연설에서 장쩌민은 종교업무 기본 방침을 세 개의 문장으로 정리한 “종교업무 세 가지(宗教工作三句话) 방침”을 제시하였다. 첫째, 전면적이고 정확하게 당의 종교정책을 시행하라(全面、正确地贯彻执行党的宗教政策). 둘째, 종교업무에 대한 의법관리를 강화하라(依法加强对宗教事务的管理). 셋째, 종교가 사회주의사회에 부합되도록 적극적으로 인도하라(积极引导宗教与社会主义社会相适应).

2002년에 개최된 중국공산당 제16회기 전국대표대회 연설에서 장쩌민은 1993년에 제시한 “종교업무 세 가지(宗教工作三句话) 방침”을 재차 강조하고 “독립, 자주, 자체경영의 원칙을 견지(坚持独立自主自办的原则)”를 추가하여 “종교업무 네 가지(宗教工作四句话) 방침”을 완성하였다. 이처럼 중국공산당은 종교행정법제화 실무작업을 진행하기 전에 먼저 종교정책이론을 마련하였다.

C. 국가행정규범과 종교행정규범의 제정

1982년 〈19호문건〉에서 종교입법업무를 신속하게 시행할 것을 제시한 중국공산당의 요구에 따라 국무원 종교사무국은 우선 1986년부터 조건을 갖춘 지방부터 지방종교법규를 제정하여 시범적으로 시행하는 정책을 시행하면서, 광저우시(广州市), 광동성(广东省), 신장위그루자치치구(新疆维吾尔自治区) 등에서 종교사무 또는 종교활동 장소와 관련된 지방행정규범을 제정하여 시행하였다. 1987년 중국공산당 제13회기 전국대표대회에서 사회주의 법제화를 적극적으로 추진하기로 결의함에 따라 국무원 종교사무국에서는 종교행정법제화를 서두르기 시작했다. 1989년 3월에는 짜오푸추(赵朴初), 딩광쉰(丁光训) 등 종교계 인사들이 중심이 되어 〈중화인민공화국종교법(中华人民共和国宗教法)〉 제안 초안을 전국인민대표대회 상무위원회에 제출하여 입법절차의 시작을 기대했지만, 일부 기본원칙 문제로 인한 논란으로 입법절차가 유보되고 말았다.

1990년 〈6호문건〉에서 종교입법 작업을 서둘러야 한다는 요구가 다시 제기되면서, 1991년 4월, 국무원 종교사무국에서는 "종교입법체계와 제8차 5개년계획 기간 종교입법 항목에 관한 생각(关于宗教立法体系和'八五'[2]期间宗教立法项目的设想)"을 발표하여 종교입법 네 가지 방안을 제시하였다. 첫째, 전국인민대표대회 또는 전국인민대표대회 상무위원회에서 종교기본법을 제정한다. 둘째, 국무원에서 행정법규를 반포한다. 셋째, 부서규정을 제정한다. 넷째, 지방종교법규 또는 지방정부규정을 제정한다.

국무원과 종교사무국은 종교기본법을 제정하기 전에 먼저 국가종교행정법규와 부서행정규범 제정 작업을 진행하였다. 1991년 5월 6일에는 국무원 종교사무국과 인민정부가 연합으로 부서행정규범인 〈종교사회단체등기관리시행방법(宗教社会团体登记管理实施办法)〉, 1996년 7월 29일에는 〈종교활동장소연차검사방법(宗教活动场所年度检查办法)〉을 공포하였다. 1994년 1월 31일, 국무원은 국무원령 144호, 145호로 국가종교행정규범인 〈中华人民共和国境内外国人宗教活动管理规定〉과 〈宗教活动场所管理条例〉를 반포하였다.

D. 〈종교활동장소관리조례(宗教活动场所管理条例)〉

〈종교활동장소관리조례〉는 국무원이 제정한 최초의 종교행정법규이다. 종합적인 행정법규인 〈종교사무조례〉가 제정되기 전까지는 가장 상위에 있는 종교행정법규였다. 〈조례〉는 총 20개의 조항으로 구성되어 있다. 제1조에 따르면 본 조례를 제정한 목적은 "정상적인 종교활동을 보호

2 '八五'는 제8차 5개년 계획(第八个五年计划)의 준말이다. 중화인민공화국은 1991년부터 1995년까지 국민경제개발 5개년 계획을 수립하였다.

하고, 종교활동 장소의 합법적인 권익을 보호하고, 종교활동 장소를 효과적으로 관리"하기 위한 것이다. 국무원이 제정한 최초의 종교행정법규가 종교활동 장소라는 독특한 개념을 다루고 있는 것은 상당한 의미가 있다. 왜냐하면 이후 중국의 종교정책이 발전하는 과정에서 정상적인 종교활동 여부를 판단하는 중요한 요소가 되기 때문이다. 아울러 종교사무와 관련된 다양한 행정 영역을 포괄하는 법규를 제정하기 전에 이미 시작된 각종 종교의 활동을 행정적으로 관리하기 위해 한시적으로 적용하기 위해 제정한 법규로서의 성격이 강하다.

〈조례〉 제2조에 따르면 종교활동 장소는 종교활동을 진행하는 불교사찰, 도교사원, 이슬람모스크, 기독교와 천주교의 예배당 등 각 종교가 종교의식을 거행하는 장소를 지칭한다. 동시에 종교활동 장소는 반드시 국가기관에 등록해야 한다고 규정하고 있다. 따라서 이 조항에 대한 실무행정을 위해 종교사무국에서는 〈조례〉를 시행한 직후인 1994년 4월 13일에 부서행정규범인 〈종교활동장소등기방법(宗教活动场所登记办法)〉을 제정한다. 종교활동 장소 등기와 관련된 행정규범을 서둘러 제정한 것은 문화혁명 기간 좌편향된 종교정책 시행으로 인해 대부분의 종교활동 장소가 지하화되어 국가의 종교업무 담당부서에서 이를 행정적으로 관리하기 위해서는 종교활동 장소를 국가행정영역 범위에 포함시켜야 할 필요가 있었기 때문으로 보이며, 특히 종교활동 장소 등기 여부는 정상적인 종교활동을 판단하는 기준이 된다.

국가종교사무국에서는 1996년 7월 29일에 부서행정법규로 〈종교활동장소연차검사방법(宗教活动场所年度检查办法)〉을 제정한다. 본 〈방법〉은 종교활동 장소에 대한 행정관리를 강화하기 위한 부서행정법규로, 〈종교활동장소관리조례〉 제5조 등 종교활동 장소 관리와 관련된 조항을 근거로 제정하였다.

E. 〈중화인민공화국 영토 내 외국인종교활동관리규정(中华人民共和国境内外国人宗教活动管理规定)〉

본 〈규정〉은 1994년 1월 31일, 〈종교활동장소관리조례〉와 함께 제정된 국가행정규범이다. 총 13개 조항으로 구성되어 있으며, 제1조에 따르면 본 〈규정〉을 제정한 목적은 "중화인민공화국 영토 내에서 외국인의 종교신앙자유를 보장하고, 사회의 공공질서를 지키기 위함"이다. 개혁개방정책 시행으로 인해 중국으로 이주한 외국인이 증가하면서 이들의 종교활동을 행정적으로 관리할 필요에 따라 제정한 행정규범이라고 볼 수 있다. 그러나 중국에서 외국인들에게 허락된 종교활동은 "외국인은 중국 영토 내의 불교사찰, 도교사원, 이슬람모스크, 기독교와 천주교의 예배당 등 종교활동 장소에서 종교활동에 참여"하는 것과 "성(省), 자치구(自治國), 시(市) 이상의 종교단체의 초청을 받아 외국인은 중국의 종교활동 장소에서 강연과 설교"하는 것(제2조) 등 제한적이며, 이와는 대조적으로 "승인된 장소에서의 종교활동"만이 허용되며(제4조), "종교단체 설립", "종교사무기구 설립", "종교활동 장소나 종교학교 설립", "중국인들 대상으로 하는 포교활동", "중국인을 성직자로 임명", "기타 전도활동" 등 일반적인 종교활동은 일률적으로 금지(제8조)하고 있는 것으로 보아, 본 〈규정〉은 중국 영토 내에서 외국인의 종교활동을 법적으로 관리하기 위한 행정규범이라고 볼 수 있다. 1999년 1월 1일에는 본 〈규정〉 제8조 외국인은 "종교학교 설립 금지"하는 조항의 실무행정규범으로 〈종교학교외국인전문가청빙방법(宗教院校聘用外籍专业人员办法)〉을 제정하였다.

본 〈규정〉을 시행한 지 약 7년이 지난 2000년 8월 11일, 국가종교사무국은 국가종교사무국령 제1호로 〈중화인민공화국 영토 내 외국인종교활동관리규정 시행세칙〉을 반포한다. 본 〈세칙〉은 1994년 〈규정〉을 근거로 제정하였다(제1조)고 하지만, 실제적으로는 〈규정〉 13개 조항에 9개 조항을 추가하여 22개 조항으로 구성한 것으로, 추가된 조항은 외국인이 중국에서 해서는 안 되는 전도활동 8가지 세부 항목(제17조), 법령을 위반할 경우에 대한 법적조치(제19조) 등이다.

F. 〈종교사무조례〉

1994년에 최초의 종교 관련 국가행정규범을 시행한 후 5년이 지난 1999년에 국가종교사무국에서는 〈종교사무조례〉 제정 승인을 받고 초안 작업을 시작한다. 이후 근 4년 동안의 작업을 진행한 후, 2003년 3월에 국가종교사무국은 국무원에 〈종교사무조례〉 초안 원고를 제출하였다. 다시 1년 이상의 초고 수정작업을 한 후에 초안을 완성하고, 2004년 7월 7일, 국무원 제57차 상무회의에서 〈종교사무조례〉가 통과되어 같은 해 11월 30일에 국무원령 426호로 공포, 2005년 3월 1일부터 시행되었다.

〈종교사무조례〉는 국무원이 종교행정업무를 위해 제정한 최초의 종합적인 종교행정규범이다. 이에 앞서 국무원이 1994년에 제정한 〈종교활동장소관리조례〉와 〈중화인민공화국 영토 내 외국인종교활동관리규정〉이 최초의 국가행정규범이라고 할 수 있지만, 전자는 종교활동 장소, 후자는 중국에 거주하는 외국인을 대상으로 제정된 단행규범이다. 〈종교사무조례〉는 2018년 〈종교사무조례〉 개정안이 시행된 후에도 국무원이 제정한 유일한 종합종교행정규범이다.

내용 면에서 〈조례〉는 총 7개의 장과 48개의 조항으로 구성되어 있는데, 7개의 장은 총칙, 종교단체, 종교활동 장소, 종교성직자, 종교재산, 법적 책임, 부칙이다. 중국이 종교행정 영역에서 다루는 분야 가운데 단독행정규범이 제정된 외국인종교활동 이외의 모든 항목에 관한 규정을 담고 있다. 여기서 우리가 주목할 점은 종교활동 장소와 관련된 규정이 〈조례〉에 포함되면서 1994년에 국무원이 제정한 최초의 국가행정규범인 〈종교활동장소관리조례〉가 폐지(제48조)된 것이다. 이처럼 종교활동 장소라는 개념은 중국 종교정책에서 특별하면서도 중요한 개념이다. 중국의 종교행정규범은 종교활동 장소 관리를 위해 제정되었고, 최초의 종합종교행정규범인 〈종교사무조례〉 역시 종교활동 장소 관리를 위한 종교행정규범을 바탕으로 제정되었다.

1991년 4월, 국무원 종교사무국에서 제정한 "종교입법체계와 제8차 5개년계획 기간 종교입법 항목에 관한 생각(关于宗教立法体系和'八五'期间宗教立法项目的设想)"에 제시한 종교행정법규 제정 단계는 종교기본법, 국가행정법규, 부서행정법규, 지방행정법규이다. 국가행정규범인 〈종교사무조례〉를 제정한 후에 종교업무를 담당하는 행정기관인 국가종교사무국은 〈종교사무조례〉 각 항목의 행정실무를 위한 부서행정규범 제정 작업을 시작했다. 〈종교사무조례〉에서는 종교행정 분야를 종교단체(제2장), 종교활동장소(제3장), 종교성직자(제4장), 종교재산(제5장) 그리고 법적책임(제6장) 등 다섯 가지로 구분한다. 다섯 가지 종교행정 항목에 행정실무를 위한 후속 조치로 국가종교사무국에서 제정한 부서행정법규는 다음과 같다.

G. 종교학교와 관련된 부서행정법규:

〈종교학교설립방법(宗教院校设立办法)〉

〈종교사무조례〉에는 종교단체와 관련된 제2장 제6조부터 제11조까지 총 6개 조항으로 구성되어 있다. 종교단체 설립 절차는 일반행정법규인 〈사회단체등기관리조례(社会团体登记管理条例)〉을 적용하며(제6조), 종교출판물은 일반행정법규인 〈출판관리조례(出版管理条例)〉를 적용한다(제7조). 종교학교설립과 관련된 조항이 종교단체 조항에 포함되어 있다(제8조, 제9조, 제10조). 이 가운데 종교학교설립에 관한 조항의 행정실무를 위해 부서행정법규로 〈종교학교설립방법(宗教院校设立办法)〉을 제정한다. 본 〈방법〉은 2006년 12월 25일에 국가종교사무국 업무회의에서 통과, 2007년 8월 1일에 국가종교사묵국령 제6호로 공포, 2007년 9월 1일부터 시행되었다.

H. 종교활동 장소와 관련된 부서행정법규:

〈종교활동장소설립신청비준등기방법(宗教活动场所设立审批和登记办法)〉

〈종교사무조례〉에서 종교활동 장소와 관련된 조항은 제3장 제12조부터 제26조까지 총 15개 조항으로 구성되어 있다. 1994년에 제정된 최초의 종교업무 국가행정규범 〈종교활동장소관리조례(宗敎活動場所管理條例)〉의 20개 조항 가운데 종교활동 장소와 직접 관련된 조항을 대부분 반영하고 있다.

종교활동 장소 개념(제12조), 종교활동장소 설립 절차(제13조)와 조건(제14조), 등록절차(제15조), 관리와 운영(제16조부터 제26조) 등의 조항에서 종교활동 장소 설립과 관련된 행정실무를 위해 제정된 부서행정법규가 〈종교활동장소설립신청비준과등기방법(宗教活动场所设立审批和登记办法)〉이다. 본 〈방법〉은 종교행정법규 제정 절차에 따라 2005년 4월 14일에 국가종교사무국 업무회의에서 통과되었으며, 2005년 4월 21일 국가종교사무국령 제

2호로 반포, 시행되었다. 본 〈방법〉 시행과 동시에 1995년에 제정된 부서행정규범 〈종교활동장소등기방법(宗教活动场所登记办法)〉은 폐지되었다.

〈종교활동장소재무감독관리방법(宗教活动场所财务监督管理办法(试行)〉

〈종교사무조례〉 제17조에는 종교활동 장소 관리를 강화하기 위한 내용을 담고 있다. 국가종교사무국에서는 이 조항에 근거하여 부서행정규범으로 〈종교활동장소재무감독관리방법(宗教活动场所财务监督管理办法(试行)〉을 제정한다. 본 〈방법〉은 입법 절차에 따라 2010년 1월 7일 국가종교사무국 업무회의에서 통과되어, 2010년 1월 11일 공포, 2010년 3월 1일부터 시행하였다.

종교성직자와 관련된 부서행정법규:

〈종교성직자등록방법(宗教教职人员备案办法)〉

〈종교사무조례〉 제4장 제27조에서 제29조까지 총 3개 조항은 종교성직자와 관련된 내용이다. 성직자의 자격(제27조), 임직 조건(제28조), 활동내용(제29)을 규정하고 있다. 국가종교사무국에서는 성직자의 자격과 종교활동 주제를 위한 임직 절차에 대한 행정실무를 위해 두 가지 부서행정법규를 제정한다.

〈종교성직자등록방법〉은 〈종교사무조례〉 제27조에 근거하여, 입법 절차에 따라 2006년 12월 25일에 국가종교사무국 업무회의에서 통과, 2006년 12월 29일에 국가종교사무국령 제3호로 공포되어 2007년 3월 1일부터 시행되었다.

〈종교활동장소주요성직자등록방법(宗教活动场所主要教职任职备案办法)〉

〈종교활동장소주요성직자등록방법〉 역시 〈종교사무조례〉 제28조에 근거하여, 입법 절차에 따라 2006년 12월 25일에 국가종교사무국 업무회의에서 통과, 2006년 12월 29일에 국가종교사무국령 제4호로 공포되어 2007년 3월 1일부터 시행되었다.

I. 〈종교사무조례〉 개정

1994년에 국무부가 제정한 두 가지 국가행정규범인 〈종교활동장소관리조례〉와 〈외국인종교활동관리규정〉이 시행되면서 국무원 종교사무국에서는 지속적으로 부서행정규범을 제정하였고, 2005년에 이르러서는 최초의 종합종교행정규범인 〈종교사무조례〉가 시행되었다. 이는 중국공산당과 중국정부가 추진하는 종교업무 법제화 과정에서 얻은 중요한 결과물이다. 특히 〈종교사무조례〉 제정 이후 국무원 종교사무국에서는 지속적으로 종교행정 실무를 위한 부서행정규범을 제정하였을 뿐 아니라 중국정부에서도 헌법, 일반법률, 행정법률, 민사법, 행정법 등에서 종교와 관련된 내용을 명시한 법률을 제정하였다. 2011년까지 종교부서행정규범(宗教部门规章) 12건, 종교에 관한 내용을 담은 독립행정규범(单项部门规章) 88건, 지방종합종교행정규범(地方综合性宗教行政法规) 51건, 종교에 관한 내용을 담은 지방독립부서행정규범(地方单项部门规章) 34건 등을 제정하였다. 이로써 중국은 종교업무 분야의 법률 표준체계를 어느 정도 갖출 수 있게 되었다.

(1) 〈종교사무조례〉 개정 배경

중국 중앙정부 국무원에서는 2010년경에 이미 〈종교사무조례〉를 대체할 국가종교행정규범을 준비하기 시작했다. 개혁개방정책을 시행한 지 20년이 넘어서면서 중국의 종교 환경은 크게 변화하여, 기존의 종교행정규범으로는 해결하지 못할 종교 문제가 대두되었기 때문이다.

그동안의 추세를 보면 중국정부가 새로운 종교행정규범을 발표하기까지는 초안이 마련된 후에도 모든 입법 절차를 마무리하려면 상당한 시간이 더 필요했다. 그 이유는 첫째, 국가종교행정규범은 전국을 대상으로 적용하는 규범이므로, 내용상으로는 복잡한 종교적 상황에 맞추고 적용 범위 면에서는 모든 종교의 요구를 충족하고, 전국적으로 적용할 수 있는 법령을 제정하기가 쉽지 않다는 점이다. 급격한 사회변동으로 지역별, 국민 계층별 다양한 편차가 나타난 사회적 현실을 모두 반영할 수 있어야 하고, 급격한 도시화로 도시와 농촌의 경제적, 사회적 격차가 극단적으로 드러나고 종교적 상황이 더욱 복잡해진 현실을 극복할 수 있는 종합적 종교행정규범을 제정하는데 한계가 있다. 다음으로 중국에는 기독교(개신교), 천주교, 이슬람교, 불교, 도교 등 중국정부가 공인하는 다섯 가지 종교가 있다. 전국종교행정규범은 소위 5대 종교에 공통적으로 적용할 수 있어야 한다. 그런데 각 종교는 형식과 운영체제, 교리 등이 다르고, 그 발전 과정이나 정도의 차이가 있다. 이러한 복잡한 상황을 모두 충족할 수 있는 종합적인 법령을 제정하려면 담아야 할 내용이 너무 많아진다.

2014년 10월 23일, 중국공산당 제18회기 전국대표대회 중앙위원회 제4차 전체회의에서 통과된 "의법치국 전면 추진 결정(中共中央关于全面推进依法治国若干重大问题的决定)"은 종교업무법제화를 추진할 수 있는 동력을 제공하였다. 중화인민공화국은 유물론과 공산주의 이념이라는 포기할 수 없는 이념적 굴레에 매여 있다. 특히 시진핑의 제5세대 중국공산당 지도부와 중국정부가 추구하는 종교신앙자유정책의 핵심은 사회주의 사회에 부합하는 중국화 된 종교를 만드는 것이다. 본 회의 개막식에 제출한 정치보고서에서는 당의 종교업무 기본 방침을 전면적으로 관철하고, 종교 관계의 조화를 촉진하며, 경제사회 발전에서 종교인과 종교인의 적극적인 역할을 충분히 발휘할 것을 제안했다. 특히 장쩌민을 중심으로 하는 중국공산당 제5세대 지도부는 중국공산당이 종교문제와 종교업무의 중요성을 인정해야 하며, 종교업무 영역에서 새롭게 등장한 상황과 문제를 연구해야 한다는 주장을 다양한 회의에서 거듭 강조하였는데, 그 핵심은 종교행정법제화로 귀결된다.

중국공산당은 제18회기 전국대표대회에서 제시한 종교행정법제화를 추진하기 위해서 종교업무와 종교정책 실무를 논의하는 전국종교업무회의를 소집하였다. 2016년 4월 22일부터 23일까지 베이징에서 전국종교업무회의(全国宗教工作会议)가 개최되었다. 이번 전국종교업무회의에는 중국 최고지도부 인사 대부분이 참여하였다. 참석자의 직급이나 범위로 볼 때 종교회의 사상 전례를 찾아보기 어려울 정도로 급이 높은 회의였다. 본 회의에서 행한 시진핑의 연설 핵심적인 내용은 "새로운 국면에서 중국 특색의 사회주의 종교이론을 견지하고 발전시켜야 한다"라는 것이다. 이를 정리하면 다음과 같다. 첫째 종교업무는 중국공산당이 지도한다. 둘째는 중국의 종교는 중국화를 추진해야 하며 외부 세력이 간여해서는 안 된다. 셋째는 공산당원은 굳건한 마르크스주의 무신론자가 되어야 하며 절대로 종교에서 자신의 가치관을 추구해서는 안 된다. 이는 장쩌민의 중국공산당 제4세대 지도부가 제시한 종교업무 4대 원칙과 차이가 있다. 종교업무에 대한 당의 지도를 강화해야 한다는 요구는 변함이 없지만, 특히 종교사회주의사회적응론을 종교중국화를 통한 사회주의 적응으로 발전시킨 것과,

공산당원에 대해 보다 확실하게 종교적 독립성을 요구하면서, 이러한 목표를 달성하기 위해서 중국정부는 종교를 법률로 관리하겠다는 강력한 의지를 표명했다.

2014년 중국공산당 제18회기 전국대표대회에서 제시된 국가행정법제화는 2017년 3월 5일, 제12회기 전국인민대표대회 제4차 회의에서 〈중화인민공화국민법총칙〉 제정으로 결실을 맺었고, 2016년 전국종교업무회의에서 제기된 종교행정법제화는 2017년 8월 26일, 국무원 총리 리커창(李克强)이 서명한 국무원령 686호로 〈종교사무조례〉 개정안을 공포함으로써 2005년부터 시행된 최초의 종합종교행정법규 〈종교사무조례〉 개정작업이 완료되었다.

(2) 〈종교사무조례〉 개정 내용 분석

2004년 11월 11일 중화인민공화국 국무원령 제426호로 공포된 최초의 국가종교행정규범 〈종교사무조례〉는 2017년 6월 14일 국무원 제176차 상무회의에서 개정안이 통과된 후 중화인민공화국 국무원령 제686호로 공포하고, 2018년 2월 1일부터 시행되었다.

〈조례〉 개정 내용은 제1장 총칙, 제2장 종교단체, 제3장 종교교육기관, 제4장 종교활동 장소, 제5장 종교인, 제6장 종교활동, 제7장 종교재산, 제8장 법적 책임, 제9장 부칙으로 구성되어 있다. 기존 〈종교사무조례〉와 비교해 보면 제2장 종교단체 항목에 포함되어 있던 종교학교 항목이 별도의 장으로 독립되었고, 제3장 종교활동 장소 항목에 포함되어 있던 종교활동 항목도 별도의 장으로 신설되었다. 이러한 변화는 국무원이 성직자를 양성하는 종교학교에 대한 행정관리를 강화하고, 종교활동 장소와 종교활동을 분리하여 이에 대한 행정관리를 세부적으로 다루겠다는 의도가 나타나 있다. 이는 중국정부가 종교활동 장소라는 공간개념을 통해 종교활동을 법적으로 통제해 온 전통적인 종교정책에서 진일보하여 종교활동 자체에 대한 법적 근거를 제시한 것으로 보인다.

〈종교사무조례〉 원안과 〈종교사무조례 개정안〉 내용을 비교 도표는 〈부록 07〉 도표를 참조하라.

J. 〈종교사무조례〉 개정안 내용 분석

제1장 총칙

〈종교사무조례〉 개정안은 총칙에서 종교행정의 역할 또는 의무를 추가하였다. 합법적인 종교활동 보호와 불법적인 종교활동 통제라고 하는 종교행정의 기본적인 역할에 추가하여 종교극단주의, 외부 세력의 침투, 종교활동 과정에서 야기된 범죄행위의 단속 등을 종교행정의 의무로 새롭게 규정하였다.

> 제3조 종교업무 관리는 합법적인 종교활동을 보호하고 불법적인 종교활동을 제지하며, 극단적인 종교활동을 억제하고, 외부 세력의 침투를 제어하며, 범죄를 타파하는 일을 지속적으로 감당해야 한다.
>
> 第三条　宗教事务管理坚持保护合法、制止非法、遏制极端、抵御渗透、打击犯罪的原则。

종교행정이 담당하는 기존의 관리 대상은 종교단체, 종교활동 장소였지만, 개정하면서 종교학교, 신도가 추가되었다.

> 제4조 국가는 법에 따라 정상적인 종교활동을 보호하고 종교단체, 종교교육기관, 종교활동 장소, 신도들의 합법적인 권익을 보호한다.
>
> 第四条　国家依法保护正常的宗教活动, 积极引导宗教与社会主义社会相适应, 维护宗教团体、宗教院校、宗教活动场所和信教公民的合法权益。

아울러 종교행정은 전문적으로 종교행정을 담당하는 부서의 고유한 역할이었다. 그러나 수정 초안에서는 각급 인민정부에게 종교행정에 대한 지도를 강화하도록 요구한다.

> 제6조 각급 인민정부는 종교업무에 대한 지도를 강화하고, 건전한 종교업무 체계를 갖추고, 종교업무 능력과 업무상 필요한 여건을 보장해야 한다.
>
> 第六条　各级人民政府应当加强宗教工作, 建立健全宗教工作机制, 保障工作力量和必要的工作条件。

이는 종교행정에 대한 일반 행정부서의 역할을 증대시키는 결과를 가져올 것으로 보인다. 이러한 의도는 촌민위원회와 주민위원회에까지 종교행정을 관리하도록 함으로써 정부기관의 말단조직까지 종교행정에 동원하려는 중앙정부의 의도가 반영된 것으로 보인다.

제2장 종교단체

기존의 〈종교사무조례〉에서는 종교단체의 설립, 변경 및 말소 절차를 〈사회단체등기관리조례〉에 근거하도록 규정하고 있었다. 그러나 개정안에서는 사회단체관리 관련규정으로 확대하여 적용하도록 하였고, 특히 종교단체가 담당해야 할 기능을 세부적으로 규정하였다.

개정안에서 추가된 종교단체의 기능은 정부와의 협력, 신도 보호, 종교 전문인력 양성 등이다.

> 제7조 종교단체의 설립, 변경 및 말소는 국가가 제정한 사회단체관리 관련규정에 따라 행정절차를 밟아야 한다.
>
> 종교단체의 정관은 국가가 정한 사회단체관리 관련규정에 부합해야 한다.
>
> 종교단체는 정관에 근거하여 활동하고, 법적인 보호를 받는다.
>
> 第七条　宗教团体的成立、变更和注销，应当依照国家社会团体管理的有关规定办理登记。
>
> 宗教团体章程应当符合国家社会团体管理的有关规定。
>
> 宗教团体按照章程开展活动，受法律保护。
>
> 제8조 종교단체는 아래의 기능을 갖추어야 한다:
>
> (1) 정부가 종교법, 법규, 정책을 철저하게 실천할 수 있도록 협조한다.
>
> (2) 신도들의 합법적인 권익을 보호한다.
>
> (3) 종교업무를 지도하고 종교의 규칙과 제도를 제정하고 실시한다.
>
> (4) 종교문화연구, 종교 교의와 규칙 해석, 종교사상 수립 업무에 종사한다.

(5) 종교교육을 실시하여 종교관련 업무를 담당하는 인사를 양성하고 자격을 검정하며, 종교관련 업무를 담당하는 인사를 관리한다.

(6) 법률, 법규, 규정 및 종교단체의 정관에 규정된 기타 기능

第八条　宗教团体具有下列职能:

(一)协助人民政府贯彻落实法律、法规、规章和政策,维护信教公民的合法权益;

(二)指导宗教教务,制定规章制度并督促落实;

(三)从事宗教文化研究,阐释宗教教义教规,开展宗教思想建设;

(四)开展宗教教育培训,培养宗教教职人员,认定、管理宗教教职人员;

(五)法律、法规、规章和宗教团体章程规定的其他职能。

제3장 종교교육기관

종교교육기관에 대한 항목은 기존에는 종교단체 항목에 포함되어 있었다. 그러나 개정안에서 새롭게 제3장으로 독립되었다. 이는 종교교육기관이 종교행정에서 차지하는 비중이 높아졌음을 의미한다.

수정 초안에 새로 추가된 종교교육기관 관련 규정 가운데 시대적 변화를 반영한 내용은 바로 종교교육기관을 독립된 법인으로 등록하도록 허용한 것이다. 이는 종교교육기관이 종교단체에 예속되어 있었던 기존의 구조에서 벗어나 독립된 법인체로 발전할 수 있게 되었다.

제14조 종교교육기관 설립 비준을 받은 후에 관련 규정에 따라 법인등록을 신청할 수 있다.

第十四条　经批准设立的宗教院校，可以按照有关规定申请法人登记。

아울러 종교교육기관의 교원 자격과 임용, 학위수여제도 시행을 규정하여 종교교육기관이 일반 교육기관과 동일한 수준을 갖추도록 요구하고 있다. 또한 외국인 전문가 임용과 관련된 규정을 조례 규정에 포함시키고 국무원 종교담당부서의 비준을 요구함으로써 외국인 전문가 임용에 대한 통제력을 강화하였다.

제16조 종교교육기관은 교원의 자격을 검증하고, 직위에 따라 심사를 거쳐 임용하며, 학위수여제도를 실행하되, 구체적인 방법은 국무원의 종교담당부서가 별도로 정한다.

第十六条　宗教院校实行特定的教师资格认定、职称评审聘任和学生学位授予制度，具体办法由国务院宗教事务部门另行制定。

제17조 종교교육기관은 국무원 종교담당부서와 외국인전문가 관리담당부서의 비준을 받아 외국인 전문가 임용자격을 얻을 수 있다.
외국인 전문가 임용자격을 갖춘 종교교육기관이 외국인 전문가를 임용할 때는 국무원 종교담당부서의 비준을 얻어야 한다.

第十七条　宗教院校聘用外籍专业人员，应当经国务院宗教事务部门同意后，到所在地外国人工作管理部门办理相关手续。

여기서 한 가지 눈에 띄는 것은 기존 〈종교사무조례〉 제9조 (5) 종교교육기관의 전임 책임자, 자격을 갖춘 교직원 및 내부 관리조직 항목과 제10조 전국 규모의 종교단체는 종교적 필요에 따라 규정에 근거하여 종교교육을 위해 유학생을 보내거나 받을 수 있다는 항목이 개정안에서는 삭제되었다는 것이다. 이는 개정안이 발표되기 전에 이미 행정실무를 위한 부서행정규범인 〈중화인민공화국 영토 내 외국인 종교활동관리규정 시행세칙(中华人民共和国境内外国人宗教活管理规定实施细则)〉과 〈종교학교교사자격인정및직책임용방법(宗教院校教师资格认定和职称评审聘任办法(实行))〉에 이미 반영되어 있기 때문으로 보인다.

제4장 종교활동 장소

중국정부의 종교정책은 종교활동 장소라는 독특한 제도를 통해 법적인 통제력을 발휘해 온 전통이 있다. 최초의 종교관련 국가행정법규는 1994년에 제정된 〈종교활동장소관리조례〉와 〈중화인민공화국 영토 내 외국인종교활동관리규정〉이다. 종교신앙과 종교활동을 구분하고, 내국인과 외국인을 구분하는 이중적 종교행정의 관행은 개정안에서도 여전히 유효하다. 신앙의 자유는 있지만 종교활동은 법의 통제하에 있으며, 내국인의 종교활동과 외국인의 종교활동은 엄격하게 구분하여 관리한다.

개정안에서는 종교학교를 별도의 항목으로 규정한 외에도 종교활동장소에 설립된 단기(3개월 이상) 종교전문인력 양성기관도 "시급 이상 지방정부의 종교담당부서로부터 비준을 받아야 한다"라고 규정함으로써 종교단체가 자체적으로 운영하는 교육활동에 대한 법적인 통제를 강화하였다.

특이한 사항은 종교교육기관이 독립된 법인으로 등록할 수 있도록 허용한 것과 마찬가지로 종교활동 장소도 독립된 법인으로 등록할 수 있는 규정이 추가되었다. 이는 종교활동 장소가 독립된 사회단체로 인정받을 수 있는 법적 근거를 확보한 것이라고 볼 수 있다.

> 제23조 종교활동 장소가 법인으로서의 요건을 갖추었을 경우 종교단체의 동의를 얻어 현급 이상 정부 종교담당부서의 심사를 거쳐 법인등록을 할 수 있다.
>
> 第二十三条　宗教活动场所符合法人条件的，经所在地宗教团体同意，并报县级人民政府宗教事务部门审查同意后，可以到民政部门办理法人登记。

그러나 "종교활동 장소는 종교담당부서로부터 감독과 검사를 받아야 한다."(제27조)라는 내용을 추가함으로써 종교활동 장소에 대한 중국정부의 행정 통제력을 한층 강화한 것으로 보인다.

종교활동 장소와 관련된 규정 가운데 개정안에 추가된 가장 눈에 띄는 내용은 설립 신청 요건을 갖추지 못했을 경우 임시활동 장소로 허락을 받을 수 있다는 내용의 제35조가 추가된 것이다.

> 제35조 신도들이 일상적인 종교활동 수요가 있는데도 종교활동 장소 설립 신청 요건을 갖추지 못했을 경우 신도 대표가 현급 정부 종교담당부서에 신청하면 현급 정부 종교담당부서는 소재지 종교단체 및 향급 정부 혹은 주민센터의 의견을 들은 후 임시활동 장소를 지정해 줄 수 있다. 현급 정부 종교담당부서의 지도하에 소재지 향급 정부 혹은 주민센터는 임시활동 장소를 감독한다. 종교활동 장소 설립요건을 갖춘 후 종교활동 장소 설립 비준심사 및 등록 수속을 한다.

第三十五条　信教公民有进行经常性集体宗教活动需要，尚不具备条件申请设立宗教活动场所的，由信教公民代表向县级人民政府宗教事务部门提出申请，县级人民政府宗教事务部门征求所在地宗教团体和乡级人民政府意见后，可以为其指定临时活动地点。

在县级人民政府宗教事务部门指导下，所在地乡级人民政府对临时活动地点的活动进行监管。具备设立宗教活动场所条件后，办理宗教活动场所设立审批和登记手续。

물론 현급 정부 종교담당부서가 향급 정부 또는 주민센터의 의견을 청취한 후 허락 여부를 결정하고, 이들로부터 감독을 받아야 하며, 설립요건이 갖추어지면 정식 종교활동 장소로 등록해야 한다는 조건이 붙어있다. 그럼에도 불구하고 기존의 〈종교사무조례〉에서 종교활동 장소로 등록하는 절차에 종교활동을 하는 지역 주민들의 현실을 반영하지 못하고 있다는 지적을 어느 정도 수용한 것으로 보인다.

5장 성직자

성직자에 관한 규정에는 제36조에 "종교인 자격을 미취득 혹은 자격을 상실한 경우 종교인의 신분으로 종교업무에 종사할 수 없다"라는 내용을 추가하여 성직자의 자격과 활동 조건을 강화하였고, 제38조에서 종교인의 역할에 "공익자선활동"이 추가되었다. 아울러 종교인을 위한 사회보장이 의무조항이 되었다.

제39조 종교인은 법에 따라 사회보장을 받을 권리가 있다. 종교단체, 종교교육기관, 종교활동 장소는 종교인을 위해 사회보험에 가입해야 한다.

第三十九条　宗教教职人员依法参加社会保障并享有相关权利。宗教团体、宗教院校、宗教活动场所应当按照规定为宗教教职人员办理社会保险登记。

제6장 종교활동

기존의 〈종교사무조례〉에서는 종교활동 장소 항목에 포함되어 있던 내용이 개정안에서는 제6장으로 신설되었다. 그러나 종교활동과 종교활동 장소를 분리면서 오히려 종교활동에 대한 법적인 통제가 강화되었다. 제41조에 추가된 "해외로 나가 종교적인 훈련, 회의, 활동에 참여할 수 없다"라는 규정을 추가함으로써 종교활동의 자유를 철저하게 통제할 수 있는 법적 근거를 확보하게 된 것이다.

또한 학교시설에서는 종교와 관련된 여하한 활동도 금지한다는 규정이 추가되었다.

제44조 국민을 교육하는 학교에서는 전도, 종교활동, 종교조직, 종교활동 장소 설립을 금지한다.

第四十四条　禁止在宗教院校以外的学校及其他教育机构传教、举行宗教活动、成立宗教组织、设立宗教活动场所。

개정안에서 가장 눈에 띄는 내용은 오프라인에서 종교활동을 통제할 뿐 아니라 온라인에서 종교활동도 철저하게 통제할 수 있는 조항이 신설되었다는 것이다.

제46조 개인용이나 합리적인 수량 범위를 넘어서는 종교관련 인쇄물 및 음향 제품을 국내로 반입하거나 기타 방식으로 종교관련 인쇄물과 음향 제품을 수입할 경우 관련 규정에 따라 처리해야 한다.

제47조 인터넷에서 종교관련 정보를 제공하는 업무에 종사하려면 성급 이상 정부 종교담당부서의 심사를 통과하고 인터넷정보서비스관리에 관한 법률과 법규에 따라야 한다.

第四十六条 超出个人自用、合理数量的宗教类出版物及印刷品进境, 或者以其他方式进口宗教类出版物及印刷品, 应当按照国家有关规定办理。

제48조 인터넷에서 제공하는 종교관련 정보서비스 내용은 반드시 국가의 관련 법률, 법규, 종교업무관리에 관한 규정에 부합되어야 한다.

인터넷에서 제공하는 종교관련 정보서비스는 본 조례 제45조 제2항이 금지하고 있는 내용이 포함되어서는 안 된다.

第四十八条 互联网宗教信息服务的内容应当符合有关法律、法规、规章和宗教事务管理的相关规定。

互联网宗教信息服务的内容, 不得违反本条例第四十五条第二款的规定。

여기서 우리는 중국정부가 종교관련 법령을 제정하는 목적이 무엇인지 분명히 알 수 있다.

제7장 종교재산

종교재산과 관련된 규정은 종교단체나 교육기관, 종교활동 장소의 합법적인 권익을 보호하기 위한 것이 아니라 오히려 종교재산에 대한 정부의 통제력을 강화하기 위한 것으로 보인다. 특히 제52조에 신설된 내용을 살펴보면 종교재산을 활용한 어떤 경제활동도 불법으로 규정하고 있다.

제52조 종교단체, 종교교육기관, 종교활동 장소는 비영리조직이므로 재산과 수입은 취지에 맞는 활동 및 공익자선사업에 사용해야 하며, 어떤 조직이나 개인도 사적분배, 점유, 남용해서는 안 된다.

第五十二条　宗教团体、宗教院校、宗教活动场所是非营利性组织，其财产和收入应当用于与其宗旨相符的活动以及公益慈善事业，不得用于分配。

제53조 조직이나 개인이 종교활동 장소 설립을 위해 기금을 낼 경우 해당 종교활동 장소의 소유권, 사용권을 보유할 수 없으며, 해당 종교활동 장소로부터 어떤 경제적 이익도 가져갈 수 없다.
종교활동 장소 또는 노천 대형종교상징물에 대한 투자나 대리경영을 금지하며, 종교 명의로 상업광고를 해서는 안 된다.

第五十三条　任何组织或者个人捐资修建宗教活动场所，不享有该宗教活动场所的所有权、使用权，不得从该宗教活动场所获得经济收益。
禁止投资、承包经营宗教活动场所或者大型露天宗教造像，禁止以宗教名义进行商业宣传。

특히 종교재산을 활용한 공익자선사업을 통한 전도활동을 불법으로 규정함으로써 종교단체 본연의 활동 자체를 통제하고 있다.

> 제56조 종교단체, 종교교육기관, 종교활동 장소, 종교인은 법에 따라 공익자선사업을 할 수 있으며, 국가가 규정한 관련 우대정책의 적용을 받는다.
> 어떤 단체나 개인도 공익자선사업을 이용하여 전도해서는 안 된다.
>
> 第五十六条　宗教团体、宗教院校、宗教活动场所、宗教教职人员可以依法兴办公益慈善事业。
> 任何组织或者个人不得利用公益慈善活动传教。

종교단체가 10만 위안 이상의 헌금을 받을 때는 현급 이상 정부 종교담당부서의 심의 허가를 받아야 한다는 조항은 중국정부가 종교단체의 재정수입에 대한 철저한 감시와 통제를 하겠다는 의도를 분명히 드러낸 것으로 보인다.

> 제57조 종교단체, 종교교육기관, 종교활동 장소는 국가가 정한 관련규정에 따라 외국의 단체나 개인으로부터 헌금을 받아 목적에 맞는 활동에 사용할 수 있다.
> 종교단체, 종교교육기관, 종교활동 장소가 해외 단체나 개인으로부터 헌금을 받을 때는 부가 조건이 있어서는 안 되며, 헌금액이 10만 위안을 초과하면 현급 이상 정부 종교담당부서의 허가심의를 받아야 한다.
>
> 第五十七条　宗教团体、宗教院校、宗教活动场所可以按照国家有关

规定接受境内外组织和个人的捐赠，用于与其宗旨相符的活动。

宗教团体、宗教院校、宗教活动场所不得接受境外组织和个人附带条件的捐赠，接受捐赠金额超过10万元的，应当报县级以上人民政府宗教事务部门审批。

이는 종교단체의 재무회계를 국가가 철저하게 관리하겠다는 규정을 추가한 데에서도 동일하게 드러난다.

제8장 법적 책임

수정 초안의 법적 책임 항목은 종교활동을 과도한 벌금과 인사조치를 통해 통제하겠다는 중국정부의 강력한 의지가 반영되어 있다. 기존의 〈종교사무조례〉는 주무부서인 종교담당부서에서 종교행정을 책임지는 구조이다. 그러나 수정 초안에서는 공안기관이나 일반 행정 또는 사법부서에게 종교활동에 대한 법적조치 권한을 부여하고 있다.

제67조 종교단체, 종교교육기관, 종교활동 장소가 국가의 관련 재무, 회계, 자산, 세수관리 규정을 위반할 경우 재정, 세무 등 담당부서에서 관련 규정에 따라 처벌한다. 사안이 엄중할 경우 재정, 세무담당 부서가 제기하고 등기관리기관 혹은 설립허가기관에서 등록이나 허가를 취소한다.

第六十七条　宗教团体、宗教院校、宗教活动场所违反国家有关财务、会计、资产、税收管理规定的，由财政、税务等部门依据相关规定进行处罚；情节严重的，经财政、税务部门提出，由登记管理机关或者批准设立机关吊销其登记证书或者设立许可。

또한 종교적 불법 활동에 대해 벌금을 부과하는 차원을 넘어서 재산을 몰수하는 규정을 추가함으로써 종교활동에 대한 정부의 통제력을 한층 강화하였다.

제69조 종교단체, 종교교육기관, 종교활동 장소가 아니면서 종교활동을 거행하거나 종교성 헌금을 받을 경우 종교담당부서는 공안, 민정, 건설, 문화, 여행, 문물 등과 관련된 부서와 함께 활동 정지를 명령한다. 불법 소득이나 재산이 있을 경우 불법 소득과 재산을 몰수하며, 불법 소득의 2배 이상 3배 이상의 벌금을 부과할 수 있다. 범죄 요건이 구성되면 법에 따라 형사책임을 추궁한다.

非宗教团体、非宗教院校、非宗教活动场所、非指定的临时活动地点组织、举行宗教活动, 接受宗教性捐赠的, 由宗教事务部门会同公安、民政、建设、教育、文化、旅游、文物等有关部门责令停止活动;有违法所得、非法财物的, 没收违法所得和非法财物, 可以并处违法所得1倍以上3倍以下的罚款;违法所得无法确定的, 处5万元以下的罚款;构成犯罪的, 依法追究刑事责任。

제72조 종교활동 장소 혹은 대형 노천 종교조형물에 투자하거나 대리경영을 할 경우 종교담당부서에서 공상, 계획, 건설 등 관련부서와 함께 개선하도록 명령하고, 아울러 불법 소득을 몰수한다. 사안이 엄중할 경우 등기관리기관에서 해당 종교활동 장소의 등록을 취소하며 아울러 법에 따라 관련 인사의 책임을 추궁한다.

投资、承包经营宗教活动场所或者大型露天宗教造像的, 由宗教事务部门会同工商、规划、建设等部门责令改正，并没收违法所得；情节严重的，由登记管理机关吊销该宗教活动场所的登记证书，并依法追究相关人员的责任。

K. 〈종교사무조례〉 개정 후에 제정된 부서행정규범

〈종교사무조례〉가 개정되면서, 국가종교사무국에서는 기존의 〈종교행정규범〉 실무행정을 위해 제정된 부서행정규범을 개정하거나 새롭게 제정하였다.

〈종교임시활동장소심사비준관리방법(宗教临时活动地点审批管理办法)〉[3]

〈종교사무조례〉 개정안 제35조에서 종교임시활동지점 설립이 가능해지면서 종교임시활동지점 설립에 관한 실무행정규범을 제정하였다. 종교국에서 2018년 2월 22일에 발행한 "〈종교임시활동지점심사비준관리방법(宗教临时活动地点审批管理办法)〉에 관한 통지"에 본 〈방법〉은 〈종교사무조례〉 개정안 종교임시활동지점 규정에 대한 행정실무 과정에서 종교임시활동지점 신청조건 및 심사비준 절차를 명확하게 하고, 종교임시활동지점 관리를 표준화하기 위해 제정하였다. 본 〈방법〉은 총 16개 조항으로 구성되어 있으며, 〈종교사무조례〉 개정안이 시행된 후 최초로 제정된 부서행정규범이다.

3 〈종교임시활동장소 심사비준관리법(宗教临时活动地点审批管理办法)〉은 2017년 8월 26일 국무원 제686호령으로 공포되어 2018년 2월 1일부터 시행된 〈(수정)종교사무조례〉에 규정된 종교임시활동장소규정을 적용하기 위하여 2018년 2월 22일 제정하였다. 중화인민공화국 중앙인민정부 공식 홈페이지에서 원문 검색
http://www.gov.cn/gongbao/content/2018/content_5317120.htm, 2022년 11월 19일 접속, 2023년 2월 6일 재접속.

L. 종교활동 장소 관련 국가종교사무국 부서행정규범

국무부가 최초로 제정한 종교관련 국가행정규범 〈종교활동장소관리조례〉는 중국의 종교정책에서 종교활동 장소가 대단히 특별한 개념이라는 사실을 보여준다. 〈종교활동장소관리조례〉는 〈종교사무조례〉가 제정되면서 종교활동 장소와 관련된 규정은 〈종교사무조례〉의 핵심 내용으로 자리잡고, 〈종교활동장소관리조례〉는 폐지되었다. 2018년에 〈종교사무조례〉가 개정되면서 종교활동 장소 개념은 다시 한번 중요한 변화를 맞는다.

〈종교사무조례〉 개정안에서 주목할 만한 개정 내용은 신설된 제23조에서 종교활동 장소의 법인 자격을 인정한 것이다. "종교활동 장소가 법인으로서의 요건을 갖추었을 경우 종교단체의 동의를 얻어 현급 이상 정부 종교담당부서의 심사를 거쳐 법인등록을 할 수 있다." 1994년에 〈종교활동장소관리조례〉가 제정되면서 등장한 종교활동 장소는 법인격을 부여받지 못한 한계로 인해 종교행정분야에서 그 법적 위치가 불안정했다.

2014년 중국공산당 제18회기 전국대표대회 중앙위원회 제4차 전체회의에서 "의법치국추진결정(关于全面推进依法治国的若干问题的决定)"으로 국가행정법제화를 본격적으로 추진하면서, 〈헌법〉을 포함한 국가 법령을 전면적으로 개정하거나 제정하게 되었고, 그 과정에서 국가의 일반 행정 영역에서는 2017년 10월 1일부터 〈중화인민공화국 민법총칙(中华人民共和国民法总则)〉이 시행되었고, 종교행정 영역에서는 2017년 8월 26일에 〈종교사무조례〉 개정안이 반포되었다. 이 두 가지 국가행정규범이 제정된 것은 중국공산당 제18차 전국대표대회 이후 중국공산당 지도부가 제시한 의법치국 방침을 바탕으로, 특히 〈민법총칙〉에서 종교단체와 종교활동 장소, 종교학교에 법인격을 부여할 수 있는 법적 근거를 제공하게 되었다.

〈종교사무조례〉 개정안 제23조 종교활동 장소 법인화 규정을 시행하기 위한 국가종교사무국에서는 부서행정규범으로 〈종교활동장소법인정관본문서식(宗教活动场所法人章程示范文本)〉, 〈종교활동장소법인등기사항(宗教活动场所办理法人登记事项)〉, 〈종교활동장소재무관리방법(宗教活动场所财务管理办法)〉, 〈종교활동장소관리방법(宗教活动场所管理办法)〉 등을 제정하였다.

〈종교활동장소법인등기사항(宗教活动场所办理法人登记事项)〉

2019년 4월 1일에 국가종교사무국 2019년 발행문건 1호(国宗发〔2019〕1号)로 하달된 "종교활동장소법인등기사항에 관한 종교국과 민정부의 통지(宗教局 民政部关于宗教活动场所办理法人登记事项的通知)"에 따르면, 본 규범은 종교활동 장소의 법인등록 절차를 표준화하고, 종교활동 장소의 합법적인 권익을 보호하기 위해 〈중화인민공화국 민법총칙〉과 〈종교사무조례〉 관련 규정에 따라 종교활동 장소 법인등록에 필요한 조건과 제출 서류 목록, 등기절차 등에 관한 통지이다.

〈종교활동장소법인정관본문서식(宗教活动场所法人章程示范文本)〉

본 자료는 2019년 1월 26일, 국가종교사무국, 민정부가 함께 제정하여 발표한 "종교활동장소 법인등기사항에 관한 통지"에 근거하여, 국가종교사무국에서 제정한 행정문건양식이다. 종교활동 장소가 법인등록에 필요한 정관을 제정할 수 있도록 그 양식을 제공하는 것이다.

〈종교활동장소재무관리방법(宗教活动场所财务管理办法)〉

〈종교사무조례〉 개정안 제26조 규정 실무행정을 위해 국가종교사무국에서는 관련부서인 중화인민공화국재정부와 함께 본 〈방법〉을 제정하였다. 부서행정규범 제정 절차에 따라 2022년 1월 28일, 국가종교사무국 규정제정심의를 통화하였고, 국가재정국의 동의를 얻어 국가종교사무국령 제16호로 반포, 2022년 6월 1일부터 시행하였다.

〈종교활동장소관리방법(宗教活动场所管理办法)〉

본 〈방법〉은 2023년 6월 29일, 국가종교사무국에서 부서행정규범 제정 절차에 따라 국가종교사무국 규정제정심의를 통과하여 공포하고, 2023년 9월 1일부터 시행하였다. 본 〈방법〉 제1조에 따르면 종교활동 장소 관리를 표준화 하고, 정상적인 종교활동을 보호하고, 종교활동 장소와 신도들의 합법적인 권익을 보호하기 위한 목적으로, 〈헌법〉과 관련 규정 및 〈종교사무조례〉에 근거하여 본 〈방법〉을 제정하였다. 내용은 총 10장, 76개 조항으로 구성되어 있으며, 본 〈방법〉 시행과 동시에 2005년에 국가종교사무국이 공포한 〈종교활동장소설립신청비준등기방법(宗教活动场所设立审批和登记办法)〉은 폐지되었다.

〈종교단체관리법(宗教团体管理办法)〉

〈종교사무조례〉 개정안에는 제2장 종교단체 항목에 3개의 조항이 있다. 본 〈방법〉은 국가종교사무국에서 국가행정규범인 〈종교사무조례〉 제2장 종교단체 항목에 관한 행정실무를 위해 제정한 부서행정규범으로, 부서행정규범 제정 절차에 따라 2019년 11월 1일 국가종교사무국 규정제정심의를 통과, 2019년 11월 20일 공포, 2020년 2월 1일부터 시행되었다.

본 〈방법〉 제1조에 따르면, 종교단체관리를 표준화하고, 종교단체의 건전한 발전을 촉진하며, 종교가 사회주의 사회에 부합하도록 적극적으로 인도하기 위한 목적으로, 국가사회단체관리 및 종교업무관리와 관련된 규정에 따라 본 〈방법〉을 제정하였다. 내용은 총 6장 41개 조항으로 구성되어 있으며, 〈종교사무조례〉를 개정하면서 처음으로 제정된 부서종교행정규범이다.

〈종교성직자관리법(宗教教职人员管理办法)〉

〈종교사무조례〉가 개정되면서 성직자와 관련된 조항은 제5장에 네 가지 조항으로 구성되었다. 기존의 〈종교사무조례〉에 없었던 성직자 자격규정(제37조)과 성직자 사회보장 의무가입 규정(제39조)이 추가되었다.

본 〈방법〉은 〈종교사무조례〉 제5장 성직자 항목의 규정에 대한 실무행정을 위해 국가종교사무국에서 국가종교사무국령 제15호로 제정한 부서행정규범으로, 부서행정규범 제정 절차에 따라 2021년 1월 8일, 국가종교사무국 규정제정심의를 통과, 2021년 1월 18일 공포, 2021년 5월 1일부터 시행되었다.

본 〈방법〉 제1조에 따르면, 종교성직자 관리를 표준화하고, 종교성직자의 합법적인 이익을 보장하는 것을 목적으로 〈종교사무조례〉에 근거하여 본 〈방법〉을 제정하였다. 내용은 총 7장 52개 조항으로 구성되어 있다.

〈인터넷종교정보서비스관리법(互联网宗教信息服务管理办法)〉

국무원은 〈종교사무조례〉를 개정하면서 시대의 흐름에 따라 인터넷상에서 이루어지는 종교활동을 제6장 종교활동 항목에 인터넷종교정보서비스와 관련된 조항 제46조와 제47조로 신설하였다. 국가종교사무국에서는 〈종교사무조례〉 개정 과정에서 반영된 인터넷종교정보서비스 관련 조항의 행정실무를 위한 부서행정규범으로 〈인터넷종교서비스관리법〉을 제정하였다.

본 〈방법〉은 국가종교사무국, 국가인터넷정보사무실, 중화인민공화국산업정보화부, 중화인민공화국공안부, 중화인민공화국국가안전부가 연합으로 제정하여 국가종교사무국령 제17호로 반포한 부서행정규범으로, 국가종교사무국에서는 부서행정규범 제정 절차에 따라 국가종교사무국 규정제정심의를 통과, 2021년 12월 3일에 공포, 2022년 3월 1일부터 시행하였다.

본 〈방법〉 제1조에 따르면, 인터넷종교정보서비스를 표준화하고, 공민들의 종교신앙자유를 보장하기 위한 목적으로, 〈중화인민공화국인터넷안전법(中华人民共和国网络安全法)〉, 〈인터넷정보서비스관리방법(互联网信息服务管理办法)〉, 〈종교사무조례(宗教事务条例)〉 등의 법률과 법규에 근거하여 본 〈방법〉을 제정하였다. 내용은 총 5장 36개 조항으로 구성되어 있다.

종교행정규범은 국무부가 제정한 국가종교행정규범과 국가종교사무국에서 제정한 부서종교행정규범으로 구분할 수 있다. 현재까지 중국공산당의 종교정책을 시행하기 위해서 국무원이 제정한 종교관련 국가행정규범은 국무원령 제144호로 반포된 〈종교활동장소관리조례〉와 145호로 반포된 〈중화인민공화국 영토 내 외국인종교활동관리규정〉 등이 두 건이 있으며, 〈종교활동장소관리조례〉를 바탕으로 종교업무영역을 종합적으로 반영하여 제정한 종합적인 종교행정규범으로 국무원령 제426호로 반포된 〈종교사무조례〉가 유일하다. 특히 〈종교사무조례〉 제정 후에 〈종교활동장소관리조례〉가 폐지되었고, 〈종교사무조례〉 역시 개정되어 국무원령

第686号로 재공포 되었으므로, 현재 국무원이 제정한 국가행정규범은 국무원령 第144号 〈외국인종교활동관리규정〉과 국무원령 第686号 〈종교사무조례〉 개정안이 유효한 법령으로 남아있다.

국가종교사무국이 제정한 부서행정규범은 기존 〈종교사무조례〉를 시행하기 위해 제정한 부서행정규범과 〈종교사무조례〉 개정 이후에 제정된 부서행정규범으로 나눌 수 있는데, 사실상 〈종교사무조례〉 개정 후에는 이전에 제정된 부서행정규범 대부분이 폐지되거나 개정되었다.

최초의 종교행정규범인 〈종교활동장소관리조례〉부터 가장 최근에 제정된 부서종교행정규범인 〈종교활동장소관리방법〉을 도표로 정리한 내용은 〈부록 08〉을 참조하라.

부록 01. 전체 연구자료 목록

부록 02. 중국공산당의 종교정책문건과 국무원 종교행정문건 출처

부록 03. 역대 〈중화인민공화국 헌법〉에 나타난 종교관련 조항

부록 04. 역대 전국통일전선업무회의 목록

부록 05. 중국공산당이 제정한 4가지 종교정책문건 비교 도표

부록 06. 중국공산당 종교정책 공식문건 변화

부록 07. 〈종교사무조례〉와 〈종교사무조례 개정안〉 비교

부록 08. 시행일자 순으로 정리한 국가종교행정규범과 부서행정규범

부록

부록 01 전체 연구자료 목록

본 도표는 저술에서 분석할 기초자료를 시대별, 종류별, 분야별로 구분한 것이다. 연구자료를 한눈에 볼 수 있도록 한 것이다. 분류항목은 중국의 입법기관인 전국인민대표대회, 중국공산당의 최고권력기관인 전국대표대회와 이 회의에서 제정한 〈헌법〉과 일반법령, 중국공산당의 종교정책수립회의인 전국통전업무회의 및 전국종교업무회의와 이 회의에서 제정하는 종교정책 공식문건, 중국정부의 최고행정집행기관인 국무원과 종교업무 담당부서인 국가종교사무국에서 제정하는 국가행정규범과 부서행정규범이다.

세대별 지도부	연도	전국대표 대회	전국통전 업무회의	정책자료	전국종교업무회의	법령	종교행정규범	비고
1세대 마오쩌둥	1921	1대						
	1922	2대						
	1923	3대						
	1925	4대						
	1927	5대						
	1928	6대						
	1945	7대		关于若干历史问题的决议(역사결의 1차)				
	1949					〈中国人民政治协商会议共同纲领〉		
	1950		제1차	三自宣言(中国基督教在新中国建设中努力的途径)				
	1951		제2차					
	1952		제3차					

세대별 지도부	연도	전국대표 대회	전국통전 업무회의	정책자료	전국종교업무회의	법령	종교행정규범	비고
1세대 마오쩌둥	1953		제4차					
	1954		제5차	关于过去几年内党在少数民族中进行工作的主要经验总结		〈五四宪法〉		第一届全国人民代表大会(19549月～1959年4月)
	1956	8대	제6차 제7차	一九五六年到一九六二年统一战线工作的方针(七年方针) 关于知识分子问题的报告(저우언라이)				
	1957		제8차 제9차	关于贯彻宗教政策的一些问题 吴耀宗的发言				
	1958		제10차 제11차					
	1959							第二届全国人民代表大会(1959年4月～1965年1月)
	1962		제12차					
	1962		제13차					
	1969	9대						
	1973	10대						
	1975					〈七五宪法〉		
	1977	11대 12-18						
	중국공산당의 종교정책 회복기(1978년부터 1990년까지)							
	1978	十一届 三中全会				〈七八宪法〉		第五届全国人民代表大会(1978年3月～1983年6月)

세대별 지도부	연도	전국대표대회	전국통전업무회의	정책자료	전국종교업무회의	법령	종교행정규범	비고
1세대 마오쩌둥	1979		제14차 8.15-9.13	关于当前宗教工作中急需解决的两个政策性问题的请示报告 新的历史时期统一战线的方针任务		〈78헌법〉 1차개정		개혁개방 최초통전회의
	1980					〈78헌법〉 2차개정		
	1981		제15차	关于建国以来党的若干历史问题的决议 (역사결의 2차)				
2세대 덩샤오핑	1982	12대		关于我国社会主义时期宗教问题的基本观点和基本政策 〈19호문건〉		〈八二宪法〉		
	1983							第六届全国人民代表大会 (1983年6月～1988年4月)
	1986		제16차					
	1987	13대		赵紫阳 报告 沿着有中国特色的社会主义道路前进			〈广州市宗教事务行政管理暂行规定〉	
	1988					〈82헌법〉 1차개정	〈广东省宗教活动场所行政管理规定〉	第七届全国人民代表大会 (1988年4月～1993年3月)
	1989	4중전회						
	1990		제17차	中共中央关于加强统一战线工作的通知				
	중국공산당의 종교정책 확립기(1991년부터 2004년까지)							
	1991			关于我国社会主义时期宗教问题的基本观点和基本政策 〈6호문건〉	关于宗教立法体系和“八五”期间宗教立法项目的设想		〈宗教社会团体登记管理实施办法〉	

세대별 지도부	연도	전국대표대회	전국통전 업무회의	정책자료	전국종교업무회의	법령	종교행정규범	비고
3세대 장쩌민	1992	14대		장쩌민 보고 关于十三届中央委员会报告的决议				
	1993		제18차	장쩌민 연설 做好新形势下民族、宗教工作的重要意义和方针政策		〈82헌법〉 2차개정 〈国家安全法〉		第八届全国人民代表大会(1993年3月～1998年3月)
	1994					〈国家安全法实施细则〉	〈宗教活动场所管理条例〉 〈中华人民共和国境内外国人宗教活动管理规定〉	
	1997	15대						
	1998					〈社会团体登记管理条例〉		
	1999					〈82헌법〉 3차개정	〈宗教院校聘用外籍专业人员办法〉	
	2000		제19차	장쩌민 연설 大力加强党的统一战线工作，为完成新世纪宏伟任务服务			〈中华人民共和国境内外国人宗教活动管理规定实施细则〉	
	2001				장쩌민			
4세대 후진타오	2002	16대		关于加强宗教工作的决定				종교정책문건
	중국공산당의 종교정책 확장기(2004년부터 2011년까지)							
	2004					〈82헌법〉 4차개정		
	2005						〈宗教事务条例〉 〈宗教活动场所设立审批和登记办法〉	
	2006		제20차					

세대별 지도부	연도	전국대표대회	전국통전업무회의	정책자료	전국종교업무회의	법령	종교행정규범	비고
4세대 후진타오	2007	17대					〈宗教活动场所主要教职任职备案办法〉 〈宗教教职人员备案办法〉 〈宗教院校设立办法〉	
	2008							第十一届全国人民代表大会 (2008年3月~)
	2010						〈宗教活动场所财务监督管理办法(试行)〉	
	2011						〈中华人民共和国境内外国人宗教活动管理规定实施细则(2010修正)〉	
중국공산당의 종교정책 전환기(2012년부터 현재까지)								
5세대 시진핑	2012	18대					关于鼓励和规范宗教界从事公益慈善活动的意见	
	2013						〈宗教院校教师资格认定和职称评审聘任办法(试行)〉 〈宗教院校学位授予办法(试行)〉	
	2014	四中全会		关于全面推进依法治国的若干问题的决定		〈中华人民共和国反间谍法〉		
	2015		제21차	시진핑 연설 巩固发展最广泛的爱国统一战线 为实现中国梦提供广泛力量支持		〈中华人民共和国国家安全法〉		중앙통전업무회의로 개칭
	2016				시진핑 연설 "发展中国特色社会主义宗教理论 全面提高新形势下宗教工作水平"	〈社会团体登记管理条例〉 개정		

세대별 지도부	연도	전국대표 대회	전국통전 업무회의	정책자료	전국종교업무회의	법령	종교행정규범	비고
5세대 시진핑	2017	19대		시진핑 보고 决胜全面建成小康社会 夺取新时代中国特色社会主义伟大胜利		〈中华人民共和国民法总则〉 〈中华人民共和国反间谍法实施细则〉		
	2018				종교업무백서 발간 中国保障宗教信仰自由的政策和实践	〈82헌법〉 5차개정 国务院关于修改〈规章制定程序条例〉的决定 〈深化党和国家机构改革方案〉	〈宗教事务条例〉 개정 国务院关于修改〈规章制定程序条例〉的决定 〈中国基督教三自爱国运动委员会章程〉 〈中国基督教协会章程〉	종교국->통전부
	2019					〈中国共产党党内法规制定条例〉	〈宗教临时活动地点审批管理办法〉 〈宗教活动场所法人章程示范文本〉 〈宗教活动场所办理法人登记事项〉	
	2020						〈宗教团体管理办法〉 〈외국인종교활동규정시행세칙의견청취안〉	
	2021			关于党的百年奋斗重大成就和历史经验的决议 (역사결의 3차)	시진핑 연설		〈宗教教职人员管理办法〉 〈宗教院校管理办法〉 〈互联网宗教信息服务管理办法〉	
	2022	20대		시진핑 보고 高举中国特色社会主义伟大旗帜 为全面建设社会主义现代化国家而团结奋斗	시진핑 연설 完整、准确、全面贯彻落实关于做好新时代党的统一战线工作的重要思想	〈共产党章程〉 개정	〈宗教活动场所财务管理办法〉 〈宗教活动场所管理办法〉	
	2023					〈中华人民共和国反间谍法〉 개정	〈宗教活动场所管理办法〉	
	2024		제22차	시진핑 연설		国务院关于修改部分行政法规和国务院决定的决定		중앙통전업무회의

부록 02 중국공산당의 종교정책문건과 국무원 종교행정문건 출처

제공기관	URL	공개자료 종류
중국법률검색시스템 (中国法律检索系统)	https://law.pkulaw.com/	헌법관련 자료 18종, 법률 1,066종, 법률해석 28종, 행정법규 1,939종, 지방법규 38,334종, 부서규정 12,949종, 지방정부규정 34,004종, 사법해석 1,166종을 제공하는 법률 데이터베이스이다.
국가종교사무국 (中国宗教事务局)	https://www.sara.gov.cn/	법률법규, 부서규정, 규범성문건, 행정허가, 종교단체제도로 분류하여 종교행정규범 원문과 행정문건을 제공한다. 이 밖에도 종교학교 정보, 종교활동장소 정보, 성직자 정보 등을 제공한다.
중국공산당역대전국대표대회 데이터베이스 (中国共产党历次全国代表大会数据库)	http://cpc.people.com.cn/GB/64162/64168/index.html	중국공산당 역대 전국대표대회, 각 회기별(1차부터 20차까지) 보고서, 연설문, 결의문, 중앙위원회 전체회의 공보 등을 전문 또는 발췌문 형식으로 제공한다.
공산당원네트워크 (中国共产党员网)	https://www.12371.cn/	중국공산당 중앙위원회 조직부에서 당의 최근 동태, 정책문건, 학습자료 등을 제공할 목적으로 운영한다. 중국공산당 역대 <중국공산당정관> 원문과 준칙, 조례, 규정, 방법, 규칙, 세칙, 규범성문건 등 중국공산당과 관련된 문건자료 원문을 제공한다.
중화인민공화국중앙인민정부	http://www.gov.cn/zhengce/xzfgk/	국가행정법규, 국무원 정책문건 데이터베이스를 제공한다. 본 연구와 관련하여 국무원문건 4건, 국무원 부서문건 8건 등을 확인할 수 있다.
중공중앙통일전선공작국 (中共中央统一战线工作部官网)	https://www.zytzb.gov.cn/zytzb/zjsw/index.shtml	중국공산당 중앙위원회 통일전선공작부 공식 홈페이지는 통전업무 대상별로 다당협력, 민족업무, 홍콩마카오타이완, 당 외 지식인, 신흥사회계층인사, 티베트업무, 신장지역업무, 교포업무, 종교업무로 분류여, 통전업무와 관련된 정책문건, 전국통전업무회의 자료, 전국종교업무회의 자료를 제공한다.
중국개혁개방전체기록 (1978-2018)	http://www.reformdata.org/records/1978.shtml	중국의 개혁개방과 관련된 문서, 사진, 음성파일 등 자료를 제공한다.

부록 03 역대 〈중화인민공화국 헌법〉에 나타난 종교관련 조항

명칭(별칭)	제정일시	제정기관과 회의	종교관련 조항
中国人民政治协商会议共同纲领	1949年9月29日	중국인민정치협상회의 제1회기 전체회의 中国人民政治协商会议第一届全体会议	第五条 中华人民共和国人民有思想、言论、出版、集会、结社、通讯、人身、居住、迁徙、宗教信仰及示威游行的自由权。 第五十三条 各少数民族均有发展其语言文字、保持或改革其风俗习惯及宗教信仰的自由。
中华人民共和国宪法 (五四宪法)	1954年9月20日	제1회기 전국인민대표대회 제1차 회의 第一届全国人民代表大会第一次会议	第八十六条 中华人民共和国年满十八岁的公民，不分民族、种族、性别、职业、社会出身、宗教信仰、教育程度、财产状况、居住期限，都有选举权和被选举权。 第八十八条 中华人民共和国公民有宗教信仰的自由。
中华人民共和国宪法 (七五宪法)	1975年1月17日	제4회기 전국인민대표대회 제1차 회의 第四届全国人民代表大会第一次会议	第二十八条 公民有言论、通信、出版、集会、结社、游行、示威、罢工的自由，有信仰宗教的自由和不信仰宗教、宣传无神论的自由。
中华人民共和国宪法 (七八宪法)	1978年3月5日	제5회기 전국인민대표대회 제1차 회의 第五届全国人民代表大会第一次会议	第四十六条 公民有信仰宗教的自由和不信仰宗教、宣传无神论的自由。
	1979年7月1日	제5회기 전국인민대표대회 제2차 회의 第五届全国人民代表大会第二次会议	상동
	1980年9月10日	제5회기 전국인민대표대회 제3차 회의 第五届全国人民代表大会第三次会议	상동
中华人民共和国宪法 (八二宪法，现行宪法)	1982年12月4日	제5회기 전국인민대표대회 제5차 회의 第五届全国人民代表大会第五次会议	第三十四条　中华人民共和国年满十八周岁的公民，不分民族、种族、性别、职业、家庭出身、宗教信仰、教育程度、财产状况、居住期限，都有选举权和被选举权；但是依照法律被剥夺政治权利的人除外。 第三十六条　中华人民共和国公民有宗教信仰自由。 任何国家机关、社会团体和个人不得强制公民信仰宗教或者不信仰宗教，不得歧视信仰宗教的公民和不信仰宗教的公民。 国家保护正常的宗教活动。任何人不得利用宗教进行破坏社会秩序、损害公民身体健康、妨碍国家教育制度的活动。 宗教团体和宗教事务不受外国势力的支配。
	1988年4月12日	제7회기 전국인민대표대회 제1차 회의 第七届全国人民代表大会第一次会议	상동

명칭(별칭)	제정일시	제정기관과 회의	종교관련 조항
中华人民共和国宪法 (八二宪法, 现行宪法)	1993年3月29日	제8회기 전국인민대표대회 제1차 회의 第八届全国人民代表大会第一次会议	상동
	1999年3月15日	제9회기 전국인민대표대회 제2차 회의 第九届全国人民代表大会第二次会议	상동
	2004年3月14日	제10회기 전국인민대표대회 제2차 회의 第十届全国人民代表大会第二次会议	상동
	2018年3月11日	제13회기 전국인민대표대회 제1차 회의 第十三届全国人民代表大会第一次会议	상동

부록 04 역대 전국통일전선업무회의 목록

회차	일정	주요 인물	주요 의제	비고
제1차	1950.3.16-4.30			
제2차	1951.1.16-25			
제3차	1952.6.6-23			
제4차	1953.6.25-7.22			
제5차	1954.3.20-4.11		1956년에서 1972년까지의 통일전선업무방침 一九五六年到一九六二年统一战线工作的方针	
제6차	1956.2.16-3.3			
제7차	1956.10.16-11.8		여덟 글자 방침 八字方针: 长期共存, 互相监督	

회차	일정	주요 인물	주요 의제	비고
제8차	1957.3.21-4.4	마오쩌둥	마오쩌둥 연설 인민 내부모순을 정확하게 처리하라 关于正确处理人民内部矛盾的问题	
제9차	1957.12.2-16			
제10차	1958.7.1-22			
제11차	1958.12.18-1959.1.7			
제12차	1962.4.23-5.21			
제13차	1963.5.25-6.18			
제14차	1979.8.15-9.13	덩샤오핑		
제15차	1981.12.21-1982.1.6	덩샤오핑	우리나라 사회주의 시기 종교문제에 관한 기본 관점과 기본 정책 关于我国社会主义时期宗教问题的基本观点和基本政策	19호문건
제16차	1986.11.27-12.4	덩샤오핑		
제17차	1990.6.11-15	덩샤오핑	통일전선업무를 강화하는 것에 관한 중공중앙의 통지 中共中央关于加强统一战线工作的通知	
제18차	1993.11.3-7	장쩌민	민족종교업무 고도로 중시하라 高度重视民族工作和宗教工作	
제19차	2000.12.4-6	장쩌민		
제20차	2006.7.10-12	후진타오		
제21차	2015.5.19-20	시진핑	〈중국공산당통일전선업무조례〉 中国共产党统一战线工作条例	2020년 1월 5일, <조례> 개정안 반포
제22차	2022.7.29-30	시진핑		

부록 05 중국공산당이 제정한 4가지 종교정책문건 비교 도표

关于当前宗教工作中急需解决的两个政策性问题的请示报告	关于我国社会主义时期宗教问题的基本观点和基本政策	关于进一步做好宗教工作若干问题	国务院关于加强宗教工作的决定	
中发[1978]65号文件	中发〔1982〕19号〈19호문건〉	中发〔1991〕6号〈6호문건〉	中发[2002]3号文件	
1978년 10월 21일	1982년 3월 31일	1991년 2월 25일	2002년 1월 20일	
중앙통전부에서 작성한 보고서로 중공중앙이 채택함	중국공산당 중앙위원회 중앙통전부 국무원 종교사무국	1990년 12월에 소집된 전국종교업무회의에서 논의	중국공산당 중앙위원회 국무원	
(四) 已废除的宗教封建特权和压迫剥削制度不得恢复。 (六) 共产党员和共青团员不得信仰宗教。	1. 宗教是人类社会发展一定阶段的历史现象，有它发生、发展和消亡的过程。 2, 我国是一个有多种宗教的国家。 3. 建国以来，我们党对宗教的工作经历了一段曲折的道路。		(1) 宗教工作的形势和基本任务。	1、宗教工作的主要成绩和进展。 2、宗教领域和宗教工作中存在的突出问题。 3、宗教工作的基本任务。 新世纪初宗教工作的基本任务是： 全面贯彻党的宗教信仰自由政策， 依法管理宗教事务， 积极引导宗教与社会主义社会相适应， 坚持独立自主自办的原则， 巩固和发展党同宗教界的爱国统一战线， 维护稳定，增进团结， 为推进社会主义现代化建设、实现祖国完全统一、维护世界和平与促进共同发展而努力奋斗。

关于当前宗教工作中急需解决的两个政策性问题的请示报告	关于我国社会主义时期宗教问题的基本观点和基本政策	关于进一步做好宗教工作若干问题	国务院关于加强宗教工作的决定	
(七) 对宗教界人士继续贯彻执行团结、教育、改造的方针，团结他们为实现新时期的总任务贡献力量。	5. 争取、团结和教育宗教界人士首先是各种宗教职业人员，是党对宗教的工作的重要内容，也是贯彻执行党的宗教政策的极及其重要的前提条件。	《中共中央关于我国社会主义时期宗教问题的基本观点和基本政策》是指导宗教工作的重要文件，要继续认真贯彻执行。要保持宗教政策的连续性和稳定性。 今后一个时期， 党和政府对宗教的工作的基本任务是： 认真贯彻党的宗教政策， 维护公民宗教信仰自由的权利， 加强对信教群众和宗教界人士的爱国主义和社会主义教育， 调动他们的积极因素， 支持他们开展有益的工作， 巩固和发展同宗教界的爱国统一战线， 依法对宗教事务进行管理， 制止和打击利用宗教进行违法犯罪活动， 坚决抵制境外宗教敌对势力的渗透活动， 为维护稳定、增进团结、统一祖国、振兴中华服务。	(2) 正确认识社会主义初级阶段的宗教问题。	4、坚持和发展马克思主义宗教观。维护国家统一。 5、党对宗教问题的基本观点和基本政策 (1) 宗教有其产生、发展和消亡的过程，在社会主义社会将长期存在，不能用行政力量去消灭宗教，也不能用行政力量去发展宗教。 (2) 宗教信仰自由受宪法保护，公民有信仰宗教的自由，也有不信仰宗教的自由。 (3) 要宣传无神论，但不能简单地把有神论和无神论的区别等同于政治上的对立。要坚持政治上团结合作、信仰上互相尊重。 (4) 国家依法对宗教事务进行管理，保护正常的宗教活动和宗教界的合法权益，制止和打击利用宗教进行的违法犯罪活动。 (5) 我国宗教方面的矛盾主要是人民内部矛盾，但在一定条件下也可能出现对抗性的问题，要严格区分、妥善处理两类不同性质的矛盾。 (6) 坚持独立自主自办的原则，在平等的基础上开展宗教对外友好交往，抵御境外敌对势力利用宗教进行渗透，不允许境外任何宗教组织、团体和个人干预我国宗教事务。 (7) 爱国宗教团体是党和政府联系信教群众的桥梁，要支持他们加强自身建设，自主开展活动，充分发挥作用。 (8) 爱国宗教界人士是团结信教群众、维护社会稳定的重要力量。要有计划、有组织地培养爱国宗教教职人员队伍。 (9) 积极引导宗教与社会主义社会相适应。宗教界人士和信教群众要树立公民意识，把爱国与爱教结合起来，在法律、法规和政策允许的范围内活动。 (10) 所有宗教团体和宗教界人士都必须维护法律尊严，维护人民利益，维护民族团结，

关于当前宗教工作中急需解决的两个政策性问题的请示报告	关于我国社会主义时期宗教问题的基本观点和基本政策	关于进一步做好宗教工作若干问题	国务院关于加强宗教工作的决定	
(一) 年满十八岁的公民有信仰宗教的自由，也有不信仰宗教和宣传无神论的自由。 (二) 不得对未满十八岁的青年灌输宗教思想，不准带领少年儿童参加宗教活动。	4. 尊重和保护宗教信仰自由，是党对宗教问题的基本政策。 9. 我们党宣布和实行宗教信仰自由的政策，这当然不是说共产党员可以自由信奉宗教。	一、全面正确地贯彻执行宗教信仰自由政策	(3) 全面正确地贯彻宗教信仰自由政策。	6、尊重和保护公民的宗教信仰自由权利。 7、坚持权利和义务的统一。 8、坚持政教分离的原则。
(三) 信教群众正常的宗教活动受到政府的保护。	6. 合理安排宗教活动的场所，是落实党的宗教政策，使宗教活动正常化的重要物质条件。	二、依法对宗教事务进行管理	(4) 依法对宗教事务进行管理。	9、把对宗教事务的管理纳入法制化轨道。 10、依法加强对宗教活动场所的管理。 11、认真解决宗教管理中的重点、难点问题。
			(5) 积极引导宗教与社会主义社会相适应。	12、与社会主义社会相适应是我国宗教在历史过程中的正确方向。 13、鼓励和支持宗教界拓展宗教与社会主义社会相适应的内容和途径。 14、引导宗教与社会主义社会相适应既要积极又要稳妥。
(五) 凡违反上述规定的非法、违法活动，应进行教育制止。 (八) 对披着宗教外衣进行反革命活动的阶级敌人，要发动群众彻底揭露，坚决打击，以提高信教群众的觉悟，使他们认识宗教的本质，逐步削弱宗教势力和影响，巩固无产阶级专政。	10. 坚决保障一切正常的宗教活动，同时就意味着要坚持打击一切在宗教外衣掩盖下的违法犯罪活动和反革命破坏活动，以及各种不属于宗教范围的、危害国家利益和人民生产的迷信活动。	四、坚决打击利用宗教进行的犯罪活动	(6) 坚持独立自主自办的原则。	15、在扩大开放形势下坚持独立自主自办原则不动摇。 16、加强抵御境外利用宗教进行渗透的工作。 17、积极开展宗教方面的对外和对港澳台地区的友好交往。
	7. 充分发挥爱国宗教组织的作用，是落实宗教政策，使宗教活动正常化的重要组织保证。 8. 有计划地培养和教育年轻一代的爱国宗教职业人员，对我国宗教组织的将来面貌具有决定的意义。	三、充分发挥爱国宗教团体的作用	(7) 加强爱国宗教力量的建设。	18、支持宗教团体加强自身建设。 19、加强爱国宗教教职人员的培养工作。 20、加强宗教院校的建设。

关于当前宗教工作中急需解决的两个政策性问题的请示报告	关于我国社会主义时期宗教问题的基本观点和基本政策	关于进一步做好宗教工作若干问题	国务院关于加强宗教工作的决定	
			(8) 加强农村宗教工作。	21、农村基层党政组织要切实抓好宗教工作。 22、把解决农村宗教问题纳入经济、社会发展的全局。
			(9) 做好少数民族中的宗教工作。	23、高度重视少数民族中的宗教工作。 24、妥善处理与民族、宗教有关的突发性事件和群体性事件。 25、坚决同利用宗教进行的分裂破坏活动作斗争。
	12. 加强党的领导，是处理好宗教问题的根本保证。	六、加强党对宗教工作的领导 五、健全宗教工作机构，加强宗教工作干部队伍建设	(10) 加强党对宗教工作的领导。	26、各级党委、政府要从战略和全局的高度认识宗教工作的重要性。 27、加强马克思主义宗教观、党的宗教政策的宣传教育和宗教理论政策研究。 28、巩固和发展党同宗教界的爱国统一战线。 29、健全机构，完善职能，加强宗教工作干部队伍建设。
	11. 在我国宗教中占有重要地位的佛教、伊斯兰教、天主教和基督教，同时也是在国际上占有重要地位的几大宗教。			

부록 06 중국공산당 종교정책 공식문건 변화

종교정책 항목	关于当前宗教工作中急需解决的两个政策性问题的请示报告	关于我国社会主义时期宗教问题的基本观点和基本政策	关于进一步做好宗教工作若干问题	国务院关于加强宗教工作的决定
문건 종류	中发[1978]65号文件	中发〔1982〕19号〈19호문건〉	中发〔1991〕6号〈6호문건〉	中发[2002]3号文件
시행일시	1978년 10월 21일	1982년 3월 31일	1991년 2월 25일	2002년 1월 20일
	중앙통전부에서 작성한 보고서로 중공중앙이 채택함			
종교신앙자유정책	(一) 年满十八岁的公民有信仰宗教的自由，也有不信仰宗教和宣传无神论的自由。 (二) 不得对未满十八岁的青年灌输宗教思想，不准带领少年儿童参加宗教活动。	4. 尊重和保护宗教信仰自由，是党对宗教问题的基本政策。 9. 我们党宣布和实行宗教信仰自由的政策，这当然不是说共产党员可以自由信奉宗教。	一、全面正确地贯彻执行宗教信仰自由政策	(3) 全面正确地贯彻宗教信仰自由政策。
정상적인 종교활동 보호	(三) 信教群众正常的宗教活动受到政府的保护。	6. 合理安排宗教活动的场所，是落实党的宗教政策，使宗教活动正常化的重要物质条件。	二、依法对宗教事务进行管理	(4) 依法对宗教事务进行管理。
불법적인 종교활동 타파	(五) 凡违反上述规定的非法、违法活动，应进行教育制止。 (八) 对披着宗教外衣进行反革命活动的阶级敌人，要发动群众彻底揭露，坚决打击，以提高信教群众的觉悟，使他们认识宗教的本质，逐步削弱宗教势力和影响，巩固无产阶级专政。	10. 坚决保障一切正常的宗教活动，同时就意味着要坚持打击一切在宗教外衣掩盖下的违法犯罪活动和反革命破坏活动，以及各种不属于宗教范围的、危害国家利益和人民生产的迷信活动。	四、坚决打击利用宗教进行的犯罪活动	(6) 坚持独立自主自办的原则。
종교단체의 역할 강화		7. 充分发挥爱国宗教组织的作用，是落实宗教政策，使宗教活动正常化的重要组织保证。 8. 有计划地培养和教育年轻一代的爱国宗教职业人员，对我国宗教组织的将来面貌具有决定的意义。	三、充分发挥爱国宗教团体的作用	(7) 加强爱国宗教力量的建设。
당의 영도 강화		12. 加强党的领导，是处理好宗教问题的根本保证。	六、加强党对宗教工作的领导 五、健全宗教工作机构，加强宗教工作干部队伍建设	(10) 加强党对宗教工作的领导。

부록 07 〈종교사무조례〉와 〈종교사무조례 개정안〉 비교

규범제목	종교사무조례	종교사무조례 개정안	개정 내용
규범종류	중화인민공화국 국무원령 제426호	중화인민공화국 국무원령 제686호	
제정과정	〈종교사무조례〉는 2004년 7월 7일 국무원 제7차 상무회의에서 통과되어, 지금 공포하며, 2005년 3월 1일부터 시행된다.	〈종교사무조례〉는 2017년 6월 14일 국무원 제176차 상무회의에서 수정통과되었으며, 지금 수정 〈종교사무조례〉를 공포하며, 2018년 2월 1일부터 시행한다.	
반포자	총리 원자바오	총리 리커창	
반포일	2004년 11월 30일	2017년 8월 26일	
내용	총 7장 48항	총 9장 77항	
제1장	총칙	총칙	1개 조항 추가
내용	제1조부터 제5조까지, 5개 조항 제정목적(제1조) 종교신앙의 자유(제2조) 종교활동, 종교단체, 종교활동 장소(제3조) 대외교류 독립, 자주, 자체경영의 원칙(제4조) 종교업무담당부서가 종교업무담당, 인민정부는 협력(제5조)	제1조부터 제6조까지 6개 조항 종교학교 추가(제4조) 인민정부가 종교업무 지도 강화	제3조 합법적인 종교활동과 불법적인 종교활동 구분 독립조항으로 추가 제6조 인민정부의 종교업무관리 강화
제2장	종교단체	종교단체	7개 조항 추가
내용	제6조부터 제9조까지 총 4개 조항 종교단체설립, 운영절차에 〈사회단체등기관리조례〉 적용(제6조) 종교단체 출판물은 〈출판관리조례〉 적용(제7조)	제7조부터 제17조까지 총 11개 조항 종교단체 직능 추가(제8조) 종교학교 관련규정은 별도의 장으로 분리	
		제3장 종교학교	기존 종교관련기관인 종교단체, 종교활동 장소에 종교학교 추가
내용	종교학교 설립절차(제8조) 종교학교 설립조건(제9조)	제11조부터 제16조까지 6개 조항 종교학교 설립자격(제11조) 추가 종교학교 설립절차(제12조) 종교학교 설립조건(제13조) 종교학교 법인등록자격 부여(제14조) 종교학교 운영(제14, 15조) 종교학교 교원자격(제16조) 종교학교 외국인 교원임용(제17조)	종교학교 법인등록자격 부여

규범제목	종교사무조례	종교사무조례 개정안	개정 내용
제3장	종교활동 장소	제4장 종교활동 장소	
내용	제14조부터 제26조까지 총 15개 조항 종교활동 장소 설립조건(제14조) 종교활동 장소 설립준비(제13조) 종교활동 장소 등록절차(제15조) 종교활동 장소 운영(제16조) 종교활동 장소 관리조직(제17조)	제19조부터 제35조까지 총 16개 조항 종교활동 장소 종교교육과정 절차(제19조) 종교활동 장소 설립조건(제20조) 종교활동 장소 설립준비(제21조) 종교활동 장소 등록절차(제22조) 종교활동 장소 법인등록자격 부여(제23조) 종교활동 장소 운영(제24조) 종교활동 장소 관리조직(제25조) 종교활동 장소를 국가국개발계획에 포함(제32조) 종교활동 임시지점 설립(제35조)	종교활동 장소 법인등록자격 부여 종교활동 장소를 국가국개발계획에 포함 종교활동 임시지점 설립 가능
제4장	종교성직자	제5장 종교성직자	
내용	제27조에서 제29조까지 총 3개 조항 성직자 자격(제27조) 성직자 등록(제28조) 성직자 역할(제29조)	제36조에서 제39조까지 총 4개 조항 성직자 역할에 공익자선활동 추가(제39조) 성직자 사회보장(제39조) 추가	성직자 사회보장항목 추가
		제6장 종교활동	신설
내용	 단체종교활동 규정은 본래 제3장 종교활동 장소 제12조 규정 대규모 종교활동 규정은 본래 제3장 종교활동 장소 제22조 규정	제40조부터 제46조까지 총 7개 조항 단체종교활동(제40조) 해외 종교훈련, 회의, 활동 금지조항 추가(제41조) 교육시설에서 종교활동 금지(제43조) 신설 종교물품 반입제한조치(제46조) 신설 인터넷종교정보서비스 등록(제47조) 신설 인터넷종교정보서비스 규제조항(제48조) 신설	해외 종교훈련, 회의, 활동 금지조항 교육시설에서 종교활동 금지 종교물품 반입제한조치 인터넷종교정보서비스 등록, 규제
제5장	종교재산	제7장 종교재산	
	제30조부터 제37조까지 총 8개 조항	제49조부터 제60조까지 11개 조항	

규범제목	종교사무조례	종교사무조례 개정안	개정 내용
	종교용 부동산 보호(제30조)	종교용 부동산 사용권, 수익권(제49조) 신설 종교재산은 법인소유(제50조) 신설 종교용 부동산 보호(제51조) 종교단체, 종교학교, 종교활동 장소를 비영리조직으로 명시(제52조) 종교기부금, 종교수익금 관리(제52조) 신설 사회공익사업 이용한 전도활동금지(제56조) 신설 해외기부금 규모 제한, 종교업무 담당부서의 감독과 관리(제58조) 추가 종교단체, 종교학교, 종교활동 장소 재무관리 표준화(제58조) 추가 종교단체, 종교학교, 종교활동 장소, 성직자 납세와 세금우대(제59조) 신설	종교용 부동산 사용권, 수익권 종교재산 법인소유 종교단체, 종교학교, 종교활동 장소를 비영리조직으로 명시 종교기부금, 종교수익금 관리 사회공익사업에서 전도활동 금지 해외기부금에 대해 정부기관 감독관리 세금납부와 세금우대
제6장	법적책임	제8장 법적책임	
	제38조부터 제47조까지 총 10개 조항	제61조부터 제72조까지 총 12개 조항 종교극단주의, 독립자주자체경영원칙, 테러활동 방(제63조) 추가 위반할 경우 등록취소로 처벌강화 위반할 경우 벌금 한도 높임 종교학교 처벌규정(제65조) 신설 인터넷종교서비스 처벌규정(제66조) 신설 종교활동 장소에 대한 공안기관의 단속권한 부여(제67조) 추가 처벌규정에 형사책임 포함(제67조) 추가 해외종교훈련, 회의, 활동 처벌(제67조) 추가 불법종교활동 처벌강화(제68조) 신설 성직자 처벌조항(제70조) 신설	

부록 08 시행일자 순으로 정리한 국가종교행정규범과 부서행정규범

시행일	명칭	분류(반포기관)	법률형태	비고
1991.5.6	宗教社会团体登记管理实施办法 종교사회단체등기관리시행방법	国宗发〔1991〕110号	부서행정규범	国务院宗教事务局、民政部关于印发《宗教社会团体登记管理实施办法》的通知 1991.05.06.公布, 1991.05.06施行
1994.1.31 (1-1)	宗教活动场所管理条例 종교활동장소관리조례	국무원령 145호	국가행정규범	20150303 〈종교사무조례〉 반포로 폐지
1994.4.13 (1-2)	宗教活动场所登记办法 종교활동장소등기방법	国宗发[1994]060号	부서행정규범	根据《宗教活动场所管理条例》第二条规定,制定本办法。 〈宗教活动场所设立审批和登记办法〉이 중화인민공화국 국가종교사무국령 제2호로 2005년 4월 14일 국가종교국 업무회의에서 통과되어 2005년 4월 21일 공포되어 바로 시행되었다. 본 조치가 시행되는 것과 동시에 1994년 국무원 종교사무국에서 반포한 〈宗教活动场所登记办法〉은 폐지되었다.
1994.1.31 (2-1)	외국인종교활동관리규정 中华人民共和国境内外国人宗教活动管理规定	국무원령 144호	국가행정규범	현재까지 유효한 규범
1996.7.29	종교활동장소연차검사방법 宗教活动场所年度检查办法	国宗发 (1996) 046号	부서행정규범	根据国务院发布的《宗教活动场所管理条例》和我局颁发的《宗教活动场所登记办法》的有关规定,我局制定了《宗教活动场所年度检查办法》。现印发给你们,望认真执行。
1999.1.1 (1-3)	宗教院校聘用外籍专业人员办法 종교학교외국인전문가청빙방법	国家宗教事务局 国家外国专家局 公安部	부서행정규범	1998년 11월 19일, 국가종교국, 외국전문가국, 공안부 공포된 본 조치는 1999년 1월 1일부터 시행되었다. 2021년에 〈宗教院校管理办法〉이 제정되면서 본 법령은 실효되었다. 〈외국인종교활동관리조례시행세칙〉 제15조, 〈종교학교관리방법〉 제83조에 언급된 〈방법〉이다.
2000.9.26 (2-2)	외국인종교활동규정시행세칙 中华人民共和国境内外国人宗教活动管理规定实施细则	국가종교사무국령 제1호	부서행정규범	《中华人民共和国境内外国人宗教活动管理规定实施细则》,已于2000年8月11日经国家宗教事务局局务会议通过,现予以发布,自发布之日(20000926)起施行。
2005.3.1 (1-4)	宗教事务条例 종교사무조례	국무원령 426호	국가종교행정규범	최초의 종합종교행정규범 《宗教事务条例》已经2004年7月7日国务院第57次常务会议通过,现予公布,自2005年3月1日起施行。

시행일	명칭	분류(반포기관)	법률형태	비고
2005.4.21 (1-4-1)	宗教活动场所设立审批和登记办法 종교활동장소설립신청비준과등기방법	국가종교사무국령 제2호	부서행정규범	중화인민공화국 국가종교사무국령 제2호로 2005년 4월 14일 국가종교국 업무회의에서 통과되어 2005년 4월 21일 공포되어 바로 시행되었다. 본 조치가 시행되는 것과 동시에 1994년 국무원 종교사무국에서 반포한 〈宗教活动场所登记办法〉은 폐지되었다.
2007.3.1 (1-4-2)	宗教活动场所主要教职任职备案办法 종교활동장소주요성직자등록방법	국가종교사무국령 제4호	부서행정규범	〈종교사무조례〉에 근거하여 제정, 중화인민공화국 국가종교사무국령 제4호로 2006년 12월 25일 국가종교사무국 업무회의에서 통과되어 2006년 12월 29일 공포되었으며, 2007년 3월 1일부터 시행되었다. 2021년 〈宗教教职人员管理办法〉이 제정되면서 본 법령은 폐지되었다.
2007.3.1 (1-4-3)	宗教教职人员备案办法 종교성직자등록방법	국가종교사무국령 제3호	부서행정규범	최초 제정본은 2006년 12월 25일 국가종교국 업무회의에서 통과, 2007년 3월 1일부터 시행되었다. 2021년 개정본은 〈宗教教职人员管理办法〉으로 국가종교사무국령 제15호로 2021년 1월 8일 국가종교사무국에서 심의 후 통과되어 2021년 1월 18일 공포, 2021년 5월 1일부터 시행되었다. 〈宗教教职人员备案办法〉은 2021년 1월 8일 국가종교사무국에서 규정제정 절차에 따라 심의통과 후 공포하며, 2021년 5월 1일부터 시행한다. 본 방법이 시행됨과 동시에 2006년 국가종교국에서 공포한 〈宗教教职人员备案办法〉, 〈宗教活动场所主要教职任职备案办法〉은 폐지한다.
2007.9.1 (1-4-4)	宗教院校设立办法 종교학교설립방법	국가종교사무국령 제6호	부서행정규범	중화인민공화국 국가종교사무국령 제6호로 2006년 12월 25일 국가종교국 업무회의에서 통과되어 2007년 8월 1일 공포되어 2007년 9월 1일부터 시행된다. 2023년 2월 6일 현재 실효된 법령이다. 2021년에 〈宗教院校管理办法〉을 제정하면서 본 법령은 실효되었다.
2010.3.1 (1-4-5)	宗教活动场所财务监督管理办法(试行) 종교활동장소재무감독관리방법	국가종교사무국령 제7호	부서행정규범	중화인민공화국 국가종교사무국 종교사무국령 제7호로 2010년 1월 7일 국가종교사무국 업무회의에서 통과되어 2010년 1월 11일에 공포되었고, 2010년 3월 1일부터 시행한다. 다만 검색 결과 2023년 2월 6일 현재 실효된 법령으로 나타난다. 아마도 다른 법령이 신규 제정되면서 실효된 것으로 보이는 데 추후 재확인이 필요하다.
2011.1.1 (2-3)	中华人民共和国境内外国人宗教活动管理规定实施细则(2010修正)	국가종교사무국령 제9호		2000年8月11日国家宗教事务局令第1号公布,根据2010年11月29日国家宗教事务局令第9号公布的《国家宗教事务局关于修订〈中华人民共和国境内外国人宗教活动管理规定实施细则〉的决定》修正 본 결정은 2010년 11월 29일 국가종교사무국 회의에서 통과되어 2010년 11월 29일 공포되었고, 2011년 1월 1일부터 시행한다.
2012.3.16	종교계자선활동표준화에 관한 의견	국종발[2012]6호	일반규범	
2013.1.1 (1-4-6)	宗教院校教师资格认定和职称评审聘任办法(试行) 종교학교교사자격인정및직책평가임용방법	中华人民共和国 国家宗教事务局令 第10号	부서행정규범	《宗教院校教师资格认定和职称评审聘任办法(试行)》已于2012年10月16日经国家宗教事务局局务会议通过,现予公布,自2013年1月1日起施行。

시행일	명칭	분류(반포기관)	법률형태	비고
2013.1.1 (1-4-7)	宗教院校学位授予办法(试行) 종교학교학위수여방법(시행)	中华人民共和国 国家宗教事务局令 第11号 국가종교사무국령 제11호	부서행정규범	중화인민공화국 국가사무국령 제11호로, 2012년 10월 16일 국가종교사무국 국무회의에서 통과되어 2012년 11월 5일 공포되었으며, 2013년 1월 1일부터 시행한다.
2018.2.1 (1-5)	종교사무조례 개정안	국무원령 426호	국가종교행정규범	2004年11月30日中华人民共和国国务院令第426号公布. 《宗教事务条例》已经2017年6月14日国务院第176次常务会议修订通过，现将修订后的《宗教事务条例》公布，自2018年2月1日起施行。 2016년 9월에 중국정부는 《종교사무조례 수정초안》을 발표하였다. 중화인민공화국국무원령 제868호인 〈(수정)종교사무조례〉는 2004년 11월 30일 중화인민공화국 국무원령 제426호로 공포된 중국 최초의 종교법령인 〈종교사무조례〉를 수정하여 2017년 6월 14일 국무원 제176차 상무회의에서 통과시킨 것으로, 2017년 8월 26일 자로 공포되고, 2018년 2월 1일부터 시행되었다. 이는 시진핑(习近平) 정부의 종교정책 변화를 읽을 수 있는 중요한 문건이다. 중국정부는 행정 법제화를 추진하면서 종교정책 분야에도 법적 근거를 마련하는 일에 심혈을 기울였다. 따라서 시진핑 정부에서 제정한 종교관련 법령을 분석하면 종교정책 변화 방향을 확인할 수 있다.
2018.2.1	종교행정업무허가항목시행세칙		일반규범	2006年12月27日《宗教事务方面部分行政许可项目实施细则》폐지
2018.2.22 (1-5-1)	종교활동임시지점심사비준관리방법 宗教临时活动地点审批管理办法	国宗发〔2018〕15号	부서행정규범	2017年8月26日，国务院总理李克强签署国务院第686号令，公布了新修订的《宗教事务条例》。新修订《宗教事务条例》已于2018年2月1日正式施行。为落实《宗教事务条例》关于宗教临时活动地点的规定，明确宗教临时活动地点的申请条件及审批程序，规范宗教临时活动地点的管理，我局制定了《宗教临时活动地点审批管理办法》，现予以印发，请贯彻执行。
2018.11.28	중국삼자애국운동위원회정관		일반규범	
2018.11.28	중국기독교협회정관		일반규범	
2019.4.1 (1-5-2)	종교활동장소법인정관본문서식 宗教活动场所法人章程示范文本	국가종교사무국	부서행정규범	국가종교사무국, 민정부가 함께 제정하여 발표한 〈종교활동 장소 법인등기사항에 관한 통지〉에 근거하여, 국가종교사무국은 〈종교활동장소법인정관본문서식〉을 정하였다. 본 양식은 2019년 4월 1일부터 사용되었다.
2019.4.1 (1-5-3)	종교활동장소법인등기사항 宗教活动场所办理法人登记事项	国宗发〔2019〕1号	부서행정규범	2019년 1월 25일, 국가종교사무국 발행[2019] 1호 통지이다. 종교활동장소에서의 법인 등록을 표준화하고 종교활동 장소의 합법적 권익을 보호하기 위해 〈중화인민공화국민법총칙〉, 〈종교사무조례〉 관련 조항에 근거하여 종교활동장소에서의 법인 등록에 관련된 사항을 다음과 같은 통지를 한다.

시행일	명칭	분류(반포기관)	법률형태	비고
2020.2.1 (1-5-4)	宗教团体管理办法 종교단체관리방법	国家宗教事务局令 第13号 국가종교사무국령 제13호	부서행정규범	2019.11.20.公布, 2020.02.01施行 《宗教团体管理办法》已于2019年11月1日经国家宗教事务局按规定程序审议通过，现予公布，自2020年2月1日起施行。 局长　王作安. 2019年11月20日 2019년 11월 1일 공포되어 2020년 2월 1일부터 시행된 국가종교사무국령 제13호 〈종교단체관리방법〉은 기존의 종교 관련 법령 가운데 가장 최근에 발표된 법령이다. 중국정부가 종교관리 법제화를 지속적으로 시행하고 있으므로 지속적인 분석과 연구가 필요하다는 사실을 보여주는 중요한 사례라 할 수 있다.
2020.12.17 (2-3)	외국인종교활동규정시행세칙의견청취안	미상	부서행정규범	
2021.5.1 (1-5-5)	宗教教职人员管理办法 종교성직자관리방법	国家宗教事务局令 第15号 국가종교사무국	종교행정규범	《宗教教职人员管理办法》已于2021年1月8日经国家宗教事务局按规定程序审议通过，现予公布，自2021年5月1日起施行。局长 王作安，2021年1月18日 为了规范宗教教职人员管理，保障宗教教职人员合法权益，根据《宗教事务条例》，制定本办法。 本办法自2021年5月1日起施行。2006年国家宗教事务局公布的《宗教教职人员备案办法》、《宗教活动场所主要教职任职备案办法》同时废止。 2021년 1월 8일 국가종교사무국에서 규정제정절차에 따라 심의통과 후 공포하며, 2021년 5월 1일부터 시행한다. 본 방법이 시행됨과 동시에 2006년 국가종교국에서 공포한 〈宗教教职人员备案办法〉, 〈宗教活动场所主要教职任职备案办法〉은 폐지한다.
2021.9.1 (1-5-6)	宗教院校管理办法 종교학교관리방법	国家宗教事务局令 第16号	부서행정규범	본 조치는 2021년 9월 1일부터 시행한다. 1998년 국가종교사무국, 국가외국전문가국, 공안부에서 공포한 〈宗教院校聘用外籍专业人员办法〉와 2007년 국가종교사무국에서 공포한 〈宗教院校设立办法〉는 새로운 조치 공포와 동시에 폐지한다. 즉 〈종교학교관리법〉은 기존의 〈종교학교외국인교원청빙법〉과 〈종교학교설립법〉을 기초로 이를 합하여 새롭게 제정한 법규이다.
2022.3.1 (1-5-7)	互联网宗教信息服务管理办法 인터넷종교정보서비스관리방법	国家宗教事务局、国家互联网信息办公室、中华人民共和国工业和信息化部、中华人民共和国公安部、中华人民共和国国家安全部令 第17号	부서행정규범	《互联网宗教信息服务管理办法》已经国家宗教事务局按规定程序审议通过，并经国家互联网信息办公室、工业和信息化部、公安部、国家安全部同意，现予公布，自2022年3月1日起施行。 为了规范互联网宗教信息服务，保障公民宗教信仰自由，根据《中华人民共和国网络安全法》、《互联网信息服务管理办法》、《宗教事务条例》等法律法规，制定本办法。 국가종교사무국이 규정제정절차에 따라 심의통과 후 국가인터넷정보사무소, 공업정보화부, 공안부, 국가안전부의 동의를 얻어 공포하며, 2022년 3월 1일부터 시행한다.

시행일	명칭	분류(반포기관)	법률형태	비고
2022.6.1 (1-5-8)	宗教活动场所财务管理办法	国家宗教事务局令 第18号	부서행정규범	《宗教活动场所财务管理办法》已于2022年1月28日经国家宗教事务局按规定程序审议通过，并经财政部同意，现予公布，自2022年6月1日起施行。 为了规范宗教活动场所的财务行为，加强宗教活动场所的财务管理，维护宗教活动场所和信教公民的合法权益，根据《中华人民共和国会计法》、《宗教事务条例》等有关规定，制定本办法。
2023.9.1 (1-5-9)	宗教活动场所管理办法	国家宗教事务局令 第19号		《宗教活动场所管理办法》已于2023年6月29日经国家宗教事务局按规定程序审议通过，现予公布，自2023年9月1日起施行。 为了规范宗教活动场所管理，保护正常的宗教活动，维护宗教活动场所和信教公民的合法权益，根据宪法、有关法律和《宗教事务条例》，制定本办法。 本办法自2023年9月1日起施行。2005年国家宗教事务局公布的《宗教活动场所设立审批和登记办法》同时废止。

참고문헌

한글 단행본

강경구 외. 『시진핑시대, 중국 종교정책과 신종교사무조례』. 서울: 신아사, 2017.

강문석. 『제3세계의 선교』. 서울: 기독교문서선교, 1985.

______. 『중국은 지금』. 서울: 선이선교회출판부, 1996.

강준영. 전병곤. 『한 권으로 이해하는 중국』. 지영사: 2004.

김광성. 『중국 종교정책의 변화와 사회 변동』. 서울: 미션아카데미, 2010.

______. 『중국의 종교정책과 현장 사역』. 서울: 장로회신학대학교출판부, 2007.

김도희 외. 『새로운 중국의 모색 II』. 서울: 폴리테이아, 2005.

김수진. 『중국개신교회사』. 사울: 홍성사, 1999.

김우준 외. 『동북아 문화 공동체에 대한 한중일 시각 비교와 협력 방안 모색』. 서울: 경제인문사회연구회, 2006.

김재철 외. 『새로운 중국의 모색I』. 서울: 폴리테이아, 2005.

김정계. 『21세기 중국의 선택』. 서울: 평민사, 2000.

김정남. 『중국의 민족 문제』. 서울: 교약사, 1988.

김화평. 『중국 교회사』. 서울: 모리슨, 2003.

로버트 오어. 『현대중국의 종교』. 신대균 역. 서울: 로출판사, 1987.

류동희. 『그들이 중국을 움직인다』. 서울: 한울, 2002.

류재기 역. 한국문화정책개발원 편. 『중국문화관계 법령 : 중화인민공화국 문화예술종교관련 주요법규』. 2000.

마삼락. 『아시아와 선교』. 서울: 크리스챤문화사, 1976.

모퉁이돌선교회 편. 『중국의 종교정책』. 서울: 모퉁이돌선교회출판사, 2005.

민두기. 『중국 초기 혁명 운동의 연구』. 서울: 서울대학교출판부, 1997.

백영서. 『중국 인권 문제를 보는 시각: 동아시아적 상황과 관련하여』. 창작과 비평 1994년 겨울.

서재진 외. 『사회주의 체제 개혁개방 사례 비교연구』. 서울: 민족통일연구원, 1993.

서진영. 『현대 중국 정치론: 변화와 개혁의 중국 정치』. 서울 : 나남출판사, 1997.

세계교회협의회. 한국기독교교회협의회 신학연구위원회. 『중국의 현실과 신학』. 서울: 기독교문서선교회, 1999.

신승하. 『중국근대사』. 서울: 대명출판사, 1994.

이관숙. 『중국 기독교사』. 서울: 쿰란출판사, 1995.
이기호 외. 『동북아 사회 문화 교류 협력 활성화를 위한 시민 사회의 발전 방안과 모델: 평화, 역사, 지식을 중심으로 한 네트워크』. 서울: 경제·인문사회연구회, 2006.
이병길. 『중국 선교의 어제와 오늘』. 서울: 개혁주의신행협회, 1987.
______. 『중국 특색의 중국 교회를 섬기는 길』. 서울: 에스라서원, 1996.
이수훈 외. 『동북아 시대의 중국』. 서울: 아르케, 2005.
이우영 외. 『동북아 문화 공동체 형성을 위한 국가의 역할-거버넌스의 관점에서-』. 서울: 경제·인문사회연구회, 2006.
인병국. 『중국 특색의 중국 교회를 섬기는 길』. 서울: 에스라서원, 2000.
장현근. 『중국정치사상입문』. 지영사, 1997.
전성훈 외. 『동북아 평화 문화 형성을 위한 인지 공동체 활성화 방안』. 서울: 경제·인문사회연구회, 2006.
전호진. 『아시아 기독교와 선교 전략』. 서울: 도서출판 영문, 1996.
정재호 편. 『중국정치 연구론: 영역, 쟁점, 방법 및 교류』. 서울: 나남출판, 2000.
제3세계신학연구소. 『중국 기독교와 삼자운동』. 서울: 나눔사, 1990.
조송천 편저. 『중국교회 발달사』. 서울: 북방선교문화원, 1993.
赵天恩 편저. 김장환 역. 『중공의 기독교 정책』. 서울: 한국방송선교센터 출판부, 1984.
최경식, 김대환. 『현대 중국 정치 제도』. 서울: 한울출판사, 2009.
최진호. 『중국교회가 말하는 중국교회』. 서울: B&C BOOKS, 2012.
탁신평 외 13인 지음. 맹용길, 김광성 옮김. 『기독교와 중국현대화』. 서울: 장로회신학대학교출판부, 1995.
한국문화정책개발원 편. 류재기 역. 『중국 문화 관계 법령: 중화인민공화국 문화 예술, 종교 관련 주요 법규』. 2000.
홍성현. 『중국 기독교와 삼자운동』. 서울: 제3세계신학연구소, 1986.

한글 논문

강경구, 김경아. "중국특색사회주의 종교이론의 고찰." 『중국학』 제61집, 2017.12: 1-19.
강준영. "중국 개혁개방 이후 종교 정책의 변화와 중국 종교의 부활." 『중국연구』 제30집, 2002: 579-593.
______. "중국의 종교통제와 사회 안정." 『중국연구』 제34집, 2004: 233-251.
______. "중국 개혁개방과 종교의 부활." 『중국학연구』 24, 2002: 309-340.
게오르그 에버스. 윤빈호 역. "중국교회 상황에서 본 종교자유와 인권." 『신학전망』 제160

집, 2008: 78-107.

고병철. “개혁개방 이후 중국 길림성의 종교정책과 한국종교.” 『중국학논총』 제25집, 2009: 255-290.

고영은. “중국 시진핑 정권의 권력구조와 종교정책에 관한 연구.” 『신학과 목회』 제51집, 2019: 185-208.

곽덕환. “중국특색사회주의 변천 연구.” 『동아인문학』 제44집, 2018: 129-150.

______. 나태종, “시진핑 시대 중국특색사회주의의 전망.” 『동아인문학』 제47집, 2019: 531-553.

곽정복, 배춘섭. “국무원령 제686호 종교사무조례가 중국선교와 중국 교회에 미친 영향 고찰.” 『복음과선교』 제60집, 2022: 119-250.

김경아. “시진핑 시대 이슬람교 중국화 정책 연구.” 『중국학(구중국어문론집)』 제70집, 2020: 83-106. 원문미확보.

______. “종교중국화 정책에 따른 이슬람 종교교육의 방향과 전망.” 『중국학』 제78집, 2022: 95-114.

______. “중국 중앙과 지방의 종교정책시스템 고찰- 국무원령과 성시자치구 종교사무조례의 상호관계성을 중심으로.” 『동아시아문화학회 국제학술대회 발표자료집』, 2020: 143-147.

______. “중국 중앙과 지방의 종교정책시스템 고찰-국무원령과 성·시·자치구 종교사무조례의 상호관계성을 중심으로.” 동아시아문화학회 국제학술대회 발표자료집, 2020: 143-147.

김경아, 강경구. “중국의 종교정책과 법치화수준의 제고-수정 <종교사무조례>를 중심으로.” 『중국학』 제61집, 2017: 41-58.

김광성. “<종교사무조례> 수정초안에 나타난 중국 종교정책변화와 로잔운동의 관계성 고찰.” 『복음과선교』 제38집, 2017: 13-49.

______. “1920년대 중국의 반기독교 정서와 중국 교회의 신학적 반응 연구.” 『미션네트워크』 제4집, 2014: 15-42.

______. “2008년 베이징 올림픽 이후 중국 종교정책의 변화 가능성에 대한 예측.” 『선교와 신학』 제25집, 2010: 167-198.

______. “로잔운동의 선교신학적 관점에서 바라본 기독교 중국화.” 『ACTS신학저널』 제40집, 2019: 317-357.

______. “산동선교 시기 방지일 선교사의 선교사역에 영향을 미친 시대적 상황과 종교정책 고찰.” 『복음과선교』 제60(4)집, 2022: 43-88.

______. “제한된 사역 현장에서 행해지는 장애인 사역의 선교학적 의미.” 『선교와 신학』 제15집, 2005: 179-214.

______. “중국 종교자유정책에 대한 역사적 고찰.” 『복음과선교』 제23집, 2018: 9-38.

______. “중국 종교정책의 변화와 재중한인디아스포라 신앙공동체의 상관성 연구.” 『미션네트워크』 2, 2012: 183-211.

______. “중국의 종교정책과 현장 사역.” 『선교와 현장』 제12집, 2007: 1-291.

______. “중국의 종교정책이 한국 교회의 중국선교에 미친 영향: 기독교 중국화에 대한 선교 실천적 대응.” 『선교와 신학』 제48집, 2019: 43-81.

______. “중국특색의 사회주의 신학을 통한 현장최적화 신학의 모색.” 『복음과선교』 21, 2013: 9-44.

______. “중국 종교정책의 변화와 재중한인디아스포라 신앙공동체의 상관성 연구.” 『미션네트워크』 2, 2012: 183-211.

______. “로잔운동과 동반자 협력 로잔운동과 중국 교회의 만남.” 『복음과 선교』 32, 2015: 49-83.

______. “중국의 정치 제도와 권력 구조를 통해 본 중국의 종교 정책.” 『선교신학』 제29집, 2012: 35-62.

김병수. “시진핑 시대 중국 천주교회의 향방에 관한 고민과 전망.” 『사목정보』 제12(1)집, 2019: 32-40.

김성건. “공산당 지배하 중국에서 기독교 성장.” 『아시아연구』 제20권 제1호, 2017: 53-76.

김애린, 김형근. “시진핑 시대의 중국 기독교 발전 방향 – 기독교 중국화를 중심으로.” 『중국지역연구』 제4(2)집, 2017: 93-123. 원문미확보.

김영구. “시진핑 집권 이후 중국의 신장 위구르사회에 대한 강경정책의 심화과정- 거극단화의 달성을 목표로 한 종교정책의 추이를 중심으로.” 『중국연구』 제78집, 2019: 159-178,

______. “중국 소수민족 언어의 위상 하락과 주변화의 추이- 법제적 분석을 통해 본 시진핑 시기의 억압적 소수민족 언어정책의 주요 이슈.” 『현대중국연구』 제16(2)집, 2015: 1-41.

김영동. “입국거부와 추방 선교사의 역사적 통찰과 전망: 중국 공산화 이후와 최근 경우를 중심으로.” 『선교와 신학』 제47집, 2019: 13-40.

김영완. “중국특색사회주의시역중적종교교육여인권보호.” 『종교교육학연구』 제39권, 2012.7.: 107-130.

김영호. “기독교 중국화에 대한 비판적 연구.” 『선교신학』 제40집, 2015: 43-79.

김영환. “중국의 종교정책과 북방선교 논평.” 『누리와 말씀』 제4호, 1998.12: 112-115.

김우선. “시진핑 시대의 종교의 중국화 맥락과 해석.” 『종교연구』 제80-3집, 2020: 249-274.

김원곤. “중국과 북한의 종교정책에 대한 선교학적 성찰.” 『선교신학』 제54집, 2019: 42-72.

김정식. “중국의 4개 현대화 전략의 변화와 경제적 굴기에 관한 연구.” 『한국동북아논총』 제85집, 2017: 5-29.

김종구. “중국 선교와 중국 교회의 현실.” 『다시 역사의 전면에 등장하는 중국교회』, 동양사상연구회 편, 서울: 성지출판사, 1995.

김준명. “중국 개혁개방 이후 종교정책의 변화와 중국종교의 부활.” 『중국연구』 제30집, 2002: 579-593. 원문미확보.

김진선. “1990년대 한국 교회의 중국 선교와 그 대안.” 『중국 교회와 선교』 제2호, 1996.

김태완. “신장위구르자치구에 대한 중국의 종교정책.” 『국제정치연구』 제24-2, 2021: 1-22.

김태용. “중국특색의 사회주의 종교이론에 대한 고찰.” 『중국학보』 제43집, 2011: 455-477.

김하용. “사회주의초급단계론과 중국적 사회주의.” 『아세아연구』 제31(2)집, 1988: 1-32.

루우열. “중국적개혁개방정책여종교전망(中國的改革開放政策與宗教展望).” 『원불교학』 제7집, 2001: 49-57.

류설봉. “중국개혁개방이후의 불교동향.” 『한국종교』 제19집, 1994: 237-264.

______. “현대 중국의 종교법제.” 『한국종교』 제21집, 1996: 149-171.

류성민. “중국 윈난성의 종교 공존 상황에 대한 연구 – 역사적 배경과 현실 및 중국의 종교정책을 중심으로.” 『종교연구』 제60집, 2010: 149-193.

______. “중국종교학의 현재와 미래- 중국의 종교정책과 종교연구.” 『종교연구』 제48집, 2007: 61-97. 원문미확보.

______. “한·중·일 삼국의 종교정책 비교.” 『宗教研究』 第46輯, 2007: 35-75.

마민호. “모순론의 관점에서 종교중국화정책에 기독교에 미치는 영향.” 『복음과선교』 제48집: 173-214.

______. “통일전선전술의 관점에서 중국의 종교통제에 관한 고찰.” 『인문사회과학연구』 제15-2집, 2014: 359-389.

문영찬. “20세기 사회주의의 역사적 성격: 중국혁명의 승리와 중국특색의 사회주의 건설.” 『정세와노동』 제170호, 2021: 55-85.

문홍호. “사회주의 초급단계에서 종교의 존재 변화과정 및 그 역할.” 『중소연구』 제12권 4호, 1988: 218-225.

박광득. “등소평의 통일전선이론에 대한 연구: 중국의 통일정책을 중심으로.” 『한국동북아논총』 제12집, 1999: 103-125.

박기철. “중국 부패의 대안으로서의 정치 민주화 가능성 연구.” 한국외대 외국학종합연구센터 중국연구소, 중국연구 Vol 30, 2002: 515-529.

박노종. “도교중국화의 역사적 함의와 실제.” 『중국학(구중국어문론집』 제70집, 2020: 29-52.

______. “중국의 종교교육과 종교학교”, 『중국학』 제61집, 2017.12: 21-39.

______. “현대중국의 종교정책에 따른 성직자 양성 고찰.” 『중국학(구중국어문론집』 제83집, 2023.6: 489-509.

박만준. “개혁개방 이후 중국 종교 정책에서 본 대 기독교 정책의 발전 방향과 전망.” 『동서

연구 』 제16권 제2호, 2004: 99-121.

______. “공산권 종교자유개념의 이념적 특징에 관한 연구.” 『중소연구』 제36권 제4호, 2012/2013 겨울: 151-186.

______. “시진핑정권의 종교중국화공정이 중국종교정책에서 가지는 역사적 함의.” 『중소연구』 제42-4집, 2019: 119-164.

______. “중국 제4세대 종교정책의 과제와 전망.” 『중소연구』 제29권 제4호, 통권 108호, 한양대학교 아태지역연구센터, 2006. 2: 97-131.

______. “중국사회주의 종교이론에서 바라본 지식네트워크-인식구조의 특징과 논자들의 쟁점을 중심으로.” 『중국지식네트워크』 제3(3)집. 2013: 78-117.

______. “중국의 개혁개방과 종교법규 적용의 상관성에 관한 연구: 종교이론 해석변화와 관련법제정의 상호연계성을 중심으로.” 『중국연구』 제60집, 2014: 395-424.

方力天. “현대 중국에서의 종교와 국가.” 『국가와 종교』, 오경환박사 화갑기념논문집간행위원회편, 인천카톨릭대학출판부, 1997.

백영서. “중국 인권 문제를 보는 시각.” 『창작과 비평』 86, 1994.

상마승. “중국의 종교정책과 미중관계.” 『극동문제』 23권 11호, 통권273호, 2001. 11.

서석흥. “중국사회의 역사발전단계와 사회주의 초급단계론에 관한 약간의 평가- 개혁 이후 사영경제의 발전과 성질에 대한 고찰을 중심으로.” 『중국문제연구』 제4집, 1991: 107-125.

서진영. “사회주의 초급단계론과 중국적 사회주의.” 『국제정치논총』 제29(2)집, 1990: 283-294.

손선영. “중국의 기독교.” 『선교와 신학』 제1집, 1998: 171-188.

손장훈. “1950년대 전반기 중국공산당과 기독교계의 거버넌스 기재: 삼자혁신운동위원회의 정치 참여를 중심으로.” 『중국근현대사연구』 제62집, 2014: 187-217.

송유경. “문화 대혁명이 중국 교회에 미친 영향.” 『선교와 현장』 제9집, 2004.

신동윤. “중국의 종교정책.” 『인문논총 』 16, 북한문제연구소, 1997. 12.

______. “중국의 종교정책.” 『사회과학연구』 제16집 제1호, 1997.12: 309-332.

신봉수. “중국식 발전의 사상적 특징: 마오쩌둥과 덩샤오핑의 다선적 사회주의발전관.” 『한국정치학회보』 제46(2)집, 2012: 31-50.

안승웅 외 4명. “중국 종교정책에 나타나는 권익의 보호와 통제.” 『2017년 대한중국학회 학술대회 발표집』, 2017.11: 99-102.

______. “당대 중국 종교정책에 나타나는 권익이 보호와 통제 – 2018년 수정 종교사무조례를 중심으로.” 『중국학』 63, 2018, 2019: 173-214.

안희열. “로잔운동이 세계 선교에 끼친 공헌과 한국 교회가 나아가야 할 방향.” 『선교와 신학』 27, 2011: 109-141.

오재환. “개방 20년 기간 중국 종교정책의 변화.” 『中國學報』 第48輯, 2003: 483-502.

______. “개방 이후 중국 종교와 종교학.” 『宗教研究』 第34輯, 2004: 259-287.

______. “한중 사상문화교류 관점에서 본 5.4시기 반종교운동과 개방이후의 여시구진.” 『한국사상과문화』 제55집, 2010: 161-186.

______. “현대 중국의 종교정책 그 태생적 한계.” 『중국근현대사연구』 64, 2014: 29-55.

______. “‘五四’時期以來中國知識人의 宗教觀.” 『中國近現代史研究』 第27輯, 2005: 99-119.

______. “中國共産黨의 宗教觀變遷.” 『中國史研究』 第38輯, 2005: 225-255.

왕쓰웨. “떵샤오핑 사후의 중국과 중국 선교.” 『중국교회와 선교』 제4호, 1996.

______. “제15차 중국공산당 대회와 이후의 중국과 중국 선교.” 『중국교회와 선교』 제4호, 1998.

______. “중국의 종교정책과 북방선교의 현실.” 『누리와 말씀』 제4호, 1998.12: 81-111.

왕조국. “중국의 종교 정책: 종교와 사회주의 사회와의 조화.” 『극동문제』 24권, 12호, 통권 286호, 2002. 12.

우심화. “중국 문화의 이해 – 중국 선교를 위한 선 이해.” 『선교와 신학』 제17집, 2006: 85-114.

월간말편집부. “개방정책을 위한 중국의 초급단계론- 사회주의초급단계에 대해(초급단계론은 재방정책위한 이론 – 조자양, 정치보고서 사영경제역할 인정).” 『월간말』 1987년 11월호(통권 17호), 1987: 33-34.

유관지. “한국 교회의 중국선교 회고와 전망.” 『중국교회와 선교』 제6호, 1999.

유미경. “중국인터넷종교연구.” 『중국학』 제69집, 2019: 223-242.

유미경 외 4명, “중국의 종교정책과 종교화합.” 『대한중국학회 학술대회 발표집』, 2017년 추계학술대회 발표집, 2017.11: 79-86.

유서상. “최근 중국의 종교정책.” Yonsei Review of Theology and Culture, 제3집, 1997: 131-135.

이경희. “사회주의초급단계론에 관한 일고찰.” 『한국동북아논총』 제5집, 1997: 93-109.

이병길. “시진핑 시대의 중국 기독교의 진로-시진핑의 종교정책으로 본 중국 기독교의 중국화.” 인터넷 코람데오닷컴, 2016.07.13. 기사

이찬석. “중국선교와 기독교의 중국화.” 『신학과실천』 제62집, 2018: 505-529.

이태홍. “중국 근현대사에서의 기독교의 충돌과 수용.” 『선교와 신학』 제17집, 2006: 39-83.

전병곤. “중국 권력 부패의 구조화와 체제 안정-체제 전환기를 중심으로.” 한양대학교 아태지역연구센터, 중소연구 Vol 27: 37-62.

전성홍. “중국의 개혁과 종교: 국가의 종교정책, 민간의 종교활동, 지방의 종교 통제.” 『东亚研究』 第30辑 1995年 9月.

______. 중국의 개혁과 종교–국가의 종교정책, 민간의 종교활동, 지방의 종교통제, 동아연구

30, 1995:147-181.

정태식. “중국의 정치와 종교에 대한 사회학적 일고찰: 시진핑의 종교의 중국화 정책을 중심으로.” 『신학과사회』 제36(1)집, 2022: 349-377.

조재송. “후진타오 체제의 신종교정책 석평 – 종교사무조례를 중심으로.” 『중국학연구』 제34집, 2005: 343-376.

주장환. “사회주의 초급단계론에 대한 중국의 새로운 인식: 시진핑 신시대 중국특색 사회주의 사상.” 『마르크스주의 연구』 제15집 제3호, 2018: 176-200.

중국종교박해진상위원회. “중국종교신앙의 자유와 가정교회의 현황.” 『중국교회와 선교』, 중국복음선교회, 2005년 제12호.

진미수. “중국교회 삼자애국운동 연구- 1949-1954년을 중심으로.” 『복음과선교』 제43집, 2018: 251-288.

진영생. “중공 종교정책의 개방과 제약.” 『공산권연구』 108, 극동문제연구소, 1988. 2.

차자석. “현재 중국 종교정책의 변화과정과 전망.” 『한국불교학』 제47집, 2007: 461-492.

______. “불교사학 및 응용불교–현대 중국 종교정책의 변화과정과 전망.” 『한국불교학』 제47집, 2007: 463-494.

최병욱. “1920년대 비기독교운동과 중국공산당.” 『강원사학』 제31집, 2018: 87-110.

최봉룡. “중국의 종교정책과 조선족의 종교문화.” 『한국종교』 제28집, 2004: 191-220.

최진호. “선교사 입국 거절 상황과 대응- 한국 교회를 중심으로.” 『선교와 신학』 제47집, 2019: 77-117.

택정언. “중국에서의 기독교와 반기독교운동.” 『신학사상』, 1974: 639-658.

평진위엔, 민센량. “중국공산당의 역사발전.” 중국사회과학망.

何虎生. “当代中国宗教政策本系的层次分析.” 『종교연구』 65, 2011: 35-49.

한동훈. “중국 종교정책의 변화와 중국 선교전략 연구.” 『한국개혁신학』 제71집, 2021: 314-346.

허원. “개혁개방 이후 중국의 종교신앙자유정책.” 『역사와담론』 제72집, 2014: 155-199.

____. “개혁개방 후 중국의 종교정책 변화와 종교와 사회주의 사회의 상호적응.” 『역사문화연구』 제65집, 2018: 235-268.

____. “사회주의 중국의 현대화와 기독교 인식.” 『인문과학연구』 제2집, 1993: 219-241.

____. “최근 중국의 개혁개방 정책과 종교인식 변화.” 『동아시아역사연구』 제1집, 1996: 89-131.

허재철. “개혁개방 이후 급속히 늘어나는 종교, 중국 사회주의의 동반자가 될 수 있을까?” 『민족21』 2011년 7월호(통권 제125호): 110-113.

허후성. “당대중국종교정책체계적층차분석.” 『종교연구』 제65집, 2011: 35-49.

황영삼. “공산권 치하의 소련과 동유럽의 종교와 민족주의.” 임영상 편. 『소련과 동유럽의 종교와 민족주의』, 서울: 한국외국어대학교 출판부, 1996.
황이. "90년대 종교 정책의 발전." 『중국교회와 선교』 창간호, 1996.

학위논문

강진희. "중국 종교정책에 대한 고찰: 북간도 한인선교의 가능성 모색 위해." 아세아연합신학대학과 풀러신학교 미간행석사학위논문, 1987.

고혜전. "중국 천주교 전래과정과 천주교 애국회 형성 배경에 관한 고찰." 가톨릭대학교 국제대학원 미간행석사학위논문, 2003.

곽정복. "각 시대별 중국 종교정책이 중국선교에 미친 영향에 따른 선교 출구 전략 연구: 시진핑 시대 이후 GMS를 중심으로." 총신대학교 일반대학원 미간행박사학위논문, 2023.

______. "시진핑 시대의 종교정책 변화에 따른 효과적인 중국선교전략." 총신대학교 일반대학원 미간행석사학위논문, 2020.

김광성. "韩中两国基督教新教传入和发展及其比较: 以十九世纪后期至二十世纪为中心." 중국인민대학교 미간행 철학박사학위 논문, 2000.

______. "중국의 종교정책과 현장사역의 관계 연구: 종교정책 관련 문건과 법규를 중심으로." 장로회신학대학교 미간행석사학위논문, 2007.

김광수. "중국 선교전략에 관한 고찰: 기독교 선교에 대한 중국 종교정책을 중심으로." 서울신학대학교 미간행석사학위 논문, 1987.

김기영. "중국 반기독교운동의 인과 고찰." 총신대학교 미간행신학석사학위논문, 1999.

김성민. "사회주의 중국에서의 종교집단의 특징과 역할에 관한 연구: 50년대 삼자교회의 형성과정을 중심으로." 한국외국어대학교대학원 미간행석사학위논문, 2008.

김성수. "중국의 종교 정책과 법규에 관한 연구: 기독교를 중심으로." 건국대학교 미간행석사학위논문, 1998.

김욱성. "국제인권규범을 통해 본 개혁개방 정책 이후 중국의 종교적 권리: 법적 측면을 중심으로." 서울대학교 아시아태평양교육발전연구단, 미간행논문, 2001.

김윤상. "중국의 기독교 정책에 대한 역사적 고찰." 서울신학대학교 미간행석사학위논문, 1988.

김은성. "중국공인교회역사에 관한 연구: 양회를 중심으로." 협성대학교 미간행박사학위논문, 2018.

김창영. "중국 문화대혁명 이후 등소평 정부(1978-1994)의 종교 정책에 관한 역사적 분석." 총신대학교 미간행석사학위논문, 1994.

남기해. "중국의 종교정책과 선교전략." 안양대학교 신학대학원 미간행석사학위논문, 1995.

라영환. "중국의 민족주의와 반기독교운동." 총신대학교 미간행신학석사논문, 1990.

박만준. “중국 종교 정책에 관한 연구: 사회주의 종교관과 종교 정책을 중심으로.” 한국외국어대학교 미간행석사학위논문, 1997.

朴满浚. “中国宗教政策的形成及其变迁过程研究.” 北京大学 미간행정치학박사학위논문, 2002.

석은복. “한중 양국 교회 간 교류를 통한 선교모델 연구.” 감리교신학대학교 미간행박사학위논문, 2003.

신명. “중국 헌법에서의 종교와 종교정책.” 중앙대학교대학원 미간행박사학위논문, 2015.

신용주. “중국종교와 종교정책 연구를 통한 선교방안.” 순신대학교 미간행석사학위논문, 1998.

______. “중국교회와 종교정책연구를 통한 선교방안.” 순신대학교 미간행석사학위논문, 1997.

신흥우. “중공의 기독교 정책과 그 전개에 관한 연구.” 한국외국어대학교 미간행석사학위논문, 1986.

안맹호. “중국의 반기독교운동의 역사에서 살펴본 오늘의 중국 선교 이해.” 장로회신학대학교 미간행신학석사논문, 1993.

안효열. “현대중국의 종교정책에 관한 연구.” 서울대학교 미간행석사학위논문, 1994.

엄운용. “중국의 정치 체제 변동에 영향을 미치는 경제 사회적 요인에 관한 연구.” 한국외국어대학원 석사학위논문, 2005.

오승일. “중국의 영적문화와 종교정책의 역사로 살펴본 중국선교 상황과 전략으로서의 제안에 관한 연구: 세 가지 전략을 중심으로.” 순복음대학원대학교 미간행박사학위논문, 2018.

원성수. “기독교 중국화 정책과 그 양상에 관한 연구: 시진핑 집권 이후 기독교 관련 이슈를 중심으로.” 한국방송통신대학교 미간행석사학위논문, 2019.

은향란. “삼자교회를 통한 중국 선교 방안.” 순신대학교 미간행석사학위논문, 1995.

이규학. “중국 사회주의 초급 단계의 기독교 정책과 선교 전략.” 아세아연합신학대학교 미간행석사학위논문, 1990.

이승범. “중공의 기독교 정책과 선교의 전망.” 장로회신학대학교 미간행석사학위논문, 1985.

이태홍. “1920년대 발생한 비기독교운동이 중국 교회에 미친 영향 연구.” 장로회신학대학교 미간행석사학위논문, 2005.

임순기. “중국 종교정책에 관한 연구.” 장로회신학대학교 미간행석사학위논문, 1998.

장석배. “모택동 시대의 정치상황이 중국 기독교에 미친 영향을 통한 중국 선교정책 연구.” 아세아연합신학대학교 미간행석사학위논문, 2009.

전기호. “개방전후 중국기독교정책과 중국교회.” 장로회신학대학교 세계선교대학원 미간행석사학위논문, 2007

조원래. “중국 종교정책에 따른 선교 연구.” 고신대학교 미간행석사학위논문, 1998.

진미수. “중국교회 삼자운동 변천연구.” 백석대학교 기독교전문대학원 미간행박사학위논문, 2020.

진육화. “현대 중국의 종교 정책과 선교에 관한 고찰: 공산화 이후를 중심으로.” 서울신학대학교 미간행석사학위논문, 1990.

최정호. “1979년 이후 중국 종교정책에 관한 고찰.” 총신대학교 미간행석사학위논문, 2003.

최진호. “21세기 효과적인 중국 선교 방법에 대한 고찰: 중국의 종교정책을 중심으로.” 장로회신학대학교, 1997.

한국진. “중국의 기독교정책에 관한 연구: 노선의 변동과정을 중심으로.” 한국외국어대학교 미간행석사학위논문, 1998.

한진철. “중국공산당의 종교정책과 중국교회.” 합동신학대학원대학교 미간행석사학위논문, 2002.

함태경. “중국의 종교정책 결정과정 변화 연구: 중국 지도부의 정교인식 변화와 신 종교사무조례를 중심으로.” 서울신학대학교 미간행석사학위논문, 2006.

중문 단행본

盖军 主编.『中国共产党80年历史简编』. 北京: 中共中央党校出版社, 2001.

顾卫民.『基督教与近代中国社会』. 上海: 上海人民出版社, 1998.

______.『传教士与近代中国 』. 上海: 上海人民出版社, 1991.

龚学僧.『当代中国宗教问题研究』. 北京: 中共中央党校, 1998.

______.『宗教问题概论』. 成都: 四川人民出版社, 1999.

邱永輝 主編.『宗敎藍皮書:中國宗敎報告 2015』. 北京: 社會科學文獻出版社, 2016.

国家公务使用大全编制委员会编.『国家公务使用大全』. 北京: 新华出版社, 1994.

国家宗教事务局证词法规司编.『国家宗教法规政策读本』. 北京; 宗教文化出版社, 2000.

国家宗教事务局政策法规司编.『全国宗教行政法规规章汇编』. 北京: 宗教文化出版社, 1996.

国家宗教事务局政策法规司编,『宗教工作普法读本』. 北京: 宗教文化出版社, 1996.

国务院宗教事务局政策法规司编.『中国宗教团体资料』第1辑. 北京: 中国社会科出版社, 1993.

国务院宗教事务局编.『新时期宗教工作文献选编』. 北京: 宗教文化出版社, 1995.

国务院宗教史事务政策宪法司编.『我国老前辈无产阶级革命家论宗教问题 (内部 资料)』. 北京: 国务院宗教事务局, 1990.

国务院宗教史事务政策宪法司编.『中国宗教资料』第1卷. 北京: 中国社会出版社, 1993.

国务院办公厅秘书局.『中央编委办公室综合司编』. 中央政府组织机构. 北京: 改革出出版社, 1998.

金耀基.『中国社会与文化』. 香港: 牛津大学出版社, 1992.

戴濂生.『社会主义与宗教』. 南昌: 江西人民出版社, 1996.

邓力群 外.『当代中国的宗教工作』. 北京: 当代中国出版社, 1998.

罗广武.『新中国宗教工作大事概览』. 北京: 华文出版社, 2001.

罗竹风 外.『中国社会主义时期的宗教问题』. 上海: 上海社科学院出版社, 1991.

梁家麟.『福临中华 中国近代教会史十讲』. 香港: 天道出版社, 1995.

______.『中国近代教会史十讲』. 台湾: 天道书楼有限公司, 1995.

黎明华.『中共的土地斗争』. 台北: 国际关系研究中心, 1965.

刘烈. 张尚平. 朱兵.『中华人民共和国国家机构』. 哈尔滨: 哈尔滨出版社, 1988.

刘智峰 编.『中国政治制度问题改革报告』. 北京: 经济日报出版社, 1999.

李 伟 编.『十五大以后的中国』. 北京: 人民出版社, 1997.

李谷城.『中共党正军结构』. 香港: 明报出版社, 1992.

李宽淑.『中国基督教史略』. 北京: 社会科学文献出版社, 1998.

李志刚.『基督教与近代中国文化』. 台北: 宇宙光出版社, 1992.

______.『基督教与近代中国文化论文集 (三)』. 台北: 宇宙光出版社, 1997.

林荣洪.『基督教与中国文化的相遇』. 香港: 崇基学院出版, 2001.

______.『中华神学五十年 1900-1949』. 香港: 宣道出版社, 1998.

______.『风潮中奋起的中国教会』. 香港: 天道出版社, 1990.

林治平 主编.『近代中国与基督教论文集』. 台北: 宇宙光出版社, 1990.

______.『基督教与中国本色化』. 台北: 宇宙光出版社, 1990.

______.『理念与符号(基督教与现代中国学术研讨会论文集)』. 台湾: 宇 宙光出版社, 1991.

______.『理念与符号』. 台北: 宇宙光出版社, 1991.

马克思.『资本论』第1卷.『马克思恩格斯全集』第23卷. 北京: 人民出版社, 1972.

北京市民族事务委员会 北京市宗教事务局 编.『民族宗教工作常用政策法规选编』. 内部资料, 2005.

北京市人大常委会民族侨务委员会.北京市民族事务委员会.北京市宗教事务局 编.『民族宗教法律法规政策选编』. 内部资料, 2004.

邪福増.『基督信仰与求国实践』. 香港: 建道神学院, 1997.

______.『文化适应与中国基督徒(1880-1911)』. 香港: 宣道出版社, 1995.

______. 梁家麟.『五十年代三自运动的研究』. 香港: 建道神学院, 1996.

查时杰.『民国基督教史论文集』, 台北: 宇宙光出版社, 1994.

谢庆奎.『当代中国政府』. 辽宁: 辽宁人民出版社, 1996.

______.『基督教与中国思想』. 香港: 基督教文艺出版社, 1971.

世界宗教研究所基督教研究室.『中国天主教基础知识』. 北京: 宗教文化出版社, 2001.

关秉寅 外.『90 年代大陆基督宗教发展现况研究』. 台北: 行政院大陆委会, 2000.

苏尚尧 编.『中华人民共和国中央政府机构(1949-1990)』. 北京: 经济科学出版社, 1993.

习天丁 编.『中国地方国家机构概要』. 北京: 法律出版社, 1989.

新疆维吾尔族自治区民族宗教事务委员会编.『新时期民族与宗教政策法规选编』. 新疆人民出版社, 1999.

辛向阳.『红墙决策 - 中国政府机构改革深层起因』. 北京: 中国经济出版社, 1998.

新华日报社编.『中华人民共和国(1949-2004)大事记』(上). 北京: 人民出版社, 2004.

牙含章 · 王友三.『中国无神论史(上 下)』. 北京: 中国社会科学出版社, 1994.

安徽宗教工作编辑部.『《宗教政策与法规》学习资料』. 安徽宗教工作编辑部出版部, 1996.

杨森富.『中国基督教史』. 台北: 台湾商务印书馆, 1984.

吕大吉.『宗教学通论』. 北京: 中国社会科学出版社, 1989.

吴国安.『中国基督教对时代的回应(1919-1926)』. 香港: 建道神学院, 2001.

吴利明.『基督教与中国社会变迁』. 香港: 基督教文艺出版社, 1997.

王劲松.『中华人民共和国政府与政治(1949.10-1992)』. 北京: 中共党校出版社, 1995.

王流外 主编,『苏联剧变研究』. 北京: 社会科学文献出版社, 1994.

王立新.『基督敎教育与中国知识分子』. 福州: 福建教育出版社, 1998.

王作安.『中国的宗教问题和宗教政策』. 北京: 宗教文化出版社, 2010.

______.『中国宗教问题和宗教政策』. 北京: 东方出版社, 2002.

王治心.『中国基督教史纲』. 香港: 基督教文艺出版社, 1959.

王学文.『中共与宗教』. 台北: 国立政治大学国际关系研究中心. 1986.

雄坤新 主编.『宗教理论与宗教政策』. 北京: 中央民族大学出版社, 2008.

任杰.『中国共产党的宗教政策』. 北京: 人民出版社, 2007.

张 践. 齐经轩.『中国历代民族宗教政策』. 北京: 中国社会科学出版社, 2007.

张志刚.『宗教研究指要』. 北京: 北京大学出版社, 2005.

全国人民代表大会场委员会办公厅 编.『中华人民共和国第九届全国人民代表大会第

一次会议文件汇编』. 北京: 人民出版社, 1998.
郑宇硕.谢庆奎 编.『当代中国政府』. 香港: 天地图书有限公司, 1992.
曹崎.彭光耀.『世界三大宗教在中国』. 北京: 中国社会科学出版社, 1992.
赵天恩 外.『当代中国基督教发展史』. 香港: 中国福音会出版社, 1997.
赵天恩 藏婉芳.『当代中国基督教发展史1949-1997』. 台北: 中福出版社, 1997.
赵天恩.『中共对基督教的政策』. 台北: 中华福音学院出版社, 1984.
周加才.『宗教工作探索』. 北京: 宗教文化出版社, 2002.
周光大 外,『民族问题基础知识』, 广西民族出版社, 1984.
朱新民.『中共政治体制改革研究』. 台北: 永然文化出版有限公司, 1991.
朱越利.『今日中国宗教』. 北京: 今日中国出版社, 1994.
中共中央.『关于宗教问题的论文集(1959-1965)』. 香港: 当代中国研究所, 1972.
中共中央文献研究室 综合研究组、国务院 宗教事务局 政策法规司,『新时期宗教工作文献选编』. 北京: 宗教文化出版社, 1995.
中共中央文献研究室综合研究组编.『新时期宗教工作文献选编』. 北京: 宗教文 化出版社, 1996.
中央机构编制委员会办公室 编.『中国行政改革大趋势-行政管理体制和机构改革』. 北京: 经济科学出版社, 1997.
中央党校民族宗教理论室编.『新时期民族宗教工作宣传手册. 北京: 宗教文化出版社, 1998.
中央北京市委统战部.北京市民族事务委员会编.『民族宗教百题问答』. 北京: 开明出版社, 2003.
中央统战部.『宗教知识讲座』. 北京: 华文出版社, 2005.
陈金镛.『中国的宗教观』. 上海: 美华侵会书局, 1932.
陈麟书.『宗教观的历史. 理论. 现实』. 成都: 四川大学出版社, 1996.
陈耀庭.『中国的宗教』. 上海: 上海人民出版社, 1992.
陈红星 主编.『把中国宗教的真实情况告诉美国人民』. 北京: 宗教文化出版社, 1999.
肖万源.『中国近代思想家的宗教和鬼神观』. 安徽: 安徽人民出版社, 1991.
卓新平.『宗教与文化』北京: 人民出版社, 1988.
汤一介.『中国宗教』. 北京: 北京大学出版社. 1992.
汤清.『中国基督教百年史』. 台北: 道声出版社, 1887.
浦兴祖.『中华人民共和国政治制度』. 香港: 三联书局有限公司, 1995.
韩泰华.『中国共产党从一大到十五大(1921-1997)』上.下. 北京: 北京出版社, 1998..

叶小文答问实录.『把中国宗教的真实情况告诉美国市民』. 北京: 宗教文化出版社, 1999.

叶仁昌.『近代中国的宗教批判』. 台北: 雅各出版社, 1988.

______.『五四运动以后的反对基督教运动』. 台北: 久大文化出版社, 1992.

黄大受.『中国近代史 上册』. 台北: 大中国出版社, 1953.

중문 논문

葛兆光. "中国宗教史研究的百年回顾."『二十一世纪』. 1992. 2.号. 总第五十一期.

康景福 外. "甘南肃南地区藏传佛教的现状调查."『中国人大期刊』. 2000., 第一期.

江泽民. "高度重视民族工作和宗教工作." 中共中央文献研究室综合研究组编.『新时期宗教工作文献选编』. 宗教文化出版社, 1996.

______. "一定要做好宗教工作." 中共中央文献研究室综合研究组 编.『新时期宗教工作文献选编』. 宗教文化出版社, 1996.

______. "在全国统战工作会议上的讲话."『历次全国统战工作会议概况和文献』. 北京: 华文出版社, 1998.

______. "必须树立马克思注意的民族观和宗教观." 中共中央文献研究室综合研究组 编.『新时期宗教工作文献选编』. 北京: 宗教文化出版社, 1996.

______. "在庆祝中国共产党成立八十周年大会上的讲话."『论三个代表』. 北京: 新华书店, 2001.

______. "致陈云." 中共中央文献研究室『十三大以来重要文献选编』. 中册. 北京: 人民出版社, 1991.

______. "三句話." 全國統戰工作會議讲话 1993; "四句话". 國務院全國宗教工作會議讲话, 2001. 12.

谦 学. "从宗教与鸦片谈起." 徐如雷主编.『宗教论文选集1979-1994』. 南京: 南京大学出版社, 1995.

高崖. 曹志. "论宗教的社会适应性."『求学』3期, 1990.

龚学增. "《中国社会主义时期的宗教问题》前言."『宗教』. 第1期, 1987.

______. "坚持和发展马克思主义宗教观的几个问题."『中共中央党校学报』第三期, 1997.

______. "邓小平理论与中国社会主义初级阶段的宗教问题."『1997-1998中國宗教研究年鑑』. 北京: 宗教文化出版社, 2000.

______. "马克思主义宗教观." 张志刚主编.『宗教研究指要』. 北京: 北京大学出版社, 2005.

郭文亮 陈金发. “新时期中国共产党宗教政策恢复拓展的历史条件.”『当代中国史 研究』第9卷 第3期, 2002.

郭寶勝. “宗教中國化的實質是將宗教改造成爲黨的工具.”『中國人權雙週間』. 第184期, 2016.05.

郭承天. “大陸宗教事務條例與‘宗教中國化.”『展望與探索』. 第15卷 第10期. 民國 106.10.

求 实. “试论我国社会主义时期宗教长期存在的社会原因.”『宗教』第1期. 南京: 南大宗教研究所, 1985.

罗竹风. “认真研究社会主义时期宗教问题.”『光明日报』, 1987. 7. 20.

______. “《中国社会主义时期的宗教问题》前言.”『宗教』. 1987. 第1期, 1995.

______. 黄心天. “宗教.”『中国大百科全书 · 宗教』. 北京: 中国大百科全书出版社, 1998.

列 宁. “对中国的战争.”『列宁全集』第4卷. 北京: 人民出版社, 1972.

_____. “社会主义与宗教.”『列宁全集』第12卷. 北京: 人民出版社, 1987.

_____. “论工人政党对宗教的态度.”『列宁选集』第二卷. 北京: 人民出版社, 1960 第1版. 1974 河南第二次印刷

_____. “第二次国际的破产.”『列宁全集』第26卷. 北京: 人民出版社, 1988.

盧雲峰. 張春泥. “當代中國基督敎發展狀況報告: 基于CGSS(2010)和CFPS(2012)調查數据.”『宗敎藍皮書:中國宗敎報告 2015』. 北京: 社會科學文獻出版社, 2016.

李大钊. “宗教与自由平等博爱.”『李大钊文集』下集. 北京: 人民出版社, 1984.

马 强. “90年代以来我国宗教政策述评.”『西北民族学院学报』第1期, 2000. 9.

马克思. “论犹太问题”,『马克思恩格斯全集』第1卷. 北京: 人民出版社, 1956.

_____. “致阿尔诺德·卢格.”『马克思恩格斯全集』. 北京: 人民出版社, 1972.

_____. “布鲁诺·鲍威尔和早期基督教.”『马克思恩格斯全集』第19卷. 北京: 人民出版社, 1963.

_____. “政治经济学批判.”『马克思恩格斯选集』第2卷. 北京:人民出版社. 1972第1版. 1992 北京 7刷

马克思·恩格斯. “德意志意识形态.”『马克思恩格斯选集』第3卷. 北京:人民出版社, 1960.

马克思恩格斯. “神圣家族.”『马克思恩格斯全集』第2卷. 北京: 人民出版社, 1957.

馬利强 編輯. “伊斯蘭敎敎職人員社會保障現況與對策研究.”『中國穆斯林』4期, 2009.

毛泽东. “新民主主义论.”『毛泽东选集』第2卷. 北京: 人民出版社, 1991.

______. “论联合政府.”『毛泽东选集』第3卷. 北京: 人民出版社, 1991.

______. “湖南农民运动考察报告.”『毛泽东选集』第1卷. 北京: 人民出版社, 1966.

______. “实践论.”『毛泽东选集』第1卷. 北京: 人民出版社, 1991.

白　雲. "北京'申奧'成功之意義與影響."『中共研究』35卷. 7期, 2001. 7.
范正义. "当前基督教与民间信仰共处景况的调查与分析-以闽南H县J镇为例."『中国宗教研究年鉴2011-2012』. 北京: 中国社会科学出版社, 2013.
徐　麟. "中国共产党宗教信仰自由政策的形成和发展."『河北学刊』. 1994.
蕭　純. "中國終圓百年奧運夢."『鏡報月刊』, 2001. 8.
宋國誠. "中共主辦2008奧運對其綜合國力與兩岸關係影響."『共黨問題研究』第27卷. 第8期, 1991. 8.
杨　君. "国家宗教事物局政法司负责人就《宗教事务条例》答本刊记者问."『宗教』. 2004.
楊　帆. "從歷史角度看北京主辦奧運的經濟效益."『信報財經月刊』總293期, 2001. 8.
楊靜嫻. "宗教的網絡傳播及引導策略."『黑龍江生態工程職業學院學報』Vol.29 No.6, 2016.
杨慧林. "基督教的信仰背景及其在当代社会的基本处境."『宗教知识讲座』. 中央统战部, 2005. 4.
吴孟庆. "宗教信仰自由的新境界－纪念党的十一届三中全会二十周年."『当代中国宗教研究』, 1998. 4.
王　亮. "十三届三中全会以来党的宗教政策发展的历史脉络."『广州学院学报』第21卷 第12期. 2000.
王作安. "中国共产党处理宗教问题的主要经验."『中国宗教年鉴 2011-2012』. 北京: 中国社会科学出版社, 2013.
王作安·胡绍皆, "邓小平: 对新时期宗教工作的重大贡献."『中国宗教』. 2004. 7.
熊述碧、何中太. "试论党在红军长征中的宗教政策."『复印报刊资料宗教』第1期. 北京: 中国人民大学书报资料中心, 1987.
雄自健. "近年来中共的宗教政策."『中国大陆研究』第37卷 第7期.
越朴初. "落实宗教政策还须花大力气."『宗教』第2期. 南京: 南大宗教研究所, 1984.
魏德东. "宗教与社会主义社会相适应理论研究动向." 中国社会科学院世界宗教研究所 编.『1997-1998中国宗教研究年鉴』. 北京: 宗教文化出版社, 2000.
俞朝卵. "论五性是马克思主义宗教观的坚持和发展."『宗教』. 南京: 南大宗教研究所. 第1期, 1992.
恩格斯. "恩格斯致瓦博尔吉乌斯."『马克思恩格斯选集』第4卷. 北京: 人民出版社. 1972.
______. "反杜林论."『马克思恩格斯选集』第3卷. 北京: 人民出版社, 1975.
______. "自然辩证法."『马克思恩格斯选集』第3卷. 北京: 人民出版社, 1975.
______. "第三编社会主义五. 国家.家庭.教育." "反杜林论."『马克思恩格斯选集』第3卷.

北京: 人民出版社. 1972年 北京 第7次 印刷.
_______. “路德维希·费尔巴哈和德国古典哲学的终结.”『马克思恩格斯选集』第4卷. 北京: 人民出版社, 1975.
張 華·張志鵬. “互聯網+時代的宗教新形態.”『世界宗教文化』. 第4期, 2016.
张友连 外. “论我国的反邪教立法及其完善.”『阿坝师范高等专科学校学报』, 2003. 第2期
张晓鸣·丁学华. “毛泽东的宗教观.”『中国宗教』, 2004. 2.
宗 尧. “试析马克思青年时期宗教的认识发展.”『宗教』第1期. 南京: 南大宗教研究所, 1986.
周恩来. “关于基督教问题的四次谈话.”『周恩来统一战线文献』. 北京: 人民出版社, 1984.
中共中央. “中共中央统战部关于建议为全国统战.民族.宗教工作部门摘掉《执行 投降主义路线》帽子的请示报告.” 中共中央文献研究室综合研究组编.『新时期宗教工作文献选编』. 北京: 宗教文化出版社, 1996.
中共中央. “关于我国社会主义时期宗教问题的基本观点和基本政策.” 国务院宗教事务局政策法规司『新时期宗教工作文献选编』. 北京: 宗教文化出版社, 1996.
中共中央文献研究室综合研究组；国务院宗教事务局政策法规司编. “中共中央印发《关于我国社会主义时期宗教问题的基本观点和基本政策》的 通知.” 1982. 3. 31.
中共中央批转的全国统战工作会议文件. “新时期党的民族工作与宗教政策.” 中共中央文献研究室综合研究组编.『新时期宗教工作文献选编』. 北京: 宗教文化出版社, 1999.
陈 云. “要高度重视利用宗教进行渗透的问题.”『社会主义精神文明建设文选选编』. 北京: 中央文献出版社, 1996.
陈答才. “周恩来: 对新中国宗教工作的思考与实践.”『中国宗教』, 2006. 1.
陈答才·刘套. “邓小平的宗教思想.”『中国宗教』, 2004. 5.
陈独秀. “基督教与基督教会.”『陈独秀文章选编』中册. 北京: 三联书店, 1986.
陳東林. “改革を育んだ“文化大革命”.”『中國21』vol.14, 2002. 10.
陈始发. “新中国宗教政策的研究现状.”『北京党史研究综述』第1期, 2001.
陈云. “要高度重视利用宗教进行参透的问题.”『社会主义精神文明建设文献选编』(北京: 中央文献出版社, 1996.
陳毓鈞. “北京申奧成功. 是振興中華的大事.”『海峽評論』. 제128期, 2001. 8. 1.
肖万源. “中国近代思想家的宗教和鬼神观.” 安徽人民出版社, 1991.
叢 甦. “競技場上無仇家.”『開放雜誌』. 2001. 8.
卓新平. “關於‘基督敎中國化’的再思考.”『宗敎藍皮書:中國宗敎報告 2015』. 北京: 社會

科學文獻出版社, 2016.

______. "当代中国基督宗教研究." 『基督宗教研究』第1辑. 社会科学文献出版社, 1999.

彭 耀. "'宗教与社会主义社会相适应'断想." 『世界宗教研究』 第一期, 1996.

何勤華. 宗教法研究的述論. 學術月刊 . 第46卷, 2014. 11.

何虎生. "当代中国宗教政策体系的层次分析." 『宗教研究』 第65辑, 2011.

叶小文. "中国的宗教政策和宗教状况." 『把中国宗教的现实情况告诉美国人民』. 北京: 宗教文化出版社, 1999.

______. "对宗教理论与政策要点的分析与归类." 罗广武主编, 『新中国宗教工作大事概览1949-1999』. 北京: 华文出版社, 2001.

叶小文. "与时俱进宗敎." 『中国宗教学』 第一輯, 北京:宗教文化出版社, 2003.

黄 铸. "深入进行党的宗教政策教育一切把宗教活动纳入正常轨道." 『中州战线』. 1999.

______. "中国共产党宗教理论: 宗教政策的历史回顾与考察." 『中州战线』, 2002. 7.

黄夏年. "宗教与社会主义社会相适应重再引导--全国政协副主席丁光训访谈录." 『世界宗教研究』 第三期, 1997.

2부

시진핑 정권의 종교인식과 종교정책

4장

2025년 개정된 <중국경내외국인종교활동관리규정 시행세칙>에 나타난 시진핑 정권의 종교정책 변화 분석

• • •

I. 들어가는 말

A. 연구 배경과 문제 제기

2025년 5월 1일 시행된 〈중화인민공화국 경내 외국인 종교활동 관리규정 시행세칙〉(이하 〈시행세칙(2025)〉)의 전면 개정은 중국 종교정책의 중대한 패러다임 전환을 시사하는 중요한 정책적 변화이다.[1] 중국의 외국인 종교활동 관리 행정규범 체계는 1994년 〈중화인민공화국경내외국인종교활동관리규정(中华人民共和国境内外国人宗教活动管理规定)〉 제정을 시작으로 2000년 첫 번째 〈시행세칙〉 제정, 2010년 11월 29일 국가종교사무국 회의에서의 개정 결정을 거쳐 2011년 1월 1일부터 일부 개정된 시행세칙이 시행되었다. 그러나 2011년 개정은 단 1개 조항만을 수정하는 제한적 개정에 머물렀으며, 2025년에 이르러서야 첫 번째 전면 개정이 이루어졌다.[2] 이번 개정은 25년간 유지되어 온 기본 체계를 근본적으로 변화시킨 것으로, 조문 수가 22개에서 38개로 72.7% 증가하고 5개 장의 체계적 구성으로 재편되는 등 질적 · 양적 변화를 동반한다.[3]

1 중국 국가종교사무국, “중화인민공화국 경내 외국인 종교활동 관리규정 시행세칙,” 국가종교사무국령 제18호. 2025년 4월 1일. 출처: https://www.mofa.go.kr/cn-shanghai-ko/brd/m_26907/view.do?seq=2347777, 2025년 8월 6일 접속.

2 中华人民共和国国务院, “中华人民共和国境内外国人宗教活动管理规定,” 国务院令第144号, 1994년 1월 31일; 国家宗教事务局, “中华人民共和国境内外国人宗教活动管理规定实施细则,” 2000년 9월 22일; 国家宗教事务局, “关于修改《中华人民共和国境内外国人宗教活动管理规定实施细则》的决定,” 2010년 11월 29일 회의 결정, 2011년 1월 1일 시행; 주중 대한민국 대사관, “중국 개정안 시행 관련 유의 사항,” 2018년 1월 30일.

3 주중 대한민국 대사관, “중국 개정안 시행 관련 유의 사항,” 2018년 1월 30일, 출처: https://

시진핑(习近平) 집권 3기(2022-2027) 진입과 함께 중국의 종교정책은 더욱 체계화되고 있다. 〈시행세칙(2025)〉은 이러한 정책 의지를 구체적으로 법제화한 결과로 평가할 수 있다. 시진핑 집권 이후 추진된 "종교중국화방향견지(堅持我國宗教中國化方向)" 정책을 제도적으로 구현하는 과정에서 외국인 종교활동 관리는 핵심적 위치를 차지한다. 이 정책은 2015년 중앙통일전선업무회의에서 공식 제시되어[4] 2017년 중국공산당 제19차 전국대표대회에서 당장(党章)에 명문화되었으며,[5] 2018년 당정기구 개편을 통해 국가종교사무국이 중앙통일전선부로 이관되면서 정책 집행 체계가 근본적으로 재편되었다.[6]

중국은 현재 약 2,300만 명의 개신교도와 600만 명의 가톨릭 신자가 거주하는 세계 최대 규모의 기독교 인구를 보유한 국가 중 하나이며,[7] 동시에 상당한 규모의 외국인이 장단기 체류하고 있어 외국인 종교활동 관리정책은 중국 내 기독교 공동체와 국제 선교 활동에 직접적이고 광범위

---

overseas.mofa.go.kr/cn-shanghai-ko/brd/m_514/view.do?seq=1345673, 2025년 8월 6일 접속.

4 박만준, "시진핑정권의 종교중국화공정이 중국종교정책에서 가지는 역사적 함의," 「중소연구」 제42권 제4호, 2018/2019 겨울, 120.

5 中国共产党第十九次全国代表大会, 《决胜全面建成小康社会 夺取新时代中国特色社会主义伟大胜利—在中国共产党第十九次全国代表大会上的报告》, 北京: 人民出版社, 2017, 48-49.

6 김윤권, 류성, 이수봉, "2018년 중국 국무원 조직개편의 분석과 함의," 「한국행정학보」 제52권 제4호, 2018, 108.

7 金泽、邱永辉 主編, 《宗教蓝皮书: 中国宗教报告(2010)》. 北京: 社会科学文献出版社, 2010. 중국 기독교 인구 통계는 조사기관과 집계 방법에 따라 상당한 차이를 보인다. 2010년 중국사회과학원(CASS) 종교 블루북(宗教蓝皮书)은 중국 내 개신교도를 2,300만 명으로 추정했으며, 이는 삼자애국운동 소속 교회와 가정교회 신자를 모두 포함한 전국 대표 가구조사 결과라고 밝혔다. 2018년 중국 국무원 종교자유 백서는 개신교도를 3,800만 명으로 보고했으나 추정 방법에 대한 세부사항은 밝히지 않았다. 가톨릭의 경우 2010년 CASS 종교 블루북은 약 570만 명으로 추정했으며, 이는 중국천주교애국회 소속 신자만 포함한 수치이다. 2021년 미국 정부 추정에 따르면 중국 내 기독교도는 전체 인구의 5.1%에 해당한다. 그러나 2010년부터 2018년까지 중국종합사회조사(CGSS)에 따르면 기독교도로 정체성을 밝힌 성인은 약 2%로, 안정적으로 유지되어, 미등록 교회와 은밀한 신앙 활동으로 인한 과소 보고 가능성이 제기되고 있다.

한 영향을 미친다.[8]

기존 연구들은 주로 중국 종교정책의 거시적 변화 양상과 정책 선언에 초점을 맞춘 반면,[9] 구체적 법규 개정을 통한 미시적 제도 변화 분석과 이것이 기독교 선교 환경에 미치는 실질적 영향에 대한 체계적 연구는 상대적으로 부족한 상황이다.[10] 특히 〈시행세칙(2025)〉이 반영하는 중국 종교정책의 전략적 변화와 그것이 기독교 선교에 미치는 함의에 대한 선교학적 분석이 시급히 요구된다.

B. 연구 목적과 연구 문제

본 연구는 2000년에 제정한 〈中华人民共和国境内外国人宗教活动管理规定实施细则〉을 2010년에 일부 개정한 〈시행세칙(2010)〉과 2025년에 전면 개정한 〈시행세칙(2025)〉 비교 분석을 통해 중국 종교정책 변화의 실체를 규명하고, 이것이 기독교 선교 환경에 미치는 영향을 선교학적 관점에서 분석하는 것을 목적으로 한다. 구체적인 연구문제는 다음과 같다:

첫째는 제도 변화 분석을 위한 문제 제기이다. 2010년과 2025년 〈시

---

8 中国国家移民管理局, "2024年上半年全国各口岸检查出入境人员14635万人次," 2024년 7월 5일, "7월 5일 기자회견에서 국가이민관리국(NIA) 언론 대변인은 2024년 상반기 전국 출입국관리소를 통해 중국에 입국한 외국인이 총 1,463만 5천 명으로 지난해 같은 기간보다 152.7% 증가했다고 밝혔다. 이 외국인 중 무비자로 중국에 입국한 외국인은 8,542,000명으로 전체 수치의 58%를 차지하며 전년 대비 190.1% 증가했다. NIA는 하반기 동안 중국에 입국하는 외국인 수가 더욱 증가할 것으로 예상하고 있다." 中国国家移民管理局, 『2023年中国出入境管理统计年报』 (北京: 法律出版社, 2024) 참조.

9 한동훈, "중국 종교정책 변화와 중국 선교전략 연구," 「한국개혁신학」 제71권, 2021, 314-346; 김광성, "중국의 종교정책이 한국 교회의 중국선교에 미친 영향," 「선교신학」 제48호, 2019, 43-81; 유원지, "시진핑 시대의 종교 지형을 아래로부터 이해하기: 종교중국화와 기독교를 중심으로," 「아시아리뷰」 제14권 제2호, 2024, 239-270.

10 Andrew Nathan, "Authoritarian Resilience," *Journal of Democracy* 14, no. 1 (2003): 6-17, 출처: https://www.jstor.org/stable/30038504, 2025년 8월 6일 접속; Yang Fenggang, Religion in China, 145-168.

행세칙〉 간의 구체적 차이점은 무엇이며, 이러한 변화는 어떤 정책적 의도와 전략적 방향을 반영하는가?

둘째는 정책 패러다임 분석을 위한 문제 제기이다. 〈시행세칙〉 개정이 반영하는 중국 종교정책의 기본 패러다임과 관리 방식의 변화는 무엇이며, 이것이 외국인 종교활동 관리에 미치는 구조적 영향은 어떠한가?

셋째는 선교 환경 분석이다. 강화된 외국인 종교활동 관리정책이 기독교 선교 활동과 기독교 공동체 형성에 미치는 구체적 제약과 도전은 무엇인가?

넷째는 선교학적 대응이다. 변화하는 선교 환경에서 기독교 선교는 어떤 패러다임 전환과 전략적 대응을 필요로 하며, 이에 대한 선교학적 함의는 무엇인가?

본 연구의 목적은 학술적 차원에서 중국 종교정책 변화의 제도적 메커니즘을 실증적으로 규명하고, 선교학적 차원에서 변화하는 선교 환경에 대한 이론적 해석과 실천적 대안을 제시하는 것이다.

C. 연구 방법과 이론적 틀

본 연구는 비교제도분석(Comparative Institutional Analysis) 방법론을 채택하여 〈시행세칙(2010)〉과 〈시행세칙(2025)〉을 체계적으로 비교 · 분석한다.[11] 문헌분석법(documentary analysis)을 주요 방법으로 하되, 분석 대상 시기는 2000년부터 2025년까지 25년간으로 설정하여 중국 외국인 종교활동 관리 체계의 전체적 변화 과정과 시진핑 집권 전후의 정책 변화를 종단

---

11 Peter A. Hall, Rosemary C. R. Taylor, "Political Science and the Three New Institutionalisms (정치학과 세 가지 신제도주의)," *Political Studies*, 44, no. 5, 1996, 936-957.

적으로 추적한다.

연구 자료는 2000년, 2010년, 2025년 〈시행세칙〉 원문과 1994년에 제정된 상위 종교행정규범인 〈관리규정〉을 1차 자료로 하고, 중국정부 공식 발표문, 당정 회의 자료, 종교 관련 정책 문건, 언론 보도, 학술 연구 자료를 2차 자료로 활용한다.

분석틀로는 역사적 제도주의 관점에서 James Mahoney와 Kathleen Thelen이 제시한 점진적 제도변화 이론을 적용한다.[12] 이 이론의 네 가지 메커니즘인 층화(layering), 전환(conversion), 표류(drift), 교체(displacement)를 통해 중국 종교정책 변화의 제도적 동향을 분석한다.

선교학적 분석틀로는 하나님의 선교(Missio Dei) 신학과[13] 상황화(contextualization) 이론을[14] 통합하여 정치적 제약 환경에서의 기독교 선교의 신학적 의미와 실천적 방향을 모색한다. 또한 David Bosch의 선교 패러다임 이론을[15] 활용하여 변화하는 선교 환경에 대한 선교학적 응답을 체계화한다.

D. 연구의 의의와 한계

본 연구의 학술적 의의는 다음과 같다. 첫째, 중국 종교정책 연구에서

---

12 James Mahoney and Kathleen Thelen, eds., *Explaining Institutional Change: Ambiguity, Agency, and Power* (Cambridge: Cambridge University Press, 2010), 1-37.

13 David J. Bosch, *Transforming Mission: Paradigm Shifts in Theology of Mission* (Maryknoll: Orbis Books, 1991), 389-393; Lesslie Newbigin, *The Open Secret: An Introduction to the Theology of Mission*, rev. ed. (Grand Rapids: Eerdmans, 1995), 67-89.

14 Lesslie Newbigin, *The Open Secret: An Introduction to the Theology of Mission*, rev. ed. (Grand Rapids: Eerdmans, 1995), 67-89.

15 David J. Bosch, *Transforming Mission*, 181-189.

거시적 접근법의 한계를 보완하는 미시적 제도분석 방법론을 제시한다. 둘째, 중국공산당의 종교정책 공식문건과 실제 종교행정규범 변화 간의 연관성을 구체적 사례를 통해 실증적으로 분석한다. 셋째, 정치학적 제도분석과 선교학적 해석을 통합하는 학제 간 연구 모델을 개발하여 향후 관련 연구의 방법론적 기초를 제공한다. 실천적 의의로는 중국 종교정책의 미래 방향에 대한 예측 가능성을 높이는 실증적 근거를 제공하고, 변화하는 선교 환경에서의 기독교 선교전략 수립에 필요한 정책적 기초 자료를 제공하며, 중국선교에 관심을 가진 교회와 선교 기관에 신학적 · 실천적 성찰의 기회를 제공한다.

본 연구의 한계는 다음과 같다. 첫째, 법규 조문 분석에 중점을 둠에 따라 실제 정책 집행 과정과 현장 적용 양상에 대한 분석이 제한적이다. 둘째, 중국 현지 기독교계와 외국인 종교인들의 직접적 경험과 인식을 충분히 반영하지 못했다. 셋째, 중국의 광범위한 지역적 특성과 지방 정부의 차별적 정책 적용에 대한 분석이 부족하다. 넷째, 연구 시점의 제약으로 인해 〈시행세칙(2025)〉의 중장기적 영향에 대한 평가는 향후 추가 연구가 필요하다.

Ⅱ. 이론적 배경과 선행연구

A. 중국 종교정책 연구의 이론적 관점

1. 세속화 관점에서 본 국가종교관계이론

현대 종교사회학에서 종교와 국가의 관계를 설명하는 대표 이론 중 하나는 세속화 이론이다. 세속화 이론이 19세기 말부터 20세기에 걸쳐 종교사회학의 핵심 패러다임으로 자리 잡았다는 것은 널리 알려진 사실이다. 그러나 고전 사회학자들인 막스 베버(Max Weber), 에밀 뒤르케임(Émile Durkheim), 칼 마르크스(Karl Marx)가 세속화 이론의 직접적 창시자라는 주장은 학술적 신화에 가깝다는 점을 명확히 해야 한다. 이들 세 명의 소위 사회학 창시자들은 세속화 이론가로 특징지을 수 없으며, 심지어 베버조차도 그의 저작에 나타나는 모호성의 범위에서만 부분적으로 그렇게 볼 수 있을 뿐이다. 마르크스와 뒤르케임의 경우 이러한 주장을 반박하기는 더욱 쉽다. 흥미롭게도 세속화라는 용어는 이들 사상가들의 저작에서 거의 나타나지 않는다.[16]

한국의 종교사회학자 송현주는 세속화 이론의 기초가 "뒤르케임과 베버의 종교사회학이었다"고 평가하면서도, 이들이 "종교의 사회적 기능과 역할이 왜 점차 축소되고 소멸되고 있는지에 대해 보다 체계적이고 설득력 있는 논의를 구사했다"라고 지적한다.[17] 그러나 1960년대에 와서야 체

16 Max Weber, 『프로테스탄트 윤리와 자본주의 정신』, 김덕영 역 (서울: 길, 2010), 172-189. 한편, 세속화 이론의 기원에 대한 재검토는 다음을 참조: Hakan Gulalp, "Revisiting the Classics on Secularization Theory," *Frontiers in Sociology* 10 (2025): 1-15.

17 송현주, "세계종교에서 '세속화'와 '탈세속화'의 동시적 전개-탈종교화 담론에서 한국불교는 무엇을 배울 수 있나," 「불교평론」(온라인학술지) 2019.9.3, http://www.budreview.com/news/articleView.html?idxno=2118 (2025.8.13. 접속).

계적이고 경험적으로 근거를 갖춘 세속화 이론의 형태들이 처음 등장했다는 점이 중요하다. 정희완은 세속화 개념의 복합성을 강조하며, '세속적인 것'과 '세속화'와 '세속주의'라는 개념들을 분리해서 접근할 필요가 있다고 주장한다. 특히 그는 "현대의 세속성은 서구 그리스도교 문화의 산물"이라고 지적하면서, 세속화 이론 자체가 기독교적 배경을 갖고 있음을 강조한다.[18]

그러나 고전 사회학자들이 근대 사회에서 종교의 변화에 대해 제시한 통찰들은 후대 세속화 이론 발전의 중요한 토대가 되었다. 세속화 이론은 현대 사회에서 종교의 사회적 영향력이 감소한다고 주장한다. 막스 베버(Max Weber)는 근대화를 "세계의 탈주술화(disenchantment of the world)"로 정의하면서, 과학적 합리성의 확산으로 인해 종교의 사회적 영향력이 근대화 과정에서 점차 사적 영역으로 후퇴할 것으로 전망했다.[19] 베버에 따르면, 서구 문명은 종교적 윤리(특히 프로테스탄트 윤리)에 의해 추동된 합리화 과정을 통해 발전했지만, 궁극적으로는 이 합리화가 종교 자체를 해체할 것이라는 역설적 결론에 도달했다. 이는 "철의 우리(eisernes Gehäuse)" 개념으로 표현되는 세속적 근대 사회의 출현을 예고했다.[20]

고전 사회학자들의 종교 분석에서 후대 세속화 이론으로의 발전 과정을 살펴보면, 일관된 진화론적 패러다임이 관통하고 있음을 확인할 수 있다. 에밀 뒤르케임(Émile Durkheim)이 종교의 사회 통합 기능을 인정하면서도 이를 근대 사회의 세속적 제도로 대체될 과도기적 현상으로 파악한 관점은,[21] 20세기 중반 브라이언 윌슨(Bryan Wilson)과 하비 콕스(Harvey Cox)로

18 정희완, "세속화, 세속주의, 그리고 그리스도교-세속주의 문화와 새로운 복음화," 「가톨릭신학」 제22집, 2013, 73-126. 참조.

19 Max Weber, 『프로테스탄트 윤리와 자본주의 정신』, 김덕영 역 (서울: 길, 2010), 172-189.

20 Max Weber, 『경제와 사회』, 박성환 역 (서울: 문학과지성사, 2003), 456-468.

21 Émile Durkheim, *The Elementary Forms of Religious Life*, trans. Karen E. Fields (New

이어지며 보다 체계화된 구조적 변화론으로 발전했다. 이 이론적 전개 과정에서 주목할 점은 종교에 대한 인식의 변화이다. 초기에는 종교의 사회적 기능 자체가 다른 제도로 이전되는 기능적 대체론이 지배적이었다면, 후기에는 종교적 사고와 제도 자체가 사회적 의미를 상실한다는 보다 포괄적인 구조 변동론으로 확장되었다.[22] 콕스(Harvey Cox)가 세속화를 억압적 전통으로부터의 해방 과정으로 긍정 평가한 것은[23] 이러한 구조적 접근법이 단순한 종교 쇠퇴론을 넘어서는 사회 변동 이론으로 발전했음을 보여준다. 그러나 이처럼 이론적으로 정교화되었음에도 근대화를 필연적 진보 과정으로 보는 계몽주의적 전제와 서구 중심적 역사 인식이라는 근본적 한계는 지속적으로 유지되었다. 결국 고전에서 현대에 이르는 세속화 이론의 발전은 종교 현상에 대해 더욱 정교하게 분석하게 되었다기보다는 동일한 진화론적 세계관이 이론적으로 정당화되는 과정이라고 해석할 수 있다.

그러나 중국의 경우 현실적으로 서구적 세속화 이론의 단순 적용은 한계가 있다. 양펑강(楊鳳崗)은 중국을 세속화 국가가 아닌 종교 규제 국가로 규정하며, 종교의 소멸이 아닌 변형과 적응이 일어나고 있다고 분석했다. 특히 기독교의 경우, 정부의 통제에도 불구하고 지속적인 성장을 보이고 있어 전통적 세속화 이론의 예측과 상반된다.[24] 이러한 분석은 종교와 국가의 상호작용을 이해하는 보다 복합적인 틀을 요구한다.

세속화 이론의 발전 과정에서 가장 중요한 이론적 기여 중 하나는 세

York: Free Press, 1995), 429-448.

22 Bryan Wilson, *Religion in Secular Society: A Sociological Comment* (London: C.A. Watts, 1966), 14.

23 Harvey Cox, *The Secular City: Secularization and Urbanization in Theological Perspective* (New York: Macmillan, 1965), 17-37.

24 Yang Fenggang, *Religion in China: Survival and Revival under Communist Rule* (Oxford: Oxford University Press, 2012), 8–12, 145–168.

속화 현상을 다차원적으로 분석하려는 시도였다. 피터 버거(Peter Berger)는 세속화를 단일한 현상이 아닌 구조적 분화(structural differentiation), 의식의 세속화(secularization of consciousness), 종교의 사사화(privatization of religion) 등 세 가지 현상이 서로 관련된 차원으로 구분했다.[25] 이러한 다차원적 접근은 세속화를 보다 정교하게 이해할 수 있는 분석틀을 제공했다. 로저 핀케와 로드니 스타크(Roger Finke & Rodney Stark)는 종교생태학 이론을 통해 종교자유 수준과 종교활동의 활성화 간의 상관관계를 규명하였다. 이를 종교규제 이론이라 한다. 그들의 이론에 따르면 국가의 종교규제 정도가 종교활동의 양상과 강도에 미치는 영향을 분석할 수 있는데, 중국의 종교규제는 선택적 관용(selective tolerance) 모델로 특징지을 수 있다. 중국은 국가가 공인한 종교단체에는 제한적 자유를 허용하는 반면, 비공인 종교에 대해서는 강력한 통제를 가한다.[26] 권위주의 체제에서 종교 관리는 정권의 정당성 확보와 사회 통제라는 이중 목적을 갖는다. 후안 린츠(Juan Linz)가 제시한 권위주의 체제의 특징인 제한된 다원주의는 종교정책에서도 나타난다. 종교정책이 단순한 법률 적용을 넘어서 권위주의적 통치 전략과 긴밀하게 연결되어 있음을 시사한다.[27] 중국의 종교정책은, 애국적 종교 인사는 통일전선 체계로 흡수하고, 일반적 종교활동은 법제를 통해 통제하며, 정권에 위협적인 종교 활동은 배제하거나 탄압하는 흡수-통제-배제의 삼중 구조로 분석할 수 있다.

---

25 Peter L. Berger, *The Sacred Canopy: Elements of a Sociological Theory of Religion* (Garden City: Doubleday, 1967), 105-125.

26 Roger Finke and Rodney Stark, *The Churching of America 1776-2005: Winners and Losers in Our Religious Economy* (New Brunswick: Rutgers University Press, 2005), 1-17.

27 Juan J. Linz, *Totalitarian and Authoritarian Regimes* (Boulder: Lynne Rienner Publishers, 2000), 159–195.

2. 제도변화 이론과 중국적 적용

제도주의적 접근은 중국 종교정책의 연속성과 변화 양상을 동시에 설명할 수 있는 유용한 이론틀을 제공한다. 역사적 제도주의는 제도의 지속성과 변화를 동시에 설명하려는 이론적 접근법이다. 폴 피어슨(Paul Pierson, 2004)은 경로의존성(path dependence) 개념을 통해 과거의 제도적 선택이 현재와 미래의 정책 방향을 제약한다고 주장했다.[28] 중국 종교정책의 경우, 1949년 〈중국인민정치협상회의 공동강령(中國人民政治協商會議共同綱領)〉[29]에서 신생 중화인민공화국의 기본적 인권 보장 원칙으로 확립한 종교신앙자유 원칙이 폴 피어슨의 경로의존성 이론에 따라 초기 제도적 선택이 현재와 미래의 정책 방향을 제약하는 메커니즘으로 작동하고 있다. 문화대혁명 시기의 일시적 중단에도 불구하고, 개혁개방 이후 이 원칙은 지속적으로 유지되어 왔다. 그러나 그 해석과 적용 방식은 시대에 따라 변화해 왔다. 이러한 종교신앙자유 원칙을 말로니와 텔렌(Mahoney & Thelen, 2010)은 층화(layering), 전환(conversion), 표류(drift), 교체(displacement) 등 점진적 제도변화의 네 가지 메커니즘으로 제시했다. 중국 종교정책에서는 주로 '층화'와 '전환' 메커니즘이 관찰된다. 층화는 기존 제도 위에 새로운 규칙을 추가하는 것으로, 〈시행세칙(2025)〉 개정이 이에 해당한다. 전환은 기존 제도의 형식은 유지하되 새로운 목적으로 활용하는 것으로, 종교신앙자유라는 원칙을 유지하면서도 그 해석을 '종교중국화' 방향으로 전환하는 것이 예시이다.

---

28 Paul Pierson, *Politics in Time: History, Institutions, and Social Analysis* (Princeton: Princeton University Press, 2004), 17-53.

29 〈中國人民政治協商會議共同綱領〉(1949년 9월 29일), 제5조: "中華人民共和國人民有思想、言論、出版、集會、結社、通訊、人身、居住、遷徙、宗教信仰及示威遊行的自由權." 한글 번역: "중화인민공화국 인민은 사상, 언론, 출판, 집회, 결사, 통신, 인신, 거주, 이전, 종교신앙 및 시위유행의 자유권을 가진다."

B. 선교학적 이론 틀과 중국 적용

1. 하나님의 선교(Missio Dei)와 정치적 제약 상황

하나님의 선교(Missio Dei) 이론은 20세기 후반 선교학의 패러다임 전환을 이끈 핵심 개념이다. 이 이론에 따르면 선교는 인간의 활동이 아니라 하나님께서 세상을 향해 행하시는 구원 사역이며, 교회와 선교사는 이 하나님의 선교에 참여하는 것이다.[30] 이러한 관점은 정치적 제약 상황에서도 하나님의 주권적 계획을 신뢰하며 선교 사명을 지속할 수 있는 신학적 근거를 제공한다. 데이비드 보쉬(David Bosch)는 하나님의 선교가 정치적 권력이나 제도적 제약을 초월하는 하나님의 주권적 역사임을 강조하면서도, 동시에 구체적인 역사적 상황 속에서 실현되는 것임을 지적했다.[31] 이러한 관점은 중국과 같은 정치적 제약 상황에서도 하나님의 주권적 계획을 신뢰하며 선교 사명을 지속할 수 있는 신학적 근거를 제공한다.

크리스토퍼 라이트(Christopher Wright)는 하나님의 선교가 단순히 개인 구원을 넘어서 하나님 나라의 확장이라는 포괄적 비전을 포함한다고 강조한다.[32] 라이트는 하나님의 선교가 개인적 구원을 넘어서 하나님 나라의 포괄적 확장을 포함한다는 주장을 바탕으로, 성경 전체를 선교적 관점에서 해석하는 선교신학적 방법론을 제시한다. 이는 중국에서 기독교가 단순히 종교적 활동에 머무르지 않고, 사회적 책임과 문화적 기여를 통해 하나님 나라의 가치를 구현해야 함을 시사한다.

---

30 David J. Bosch, *Transforming Mission: Paradigm Shifts in Theology of Mission* (Maryknoll: Orbis Books, 1991), 389-393.

31 위의 책, 391.

32 Christopher J. H. Wright, *The Mission of God: Unlocking the Bible's Grand Narrative* (Downers Grove: IVP Academic, 2006), 51-68.

2. 상황화(contextualization) 이론과 종교중국화의 신학적 대화

상황화(contextualization) 이론은 복음이 각 문화와 상황 속에서 적절하게 소통되어야 한다는 선교학의 핵심 원리이다. 찰스 크래프트(Charles Kraft)의 동적 등가(dynamic equivalence) 개념은 복음의 본질을 유지하면서도 각 문화에 적합한 표현 방식을 찾는 것의 중요성을 강조한다.[33] 이와 유사한 관점에서 선교학자 앤드류 월스(Andrew Walls)는 기독교의 '번역 가능성(translatability)'과 '문화적 적응력'을 강조하며, 기독교가 각 문화 속에서 새로운 형태로 뿌리내릴 수 있는 종교임을 주장했다.[34] 동시에 그는 '순례자 원칙(pilgrim principle)'을 제시하여, 기독교가 어떤 문화에도 완전히 동화되지 않고 예언자적 기능을 유지해야 함을 강조했다.[35] 이는 중국이라는 특수한 정치적 · 문화적 맥락에서 기독교가 어떻게 적응하고 발전할 수 있는지에 대한 이론적 틀을 제공한다.

중국정부가 추진하는 종교중국화 정책과 기독교의 상황화는 표면적으로 유사해 보이지만, 그 동기와 목적에서 근본적 차이가 있다. 중국정부의 종교중국화는 정치적 통제와 이데올로기적 순응을 목적으로 한다. 시진핑 정권은 "종교가 사회주의 사회에 부응되도록 적극적으로 인도해야 한다"라고 선언하며, 종교를 사회주의 핵심 가치관에 순응시키려 한다.[36] 실제로 종교활동 장소에서는 시진핑 사상 학습이 의무화되고, 종교 지도자들에게 사회주의 핵심 가치관 홍보를 요구하며, 정치적 평가에 합격한

---

33 Charles H. Kraft, *Christianity in Culture: A Study in Dynamic Biblical Theologizing in Cross-Cultural Perspective* (Maryknoll: Orbis Books, 1979), 271-294.

34 Andrew F. Walls, *The Missionary Movement in Christian History: Studies in the Transmission of Faith* (Maryknoll: Orbis Books, 1996), 3-15.

35 Andrew F. Walls, *The Cross-Cultural Process in Christian History: Studies in the Transmission and Appropriation of Faith* (Maryknoll: Orbis Books, 2002), 16-25, 76-92.

36 习近平, "全面提高新形势下宗教工作水平(전면적으로 새로운 형세하에서 종교업무 수준을 제고하자)", 2016년 4월 22~23일 전국종교업무회의 연설, 〈人民日报〉 2016년 4월 24일.

교직자만이 종교활동을 주재할 수 있도록 통제하고 있다.[37]

반면, 선교학적 상황화는 복음의 효과적 전달과 문화적 적절성을 추구한다. 상황화는 "복음의 본질은 변화시키지 않은 채 복음이 그들의 상황 속에 들어가 그들의 생각과 가치관과 문화를 하나님이 인류에게 원하시는 모습으로 변화시켜 가는 역동적인 복음화의 과정"으로 정의된다.[38] 이는 복음을 타문화권에 "의미의 변형이나 왜곡 없이 효율적으로 전달하는 과정"으로서, 문화적 형태는 수용하되 성경적 진리에 어긋나는 내용은 변혁시키는 것을 목적으로 한다.[39] 폴 히버트(Paul Hiebert)의 비판적 상황화(critical contextualization) 모델은 이러한 복잡한 상황에서 기독교가 취해야 할 접근법에 대한 해답을 제시한다.[40] 히버트는 이 모델을 통해 비상황화(non-contextualization)의 민족중심주의와 문화적 이질감, 그리고 무비판적 상황화(uncritical contextualization)의 상대주의와 혼합주의 사이에서 균형

37 〈宗教事务条例实施细则〉(2023년 개정); 国家宗教事务局, 〈关于在宗教活动场所升挂国旗的规定〉(2018); 중국의 종교활동 장소 내 정치 학습 의무화에 대해서는 Freedom House, "China's Techno-Authoritarian Surveillance State," *Freedom on the Net 2023* (Washington, D.C.: Freedom House, 2023); *U.S. Commission on International Religious Freedom, 2023 Annual Report: China* (Washington, D.C.: USCIRF, 2023) 참조.

38 문상철, "선교용어: 상황화(CONTEXTUALIZATION)," 「현대선교」 제4호 (서울: GMF Press, 1993), 63-88; 한국선교연구원(KRIM) 웹사이트, https://krim.org/cmt-4-5/ (2025년 8월 14일 접속).
원문: "상황화란 성경 속에 나타난 시대적 상황과 인간의 특별한 상황의 상호 관계 속에서 그리스도의 복음을 전하라는 예수 그리스도의 명령에 순종하기 위해 복음의 본질은 변화시키지 않은 채 복음이 그들의 상황 속에 들어가 그들의 생각과 가치관과 문화를 하나님이 인류에게 원하시는 모습으로 변화시켜 가는 역동적인 복음화의 과정을 말한다."

39 복음주의 진영의 상황화 접근에 대해서는 김승호, "선교에서 상황화 작업의 필요성과 위험성에 대한 고찰: 복음주의 진영과 WCC 진영의 사례를 중심으로," 「복음과 선교」 제54집 제2호, 2021, 43-72 참조; 복음주의 상황화의 기본 원칙에 대해서는 The Lausanne Covenant(1974), Article 10에서 문화와 복음의 관계를 다루고 있으며, Charles H. Kraft, *Christianity in Culture: A Study in Dynamic Biblical Theologizing in Cross-Cultural Perspective* (Maryknoll: Orbis Books, 1979), 271-294에서 동적등가이론을 통한 복음주의적 상황화 접근을 설명한다.

40 Paul G. Hiebert, "Critical Contextualization," *Missiology: An International Review* 12, no. 3 (1984), 287-296. 원본 논문

잡힌 대안을 제시하였다.[41] 이 모델은 문화의 해석학적 분석, 성경 해석학과 해석학적 교량, 비판적 반응, 그리고 새로운 상황화 된 실천의 개발이라는 네 단계의 과정을 통해 문화적 형태는 수용하되 성경적 진리에 어긋나는 내용은 변혁시키는 균형 잡힌 접근법을 제시함으로써, 중국의 종교 중국화 요구와 기독교의 신학적 정체성 사이에서 발생하는 긴장을 해결할 수 있는 이론적 틀을 제공한다. 이는 문화적 형태는 수용하되 성경적 진리에 어긋나는 내용은 변혁시키는 접근법이다.

3. 고난 신학과 중국 교회의 생존 전략

중국 교회는 역사적으로 정치적 압박과 종교적 제약 상황에서 성장해 온 독특한 경험을 갖고 있으며, 이러한 맥락에서 고난 신학(theology of suffering)은 중국 기독교의 신학적 정체성 형성에 핵심적인 역할을 수행해 왔다.[42] 특히 중국의 가정교회들은 지속적인 정치적 압박 속에서도 "고난과 십자가의 길을 걷는 것이 그리스도와의 연합에 필수적"이라는 신학적 확신을 발전시켜 왔으며, 이는 왕밍다오(王明道)의 신학적 유산에서 시작되어 현재까지 가정교회의 정체성을 형성하는 핵심 요소로 작용하고 있다.[43] 왕밍다오는 "하나님의 신실한 일꾼이 되어 다른 사람을 도우려면, 하나님께서 허락하신 고난을 통해 우리를 훈련시키도록 해야 한다"라고

---

41 Paul G. Hiebert, "Critical Contextualization," *International Bulletin of Mission Research* 11, no. 3 (1987): 104-112. 개정판

42 Hannah Nation and Simon Liu, eds., *Faith in the Wilderness: Words of Exhortation from the Chinese Church* (Bellingham, WA: Lexham Press, 2021); cf. "Chinese Christian Theology," St Andrews Encyclopaedia of Theology, June 29, 2023, 출처: https://www.saet.ac.uk/Christianity/ChineseChristianTheology., 2025년 8월 14일 접속.

43 Wang Mingdao, *Chinese Church Iron-Man Wang Ming Dao Looks at the People*, trans. Evelyn B. Solomon (Touliu: Conservative Baptist Press, 1988), 462-481; Dennis Ahern, "Chinese Culture and the Ethos of Suffering in the Chinese Church," *ChinaSource*, September 12, 2022.

강조하며, 고난의 여섯 가지 유익을 체계적으로 제시하였다.[44] 이러한 신학적 전통은 현재 중국 가정교회 지도자들에게 계승되어, "십자가가 기독교 정체성의 중심"이며 "교회와 국가 간의 갈등에서 얻는 가장 큰 유익은 친히 심판받으신 그리스도와의 연합"이라는 확신으로 발전하였다.[45]

위르겐 몰트만(Jürgen Moltmann)의 십자가에 달리신 하나님은 고난당하는 교회에게 신학적 위로와 희망을 제공하는 중요한 신학적 자원으로 작용한다.[46] 몰트만의 핵심 주장은 "하나님과 고난이 더 이상 모순이 아니라" "하나님의 존재가 고난 안에 있고 고난이 하나님의 존재 자체 안에 있다. 왜냐하면 하나님은 사랑이기 때문이다"라는 것이다.[47] 몰트만의 고난 신학은 하나님이 고난에 무관심한 존재가 아니라 십자가를 통해 인간의 고난에 참여하시는 분임을 강조함으로써, 정치적 압박 상황에서도 신앙을

---

44 Dennis Ahern, "Chinese Culture and the Ethos of Suffering in the Chinese Church," ChinaSource, September 12, 2022, https://www.chinasource.org/resource-library/articles/chinese-culture-and-the-ethos-of-suffering-in-the-chinese-church/. Ahern은 왕밍다오의 원문을 다음과 같이 인용한다: "If we would be God's faithful workers helping others, we must let him train us through suffering, the suffering he permits for us." 이 인용문은 Wang Mingdao, *Chinese Church Iron-Man Wang Ming Dao Looks at the People*, trans. Evelyn B. Solomon (Touliu: Conservative Baptist Press, 1988), 462-481의 "The Benefits of Suffering" 섹션에서 나온 것이다.

45 Wang Yi, *Faithful Disobedience: Writings on Church and State from a Chinese House Church Movement*, ed. Hannah Nation (Downers Grove, IL: IVP Academic, 2022), 177; 왕이는 "십자가가 기독교 정체성의 중심(the cross is the center of Christian identity)"이며 "교회와 국가 간의 갈등에서 얻는 가장 큰 유익은 친히 심판받으신 그리스도와의 연합(the greatest benefit of the church-state conflict is our union with a Christ who himself was judged)"이라고 강조했다. cf. Christopher Payk, *Following Christ and Confucius: Wang Mingdao and Chinese Christianity* (Notre Dame, IN: University of Notre Dame Press, 2023).

46 Jürgen Moltmann, *The Crucified God: The Cross of Christ as the Foundation and Criticism of Christian Theology*, trans. R. A. Wilson and John Bowden (New York: Harper & Row, 1974).

47 Donald MacLeod, "The Christology of Jürgen Moltmann," *Themelios* 45, no. 1 (2020): 52-66; Jürgen Moltmann (Boston Collaborative Encyclopedia of Western Theology), 출처: http://people.bu.edu/wwildman/bce/moltmann.htm. 2025년 8월 14일 접속.

유지하는 중국 기독교도들에게 신학적 근거를 제공한다.

왕밍다오(王明道), 니투성(倪柝聲) 등 중국 교회 지도자들의 신학적 유산은 제약된 환경에서도 신앙의 순수성을 유지하면서 동시에 지혜롭게 생존하는 전략을 보여주는 귀중한 사례를 제공한다.[48] 니투성의 지방교회 모델은 "분산된 네트워크"와 "지역적 자치"를 통해 중앙집권적 통제를 회피하는 실용적 생존 전략을 제공했다. 이 모델은 "여행하는 전도자들(사도들)이 새로운 지역에서 연결을 만들고 지역 지도자들을 훈련시켜 새로운 교회의 핵심을 형성하며, 교회가 설립되면 사도는 권위를 장로들에게 이양하는" 방식으로 작동함으로써, 중앙집권적 조직을 피하고 분산된 네트워크를 통해 정치적 탄압을 회피하는 실용적 지혜를 제공했다.[49] 이러한 모델은 현재 중국 교회가 직면한 정치적 제약 상황에서도 여전히 유효한 생존 전략으로 평가되고 있으며, 제도적 교회와 가정교회 간의 복잡한 관계를 이해하는 데 중요한 통찰을 제공한다.

C. 시진핑 시대 종교정책 변화와 기독교의 응답

1. 종교중국화 정책의 확립과 발전

시진핑 집권 이후 중국의 종교정책은 전통적인 적응론에서 중국화론으로 패러다임이 전환되었다. 이러한 변화는 단순한 정책 조정을 넘어서

48 Christopher Payk, *Following Christ and Confucius: Wang Mingdao and Chinese Christianity* (Notre Dame, IN: University of Notre Dame Press, 2023); Joseph Tse-Hei Lee, "Dying For Faith, Transforming Memories: Chinese Christian Martyr Watchman Nee (1903–1972)," *Macau Ricci Institute Journal*, https://mrijournal.riccimac.org/index.php/en/issues/issue-6/126-dying-for-faith-transforming-memories-chinese-christian-martyr-watchman-nee-1903-1972. 2025년 8월 14일 접속.

49 Joseph Tse-Hei Lee, "Watchman Nee and the Little Flock Movement in Maoist China," *Church History* 74, no. 1 (2005): 84-123.

중국 종교정책사의 구조적 전환을 의미한다는 점에서 주목할 필요가 있다.

2015년 5월 18~20일 개최된 중앙통일전선업무회의는 중국 종교정책사에서 중대한 전환점이 되었다. 시진핑은 이 회의에서 처음으로 "적극적으로 종교와 사회주의 사회의 상응을 인도하려면, 반드시 우리나라 종교중국화 방향을 견지해야 한다(積極引導宗教與社會主義社會相適應, 必須堅持我國宗教中國化方向)"고 명시적으로 제시했다.[50] 이는 기존의 종교사회주의적응론(宗教社会主义适应论)에서 한 걸음 더 나아간 것으로, 종교의 수동적 적응이 아닌 능동적 변화를 요구하는 정책적 전환을 의미했다.

종교중국화 개념은 단순한 문화적 적응을 넘어서 사회주의 핵심 가치관과의 부합을 추구한다. 시진핑은 "종교계가 사회주의 핵심 가치관을 적극 실천하고, 중화문화를 발양하며, 중국 특색 사회주의 사회에 적응해야 한다(引导宗教界人士和信教群众积极践行社会主义核心价值观, 弘扬中华文化, 努力把宗教教义同中华文化相融合)"고 강조했다.[51] 이는 종교가 중국 문화와 사회주의 이념에 순응하는 수준을 넘어, 이를 적극적으로 체현하고 전파하는 역할까지 담당해야 함을 의미한다.

2016년 4월 22~23일 개최된 전국종교업무회의는 종교중국화 정책을 구체화하고 체계화한 중요한 회의였다. 시진핑은 이 회의에서 "종교업무 기본방침을 전면적으로 관철하고, 종교중국화 방향을 견지하며, 종교와

---

50 〈중국사회과학망〉, "坚持我国宗教中国化方向", 2024.2.28; 인민망, "时隔五年再开全国宗教工作会议, 习近平为何一再强调这几个问题?", 2021.12.6.; 〈공산당원망〉, "坚持我国宗教中国化方向", 2019.7.17; 국가종교사무국, "怎样深入推进我国宗教中国化? 习近平这样说". 박만준, "시진핑정권의 종교중국화공정이 중국종교정책에서 가지는 역사적 함의," 「중소연구」 제42권 제4호, 2019, 157.; 김우선, "시진핑 시대 종교의 중국화 - 맥락과 해석," 「종교연구」, 한국종교학회, 2020. 252.

51 중국공산당원망, "习近平: 坚持我国宗教中国化方向 积极引导宗教与社会主义社会相适应", 2021.12.4; 중국정부망, "习近平出席全国宗教工作会议并发表重要讲话", 2021.12.4; 인민일보 평론원, "积极引导宗教与社会主义社会相适应一论学习贯彻习近平总书记在全国宗教工作会议上重要讲话", 2021.12.7.

사회주의 사회의 적응을 적극 인도해야 한다"라고 강조했다.[52] 이 회의를 계기로 중국 종교계는 각 종교별로 구체적인 종교중국화의 방향을 제시하기 시작했다. 기독교계에서 "기독교 중국화"라는 구체적 용어를 공식적으로 사용하기 시작했다. 중국기독교협회와 삼자애국운동위원회는 2018년 장쑤성 난징시에서 개최된 회의에서 〈기독교 중국화 5개년 계획 2018-2022(推进我国基督教中国化五年工作规划纲要 2018-2022)〉을 발표하며 정부 정책에 적극 호응했다.[53]

〈基督教中国化五年工作规划纲要(2018-2022)〉는 중국 기독교계가 정부의 종교중국화 정책에 대해 어떻게 체계적이고 구체적으로 대응했는지를 보여주는 중요한 문서이다. 이 계획은 총론, 주요 임무, 중점 업무 안배, 조직 실시의 4개 부분으로 구성되어 있으며, 기독교 중국화의 이론적 근거부터 실천적 방안까지를 포괄적으로 제시하고 있다.

이 계획이 제시하는 기독교 중국화의 핵심은 "사회주의 핵심 가치관을 추종하고, 중화민족의 우수한 전통을 널리 알리며, 단결과 진보, 평화와 관용 등의 이념을 배양하고, 기본 신앙과 핵심 교리, 예배 의식을 유지하면서 동시에 사회 화합과 시대 진보, 건전한 문명에 도움이 되는 내용을 갖춘 교리와 규정을 깊이 탐구하고, 교리와 규정을 현재 중국의 발전과 진보 요구에 맞게, 중화 우수 전통문화에 맞게 해석하는 것"[54]으로 정의한다. 이는 종교의 신학적 정체성을 유지하면서도 사회주의 이념과의 조화를 추구하는 이중적 과제를 제시한 것이다. 특히 "중국에 있는 기독교(基督

---

52 강청시 정부망, "习近平总书记关于宗教工作的重要论述", 2023.8.16.

53 〈中国基督教网〉, "推进我国基督教中国化五年工作规划纲要(2018-2022)", 출처: https://ccctspm.org/cppccinfo/10283, 2018.4.6., 2025년 8월 14일 접속.

54 "以社会主义核心价值观为引领，弘扬中华民族优良传统，培育团结进步、和平宽容等理念，在保持基本信仰、核心教义、礼仪制度的同时，深入挖掘教义教规中有利于社会和谐、时代进步、健康文明的内容，对教义教规做出符合当代中国发展进步要求、符合中华优秀传统文化的阐释。"

教在中国)”에서 “중국의 기독교(中国基督教)”로의 전환이라는 표현은 단순한 지리적 위치 변화가 아닌 정체성의 근본적 변화를 의미한다.

이 계획에서 제시한 5대 주요 임무는 기독교 중국화의 전 영역을 포괄하는 체계적 접근을 보여준다. 첫째, 사회주의 핵심 가치관을 양성하고 이를 실천하는 영역에서는 성경 중에서 사회주의 핵심 가치관과 부합하는 내용을 발굴하여 “알기 쉬운 교재를 체계적으로 편찬하여(组织力量编写通俗易懂的读本)”, 이를 신학사상건설홍보단의 주요 내용으로 삼는다고 명시했다. 이는 기독교 교리의 사회주의적 재해석을 제도화하려는 시도로 해석된다.

둘째, 신학사상건설의 심화 부분에서는 “체계적으로 성경 연구 전문가들을 양성하여, 성경을 재번역하고 성경주석서를 편찬 작업을 시작할 수 있는 견고한 기반을 다져야 한다(要有意识培养圣经研究人才，为着手重译圣经或编写圣经注释打下坚实基础)”고 제시함으로써, 성경 해석권의 중국화를 추진하려는 의도를 분명히 드러냈다. 또한 중국기독교 학술기간지 창간을 통해 기독교 중국화 이론연구의 플랫폼을 구축하려는 계획도 포함되어 있다.

셋째, 신학교육 규범화와 인재 양성에서는 과정 편성의 조정을 통해 “교과과정을 조정하여, 사회주의 핵심 가치관과 애국주의 교육, 중국 역사 · 문학 · 철학 · 예술 등 전통문화 관련 과목의 비중을 늘리고(调整课程设置，增加社会主义核心价值观、爱国主义教程、中国历史、文学、哲学、艺术等传统文化方面的课程比例)”, 매년 1-2권의 기독교 중국화를 반영하는 통합 교재를 출판한다는 구체적 목표를 제시했다.

넷째 임무인 중화문화에 뿌리내리기는 가장 가시적인 변화를 추구하는 영역이다. “교회의 예배 예식과 찬송가, 교직자 복장, 교회 건물 등이 중국적 요소와 어우러지도록 권장하여, 중화민족의 정신적 기질을 간직하고 중국적 특색을 드러내도록 한다(倡导教会崇拜礼仪、圣乐诗歌、教牧服饰、教堂建筑等融入中国元素，使之蕴含中华民族的精神气质，体现中国特色)"는 방침은 기독교의 외형적 표현 양식의 전면적 중국화를 의미한다. 특히 "중국 전통 선율이나 향토 음악을 바탕으로 한 찬송가 발굴과 창작 활동을 추진"을 통한 교회음악 중국화는 종교 예배의 감성적 차원까지 중국화하려는 시도로 평가된다.

다섯째 임무인 공익자선 사업 전개는 기독교의 사회적 역할을 국가 정책과 일치시키려는 의도를 담고 있다. "노인 돌봄과 아동 보육, 빈곤층 지원과 교육 후원, 빈곤 해결과 재난 구조, 공공 인프라 구축, 환경 보전, 의료 위생 등 사회 공익 자선활동(继续开展养老托幼、济困助学、扶贫赈灾、公共设施建设、环境保护、医疗卫生等方面的社会公益慈善事业)"을 통해 기독교가 사회주의 국가 건설에 기여하는 종교로 자리매김하려는 전략이 제시되었다.

2018년부터 2022년까지의 연도별 중점 업무는 중국의 주요 정치적 기념일과 밀접하게 연결되어 있다. 2019년 신중국 건국 70주년, 2020년 삼자애국운동 발기 70주년, 2021년 중국공산당 건당 100주년 등 주요 정치적 기념일을 기독교 중국화 추진의 계기로 활용하려는 계획은 종교와 정치의 긴밀한 연계를 보여준다.

조직 실시 부분에서 제시된 "기독교중국화추진지도위원회(推进基督教中国化领导小组)" 설립과 "점검평가기제(监测评估机制)" 구축은 기독교 중국화가 일회성 운동이 아닌 지속적이고 체계적인 정책 과제로 추진됨을 의미한다. 이는 중국 기독교계가 정부 정책에 대한 단순한 순응을 넘어서 적극적인 정책 동조자로 역할을 재정의했음을 보여준다.

이러한 〈基督教中国化五年工作规划纲要(2018-2022)〉는 중국정부의 종교중국화 정책이 어떻게 구체적인 종교 현장에서 수용되고 실행되는지를 보여주는 중요한 사례로, 시진핑 시대 종교정책의 실질적 영향력과 종교계의 대응 양상을 파악할 수 있는 핵심 자료라 할 수 있다.

2. 중국 교회의 신학적 응답과 적응 전략

시진핑 시대에 종교중국화 정책이 확립된 이후, 중국 기독교계는 이러한 정책적 변화에 대해 다층적이고 복합적인 응답을 보여주고 있다. 이들의 대응 양상은 각기 다른 신학적 정체성과 정치적 입장에 따라 다른 전략을 구사하면서도, 모두 중국이라는 특수한 정치적, 문화적 맥락 속에서 기독교 신앙의 생존과 발전을 모색하려는 공통된 과제를 안고 있다.

중국의 공인교회인 삼자교회는 기독교 중국화 정책에 대해 가장 적극적이고 체계적인 수용 자세를 보이고 있다. 설충수의 연구에 따르면, 삼자교회는 "사회주의 현실 상황을 긍정하며 그 속에서 신학적 가능성을 발견, 발전시켜 나가고 있다. 이 때문에 그 신학 노선도 사회주의 가치관을 긍정하는 기독교와 유물론의 대화, 즉 과학적 신관, 내재적 신관을 강조한다"[55]고 분석하고 있다. 이는 삼자교회가 종교중국화 정책을 단순한 정치적 순응이 아닌 상황화 신학의 연장선상에서 이해하려는 신학적 노력을 보여준다. 삼자교회의 이러한 접근은 구체적으로 성경 해석의 중국화로 나타나고 있다. 2019년 중국 각지의 삼자교회에서는 종교사무국의 지시로『논어, 성경과의 조우』라는 책을 배포 받아 "논어와 성경의 비교 내용"을 설교에 반영하도록 요구받았으며, 일부 교회에서는 논어 학습반까지 개설하여 공자의 가르침을 기독교 교리에 통합하려는 시도가 이루어졌다.[56] 이는 기독교 교리의 유교적 재해석을 통해 중화문화와의 조화를 모

55 설충수, "중국 기독교 안의 삼자교회와 가정교회의 정통성 논쟁," 「율곡사상연구」 제21집, 2010, 130.

56 2019년 7월 18일, 중국 허난성 위저우시의 종교사무국은 현지 삼자교회 목사들에게『논어, 성경과의 조우』라는 책을 배포하며 그 책에 근거하여 설교를 준비하라고 지시했다. 2014년에 출판된 이 책은 중국사회과학원의 세계종교협회 회원이며 자신이 크리스천이라고 주장하는 북경대 철학 박사 스형탄(石衡潭)이 저술한 것으로, 공자의 가르침과 사상을 집대성한『논어』의 성경적 해석에 대해 다루고 있다. 4월, 북동부 지린성의 현지 중국기독교양회에서는 "4가지 요건 활동 제안 및 4가지 요건의 적극적인 집행 구현에 관한 통지문(关于落实"四进"活动

색하는 구체적 사례로 평가된다.

한편, 중국의 종교정책 변화는 외국의 중국 선교에도 직접적 영향을 미치고 있다. 김광성은 중국의 종교정책이 한국 교회의 중국선교에 미친 영향을 분석하면서, 중국정부가 "강력한 종교법을 '선교방지법'으로 시행함으로써 선교사들의 활동을 엄격하게 규제하면서 동시에 학계와 종교계를 총동원하여 기독교 중국화를 강력하게 추진하고 있다"[57]고 지적한다. 특히 외국 선교사들의 비자발적 철수가 증가하고 있는 현실을 중국선교의 위기로 진단하면서, 기독교 중국화 정책이 "사회주의체제 유지를 위한 중국정부의 최근 국가운영 방침과 무관하지 않다"[58]고 분석한다. 이는 종교 중국화 정책이 단순한 문화적 적응을 넘어서 외국 종교 세력에 대한 통제 강화의 성격을 갖고 있음을 시사한다.

공인교회와 대조적으로, 가정교회는 더욱 신중하고 선별적인 접근을 보이고 있다. 가정교회는 문화적 차원의 중국화는 수용하되 이데올로기적 순응은 거부하는 입장을 견지하고 있다. 2018년 중국정부의 강화된 종교 탄압에 반대하여 가정교회 목회자 400명이 정부에 제출한 "목회자들의 연합성명서(A Joint Statement by Pastors)"에서 이들의 입장이 명확히 드러난다. 이 성명서에서 가정교회는 "하나님이 인정하는 중국정부의 권리에 중국 기독교인은 순종하며 사회질서와 시민을 다스리는 정부를 존경한다"라고

倡议书, 积极开展"四进"活动的通知)"을 발송해 전통 중국 문화를 기독교 교리에 통합하려는 목적으로 교회에 다도회(茶道會)를 열어 논어와 성경의 비교 내용을 읽도록 지시했다. 동부 산둥성 지난시 리샤구의 한 가정교회 크리스천은 "논어 학습반은 하루 내내 진행돼요. 참석자들은 한 손에는 성경, 한 손에는 논어를 들고 있는 사진까지 찍고, 찍은 사진을 온라인에 올려야 합니다"라고 증언했다. 참고: Bitter Winter, 「기독교의 '중국화': 공자학으로 성경을 해석」, 2019.9.11., 출처: https://ko.bitterwinter.org/sinicizing-christianity-the-bible-according-to-confucius/, 2025년 8월 15일 접속.

57 김광성, "로잔운동의 선교신학적 관점에서 바라본 기독교 중국화," 「ACTS 신학저널」 제40권, 2019, 348.

58 위의 논문, 318.

밝히면서도, 동시에 "정부가 성경이 주어진 세속적 권리의 제한된 벽을 넘지 아니하고 신앙과 영혼과 연결된 믿음을 방해하지 않고 위반되지 않는 한"이라는 조건을 명시했다. 이는 마태복음 22장 21절의 "가이사의 것은 가이사에게, 하나님의 것은 하나님에게 바치라"라는 예수의 가르침에 근거한 전통적인 이원론적 접근을 통해 통치적 압박에 대응하고 있다. 현재의 극심한 중국정부의 가정교회 탄압의 중요한 이슈는 교회의 주인이 누구냐는데 있으며, 시진핑 주석은 정부가 종교의 주인이라고 하지만, 가정교회에서는 예수 그리스도가 교회의 머리가 된다고 선언하고 있다.[59] 이러한 입장은 기독교 신앙의 핵심적 정체성을 보존하면서도 중국적 맥락에서의 적응 가능성을 모색하려는 균형 잡힌 전략으로 해석된다.

마지막으로 신학적 성찰과 창조적 종합을 추구하는 지식인 기독교도들의 접근이 주목된다. 이들은 종교중국화를 기독교 신학의 토착화와 혁신의 기회로 해석하며, 중국적 기독교 신학의 구성을 시도하고 있다. 홍강의 연구에 따르면, 중국기독교는 1,400년의 긴 역사를 갖고 있으며, "5,000년의 중국 역사 속에 뿌리내린 중국 교회는 고유한 역사성과 특수성을 갖고 있을 뿐만 아니라 풀어야 할 과제들을 안고 있다"라고 분석한다. 중국 교회의 고유한 과제는 "서양 문화와 제국주의 이미지를 벗어버리는 것"으로, 이는 단순한 정치적 순응이 아닌 중국적 맥락에서의 기독교 신학 재구성을 의미한다. 경교(景教)를 시작으로 서구 기독교가 중국 구문화(旧文化)와 충돌하며 쇄신하는 역할을 해왔듯이, 현대 중국의 기독교 지식인들은 중화인민공화국 건국(1949년) 이후 공산정부와의 관계 속에서 새

59 노봉린, "미래의 중국가정교회," 〈크리스찬프레스〉, 2019년 5월 4일 기사. 출처: https://www.chpress.net/column-detail.html?cate=column&c_id=193&id=13393, 2025년 8월 16일 접속; 한국 순교자의 소리, "중국 가정교회, 복음 위해 모든 것 잃을 준비되어 있다," 〈코람데오닷컴〉, 출처: http://www.kscoramdeo.com/news/articleView.html?idxno=14939, 2025년 8월 16일 접속.

로운 신학적 패러다임을 모색하고 있다.[60] 이들은 기독교 신앙의 핵심을 유지하면서도 중국의 문화적, 철학적 전통과의 창조적 대화를 통해 독특한 중국적 기독교 신학 체계 구축을 시도하고 있다. 이러한 접근은 단순한 정치적 순응이나 문화적 적응을 넘어서, 중국의 철학적·문화적 전통과 기독교 신학 간의 창조적 대화를 통해 새로운 신학적 패러다임을 모색하려는 시도로 평가된다.

이와 같은 중국 교회의 다층적 응답은 종교중국화 정책이 단순한 일방적 정책 시행이 아니라, 정책 주체와 종교 주체 간의 복합적 상호작용을 통해 전개되고 있음을 보여준다. 각각의 응답 방식은 나름의 신학적 근거와 실용적 고려를 바탕으로 하고 있으며, 이는 중국 기독교가 정치적 현실과 신앙적 정체성 사이에서 균형점을 찾으려는 다양한 노력의 결과로 이해할 수 있다.

3. 〈국가안전법〉 체계 확립과 종교 분야 적용

2014년 4월 15일 중국은 중앙국가안전위원회를 설립하였고,[61] 이후 중국은 총체적 국가안전관(總體國家安全觀)을 확립했다. 이는 시진핑 지도부가 대내외적 안보 위협을 해결하고 세계적인 영향력을 강화하기 위한 보다 적극적인 안보 전략으로 제시된 것이었다.[62] 이 개념은 전통적인 군사적 위협으로부터 국민, 영토, 주권 등을 보호하는 것을 넘어서, 비전통

60 홍강, “중국 교회의 현주소와 중국선교: 중국 신학자들의 신학 사상에 대한 고찰을 중심으로,” 「선교와 신학」 제53집, 2021, 490.

61 허재철, “중앙국가안전위원회 신설과 중국 국가안보관의 변화,” 「한국동북아논총」 제19권 제3호, 2014, 113-130.; 김순수, “중국의 ‘중앙국가안전위원회’ 설립에 관한 연구,” 「민족연구」 제63호, 2015, 4-35.; 장지아, 이장원, “’중앙국가안전위원회‘를 통해 본 시진핑의 국가안보관,” 「한중사회과학연구」 제16권 제1호, 2019, 81-106. 참조.

62 유동원, “중국의 국가안보전략 변화: 총체적 국가안보관(總體國家安全觀)을 중심으로,” 「대한정치학회보」 제27권 제3호, 2019, 129.

적 안보 위협인 기술 제재, 통상 압력, 사이버 공격 등 새로운 유형과 차원의 위협으로부터도 국가와 국민 안전을 보호할 수 있는 안보태세 확립을 강조하였다.[63]

총체적 국가안전관의 수립과 동시에 중국은 포괄적 국가안전 법제 체계를 구축하기 시작했다. 2015년 〈국가안전법(中华人民共和国国家安全法)〉 제정을 시작으로 〈반테러법(中华人民共和国反恐怖主义法, 2015)〉, 〈사이버보안법(中华人民共和国网络安全法, 2016)〉, 〈국가정보법(中华人民共和国国家情报法, 2017)〉, 〈외국NGO관리법(中华人民共和国境外非政府组织境内活动管理法, 2017)〉 등이 연이어 제정되면서[64] 포괄적 국가안전 법제 체계가 구축되었다. 이러한 법제화 과정은 단순한 안보 강화를 넘어서 사회 전반에 대한 국가의 통제 권한을 확대하는 결과를 낳았다.

종교 분야에서도 국가안전 관점의 강화가 뚜렷하게 나타났다. 2017년 개정된 〈종교사무조례(宗教事务条例)〉는 시진핑 정부의 종교정책을 반영하여 법치를 통한 보장, 법치를 통한 통제, 법치 영역의 확대라는 세 가지 특징을 보여주었다.[65] 특히 제4조에 "국가안전을 위해하는 활동(不得利用宗教进行危害国家安全)" 금지 조항을 신설했으며, 종교 극단주의 방지와 외국 세력의 종교 침투 차단을 명시했다.[66] 이는 종교를 단순한 신앙 문제가 아

63 이상우, "중국 국제공동연구 규정의 시사점," CSF(중국전문가포럼), 2024년 11월 25일, 출처: https://csf.kiep.go.kr/issueInfoView.es?article_id=55535&mid=a20200000000&board_id=4, 2025년 8월 15일 접속.

64 박석정, "중국의 국가안전법제에 관한 고찰," 「한국테러학회보」 제11권 제1호, 22018, 106.

65 김경아, 강경구, "중국의 종교정책과 법치 화 수준의 제고-수정〈종교사무조례〉를 중심으로," 「중국학」 제61집, 48.

66 〈종교사무조례(宗教事务条例)〉 第四条 国家依法保护正常的宗教活动，积极引导宗教与社会主义社会相适应，维护宗教团体、宗教院校、宗教活动场所和信教公民的合法权益。宗教团体、宗教院校、宗教活动场所和信教公民应当遵守宪法、法律、法规和规章，践行社会主义核心价值观，维护国家统一、民族团结、宗教和睦与社会稳定。任何组织或者个人不得利用宗教进行危害国家安全、破坏社会秩序、损害公民身体健康、妨碍国家教育制度，以及其他损害国家利益、社会公共利益和公民合法权益等违法活动。任何组织或者个人不得在不

닌 국가안전과 직결된 문제로 인식하는 관점 전환을 보여준다. 특히 외국인 종교활동은 외부 위협의 관점에서 재평가되었다. 기존에는 주로 종교자유와 종교주권의 균형 문제로 접근했다면, 〈국가안전법〉 체계하에서는 안전 위험 요소로 인식되기 시작했다. 이는 2025년 시행된 〈중화인민공화국경내외국인종교활동관리규정 시행세칙〉에서 "종교극단주의 사상경향 금지", "국가통일, 민족단결 파괴 금지" 등의 조항으로 구체화되었다.[67] 이 〈시행세칙(2025)〉은 기존 22개 조항에서 38개 조항으로 확대되어 외국인의 종교 행위를 보다 구체적으로 제한하는 내용을 담고 있다.

이러한 법제 변화는 시진핑이 제시한 총체적 국가안보관이 중국 국가안보전략 구축의 이론적인 토대를 제공하고 있으며, 중국의 특유한 당국가체제에서 보이는 당 우위라는 특징[68]을 반영한 것으로 해석된다. 종교 분야에서의 〈국가안전법〉 체계 적용은 단순한 종교 통제를 넘어서 중국공산당의 정치적 통제를 종교 영역으로 확대하는 의미를 갖는다.

4. 2018년 기구 개편과 중앙통전부 권한 강화

2018년 3월 제13기 전국인민대표대회에서 통과된 당정기구 개편은 중국 종교정책 체계에 구조적 변화를 가져왔다.[69] 이 개편의 핵심은 국가

同宗教之间、同一宗教内部以及信教公民与不信教公民之间制造矛盾与冲突，不得宣扬、支持、资助宗教极端主义，不得利用宗教破坏民族团结、分裂国家和进行恐怖活动。

67 〈中华人民共和国境内外国人宗教活动管理规定"实施细则〉 제5조 (第五条): 境内外国人进行宗教活动，应当遵守中国的法律、法规、规章，尊重中国宗教独立自主自办原则，接受中国政府依法管理，不得利用宗教损害中国国家利益、社会公共利益和公民合法权益，不得违背中国的公序良俗。
境内外国人不得进行下列涉宗教的活动: (三)宣扬宗教极端思想，支持、资助宗教极端主义和非法宗教活动，利用宗教破坏中国国家统一、民族团结、宗教和睦与社会稳定；

68 장지아, "중앙국가안전위원회를 통해 본 시진핑의 국가안보관," 「한중사회과학연구」 제17권 제1호, 2019, 175-200. 참조

69 "第十三届全国人民代表大会第一次会议关于国务院机构改革方案的决定", 2018년 3월

종교사무국이 중앙통일전선부로 이관됨으로써 종교 행정이 정부 부서에서 당 기관으로 완전히 이관된 것이다.[70] 이는 중국공산당 체제하에서 '당정분리(党政分离)'에서 '당정일체(党政一体)'로의 전환을 의미하는 중대한 변화로 평가된다. 이러한 제도적 변화는 시진핑 시대의 핵심 통치 원리인 "당이 모든 것을 영도한다(黨領導一切)"라는 시진핑 시대의 기본 원칙을 구현한 것으로 해석할 수 있다.[71] 2017년 중국공산당 제19차 전국대표대회에서 시진핑은 "당 · 정 · 군 · 민 · 학 · 동서남북중, 당이 모든 것을 영도한다(党政军民学，东西南北中，党是领导一切的)"고 선언하며,[72] 당의 절대적 지도 체제를 확립한다. 종교사무국을 중앙통일전선부로 이관한 것은 이러한 당 중심 체제 구축의 일환으로 진행되었다.

중앙통일전선부로의 이관은 종교의 정치적 성격과 기능에 대한 중국공산당의 인식 변화를 보여준다. 통일전선은 중국공산당이 비당원 세력을

17일 제13기 전국인민대표대회 제1차 회의에서 통과, 출처: http://www.npc.gov.cn/zgrdw/npc/xinwen/2018-03/18/content_2050371.htm, 〈중국정부망〉, 2025년 8월 15일 접속.

70 中共中央印发《深化党和国家机构改革方案》 제14조에서 다음과 같이 명시하고 있다: "(十四) 中央统战部统一管理宗教工作。为加强党对宗教工作的集中统一领导，全面贯彻党的宗教工作基本方针，坚持我国宗教的中国化方向，统筹统战和宗教等资源力量，积极引导宗教与社会主义社会相适应，将国家宗教事务局并入中央统战部。中央统战部对外保留国家宗教事务局牌子。调整后，中央统战部在宗教事务管理方面的主要职责是，贯彻落实党的宗教工作基本方针和政策，研究拟订宗教工作的政策措施并督促落实，统筹协调宗教工作，依法管理宗教行政事务，保护公民宗教信仰自由和正常的宗教活动，巩固和发展同宗教界的爱国统一战线等。" 출처: https://www.gov.cn/zhengce/2018-03/21/content_5276191.htm, 〈中国政府网〉, "中共中央印发深化党和国家机构改革方案", 2018년 3월 21일, 2025년 8월 15일 접속.

71 이 원칙은 2017년 중국공산당 제19차 전국대표대회에서 당장(당헌)에 정식 명문화되었다: "中国共产党的领导是中国特色社会主义最本质的特征，是中国特色社会主义制度的最大优势。党政军民学，东西南北中，党是领导一切的。" 이는 <중국공산당 제19차 전국대표대회 중국공산당장(수정안)에 관한 결의(中国共产党第十九次全国代表大会关于〈中国共产党章程(修正案)〉的决议)에서 "대회는 이 중대한 정치원칙을 당장에 기입하는 것에 동의한다(大会同意把这一重大政治原则写入党章)"고 명시하여 당의 최고 규범문서인 당헌에 명문화되었다.

72 习近平, "决胜全面建成小康社会 夺取新时代中国特色社会主义伟大胜利——在中国共产党第十九次全国代表大会上的报告", 2017년 10월 18일, 출처: https://www.gov.cn/zhuanti/2017-10/27/content_5234876.htm, 〈中国政府网〉, 2025년 8월 15일 접속.

당의 목표 달성을 위해 동원하는 전통적인 정치 전략으로, 마오쩌둥 시대부터 "중국 혁명의 세 가지 법보(中国共产党在中国革命中战胜敌人的三个法宝)" 중 하나로 간주되어 왔다.[73] 종교가 통일전선의 중요한 구성 요소로 재정의됨으로써 종교계는 당의 정치적 목표에 복무하는 도구로 위치 지어지게 되었다. 종교를 통일전선의 중요한 구성 요소로 재정의함으로써 종교계는 당의 정치적 목표를 위해 종사하는 도구가 되었다.

이러한 변화의 배경에는 시진핑 정부의 종교중국화 정책이 있다. 2015년 중앙통일전선공작회의에서 시진핑이 제시한 "종교중국화 방향"은 종교가 단순히 신앙 영역에 머무르는 것이 아니라 사회주의 핵심 가치관과 일치하는 방향으로 발전해야 한다는 것을 의미했다.[74] 2018년 기구 개편은 이러한 정책적 목표를 제도적으로 뒷받침하는 조치로 이해된다.

Ⅲ. 〈시행세칙(2010)〉과 〈시행세칙(2025)〉 본문 비교 분석

본 장에서는 2010년과 2025년 〈중화인민공화국경내외국인종교활동관리규정 시행세칙〉(이하 〈시행세칙〉)의 조문별 직접 비교 분석을 통해 중국 정부의 외국인 종교활동에 대한 정책 변화를 구체적으로 고찰하고자 한다. 이러한 비교연구는 시진핑 정권의 종교정책 변화가 실제 법령에 어떻

73 毛泽东, 《〈共产党人〉发刊词》, 1939년 10월 4일, 《毛泽东选集》 第二卷 수록; 중공중앙당사문헌연구원, 《党史百年·天天读》, 共产党员网, 출처: https://www.12371.cn/2021/09/27/ARTI1632747810006980.shtml, 2025년 8월 15일 접속.; 李维汉, 《统一战线问题与民族问题》, 人民出版社, 1981. 참조.

74 习近平, "중앙통일전선공작회의 중요 연설(在中央统战工作会议上的重要讲话)", 2015년 5월 18~20일, 人民网, 출처: http://politics.people.com.cn/n1/2021/1206/c1001-32300518.html에서 재인용; 共产党员网, "坚持我国宗教中国化方向", 출처: https://www.12371.cn/2019/07/17/ARTI1563356798241707.shtml, 2025년 8월 15일 접속.

게 반영되었는지를 실증적으로 분석할 수 있는 핵심적 방법론이다. 특히 조문의 신설, 삭제, 변경 내용을 중심으로 정책 변화의 방향성과 그 함의를 도출하고자 한다.

A. 전체 구조의 근본적 변화와 선교 환경에 미치는 파급효과

1. 조문 수 확대와 체계적 구성의 도입

〈시행세칙(2010)〉은 총 22개 조문으로 구성되어 있으며, 별도의 장(章) 구분 없이 조문이 나열되는 단순한 구조를 취하고 있다. 반면 〈시행세칙(2025)〉은 38개 조문을 5개 장으로 체계화하여 구성하고 있어, 조문 수에서 72.7%의 증가를 보였다. 이러한 변화는 외국인 종교활동 관리에 대한 중국정부의 접근 방식이 단순한 행정적 관리에서 체계적이고 포괄적인 통제로 전환되었음을 시사한다. 〈시행세칙(2025)〉의 개정된 내용을 〈시행시책(2010)〉을 도표로 비교해 보면 다음과 같다.

〈표 01〉 〈시행세칙(2010)〉과 〈시행세칙(2025)〉 비교표

구분	〈시행세칙2010〉	〈시행세칙(2025)〉	변동 내용
총조문수	22개 조	38개조	16개 조(약 72.7% 증가)
구성방식	단순조문나열식	5개 장, 체계적 구성	장 체계 도입
금지조항	제17조, 8개 항목	제29조, 11개 항목	3개 항목(약 37.5% 증가)
처벌조항	제19조, 1개조	제30-35조, 총 6개조	5개 조(약 600% 증가)
기타	조항 간 연계미흡	각 조항 간 구조적 연계 및 해석 용이	적합성 및 집행력 강화

〈시행세칙(2025)〉의 5개 장 구성은 외국인 종교활동 관리의 체계화를 보여준다: 〈시행세칙(2025)〉의 장별 구성을 살펴보면, 제1장 총칙(제1-5조),

제2장 단체 종교활동(제6-19조), 제3장 종교교류(제20-28조), 제4장 법률책임(제29-35조), 제5장 부칙(제36-38조)으로 체계화되어 있다. 특히 제2장 단체 종교활동이 14개 조로 전체의 36.8%를 차지하고 있어, 개인적 종교활동보다 집단적 종교활동에 대한 통제가 핵심적 관심사임을 확인할 수 있다. 이는 개인적 종교활동에서 공동체적 종교활동으로 관리 중점이 이동했음을 의미하며, 기독교의 본질적 특성인 공동체적 신앙과 집단적 예배에 대한 구조적 제약으로 작용하고 있다.

〈표 02〉〈시행세칙(2025)〉 구조

장	제목	분량	내용
제1장	총칙	제1-5조	기본 원칙과 정의 규정
제2장	단체 종교활동	제6-19조	새롭게 독립된 관리 영역
제3장	종교교류	제20-28조	기존 교류 관련 조항 확대
제4장	법률책임	제29-30조	처벌 체계 전면 재구성
제5장	부칙	제36-38조	적용 범위와 시행 규정

2. 종교행정규범의 위상과 적용 범위 변화

〈시행세칙(2010)〉 제1조에서는 법령 제정의 근거를 다음과 같이 규정하고 있다:

> 본 시행규칙은 『중화인민공화국경내외국인종교활동관리규정』에 근거하여 개정한다.
>
> 本实施细则根据《中华人民共和国境内外国人宗教活动管理规定》制定。

〈시행세칙(2025)〉 제1조는 이를 다음과 같이 확대하여 규정한다:

> 〈중국경내외국인종교활동관리규정〉 등 관련 규정에 근거하여 본 시행세칙을 제정한다.
>
> 根据《中国境内外国人宗教活动管理规定》等有关规定, 制定本实施细则。

이러한 변화는 외국인 종교활동 관리가 단순히 기존 규정의 시행에서 더 나아가 포괄적인 법률체계하에서 관리되어야 할 대상으로 인식되었음을 보여준다. 특히 "등 관련 규정"이라는 표현은 〈종교사무조례〉 등 다른 법령과의 연계성을 시사한다.

3. 관리 주체의 변화와 복수 부서 협력 체계

〈시행세칙(2010)〉 제정 당시 관리 주체는 주로 현급 이상의 종교업무 담당부서였다. 그러나 2018년 국가종교사무국이 중앙통일전선부로 이관된 이후,[75] 〈시행세칙(2025)〉은 새로운 관리 체계를 반영하고 있다. 종교사무의 당 기관 이관은 단순한 조직개편을 넘어서는 의미를 갖는다. 이는 종교를 행정 관리 대상에서 정치적 통제 대상으로 재정의한 것이며, "당이 모든 것을 영도한다"라는 시진핑 시대의 기본 원칙[76]을 종교 분야에 적용한 결과이다.

---

75 김윤권, 류성, 이수봉, "2018년 중국 국무원 조직개편의 분석과 함의," 「한국행정학보」 제52집, 제4호, 2018, 87-117. 참조

76 시진핑, "중국공산당 제19차 전국대표대회 보고", 2017년 10월 18일. 〈구시(求是)망〉, "党政军民学、东西南北中，党是领导一切的", 출처: http://www.qstheory.cn/zhuanqu/bkjx/2020-01/13/c_1126295247.htm, 2025년 8월 11일 접속.

또한 〈시행세칙(2025)〉에서는 여러 조항에서 "성급 인민정부 종교업무 담당부서가 결정한다"라는 표현이 반복적으로 나타난다. 예를 들어, 제6조의 "일정한 인원"의 기준, 제13조의 임시장소 승인 기준, 제24조의 종교용품 반입 승인 등이 모두 성급 정부의 재량에 맡겨져 있다. 이는 중앙정부가 기본 원칙을 설정하고 지방 정부가 구체적 집행을 담당하는 분권적 관리 체계를 구축한 것으로 해석된다.

4. 적용 범위의 확장과 정의 조항의 강화

법령의 적용 범위와 정의 조항에서도 중요한 변화가 나타났다. 〈시행세칙(2010)〉 제3조는 다음과 같이 규정했다:

> 경내 외국인 종교활동이란 외국인이 중국 경내에서 각자의 종교신앙 관습에 따라 거행하고 참여하는 각종 종교의례, 중국의 종교사회단체, 종교활동 장소, 종교교직자와 종교업무 영역에서 맺는 관계 및 이와 관련된 각종 활동을 의미한다.
>
> 境内外国人宗教活动是指外国人在中国境内按照各自的宗教信仰习惯举行和参与的各种宗教仪式, 与中国宗教社会团体、宗教活动场所和宗教教职人员所发生的宗教事务方面的联系, 及其有关的各种活动。

이에 반해 2025년 개정된 〈시행세칙〉 제3조는 다음과 같이 변경한다:

> 이 시행세칙에서 말하는 경내 외국인 종교활동이라 함은 외국인이 중국 국내에서 자신의 종교적 신념에 따라 종교의식을 거행하거나 참여하는

것과 중국 종교단체, 종교학교, 종교활동 장소 및 종교교직자와 종교 영역에서의 교류 등의 활동을 의미한다.

本实施细则所称境内外国人宗教活动,是指外国人在中国境内按照其宗教信仰举行或者参加宗教仪式,以及与中国宗教团体、宗教院校、宗教活动场所和宗教教职人员进行宗教方面交往交流等活动。

이러한 변화에서 주목할 점은 첫째, 종교사회단체가 종교단체로 간소화되었고, 둘째, 종교학교(宗教院校)가 새롭게 추가되어 신학교육 기관이 관리 대상으로 명시적으로 포함되었으며, 셋째, "종교업무 영역에서 맺는 관계(宗教事务方面的联系)"에서 "중국 종교계와 진행하는 우호적인 교류와 문화학술 교류활동(宗教方面与中国宗教界进行的友好往来和文化学术交流活动)"으로 표현이 변경되어 상호작용성이 강조되었다는 점이다. 이는 외국인 종교활동의 범위가 단순한 개인적 신앙 실천에서 교육적, 교류적 차원으로 확대되었음을 의미한다.

5. 새로운 개념의 도입: 단체 종교활동

〈시행세칙(2010)〉에는 단체 종교활동에 대한 별도의 정의가 없었으나, 〈시행세칙(2025)〉 제6조는 이를 명확히 정의한다:

본 시행세칙에서 지칭하는 경내 외국인단체종교활동이란 경내 외국인이 조직하고 일정한 인원의 외국인이 참여하는 종교활동을 의미하며, 본 시행세칙 제19조에 규정된 상황은 포함하지 않는다. 전항에 규정된 일정한 인원은 성급 인민정부 종교업무 담당부서에서 결정한다.

本实施细则所称境内外国人集体宗教活动，是指境内外国人组织的、有一定数量外国人参加的宗教活动，不包括本实施细则第十九条规定的情形。前款规定的一定数量由省级人民政府宗教事务部门确定。

이러한 정의의 도입은 외국인 종교활동을 개인적 차원과 집단적 차원으로 구분하여 관리하겠다는 의도를 보여준다. 특히 일정한 인원의 기준을 성급 정부에 위임한 것은 지역별 상황에 따른 탄력적 운영을 가능하게 하면서도, 중앙 정부의 통제하에서 지방 정부가 구체적 집행을 담당하는 관리 체계를 구축한 것으로 해석된다.

B. 포괄적 의무 조항 신설과 기본 원칙의 강화

1. 포괄적 의무 조항의 신설

〈시행세칙(2025)〉에서 가장 중요한 변화 중 하나는 제5조의 신설이다. 이 조항은 외국인에게 다섯 가지 포괄적 의무를 부과한다. 〈시행세칙(2010)〉에는 외국인의 일반적 의무에 관한 포괄적 조항이 없었으나, 〈시행세칙(2025)〉 제5조는 다음과 같은 포괄적 의무를 신설했다:

경내 외국인이 종교활동을 진행할 때에는 중국의 법률, 법규, 규장을 준수하고, 중국 종교의 독립자주자체운영 원칙을 존중하며, 중국정부의 의법 관리를 받아들여야 하고, 종교를 이용하여 중국 국가이익, 사회공공이익 및 공민의 합법 권익에 손해를 끼쳐서는 안 되며, 중국의 공서양속에 위배되어서는 안 된다.

境内外国人进行宗教活动，应当遵守中国的法律、法规、规章，尊重中国宗教独立自主自办原则，接受中国政府依法管理；不得利用宗教损害中国国家利益、社会公共利益和公民合法权益，不得违背中国的公序良俗。

이 조항은 외국인 종교활동에 대한 기본 원칙을 천명한 것으로, 다음과 같은 다섯 가지 의무를 부과하고 있다: ① 중국 법령 준수, ② 독립자주자체운영 원칙 존중, ③ 정부 관리 수용, ④ 국가 및 사회 이익 침해 금지, ⑤ 공서양속 준수. 이 중 "독립자주자체운영 원칙 존중"과 "공서양속 준수"는 특히 주목할 만한 새로운 요구사항이다.

"독립자주자체운영(独立自主自办) 원칙"은 1950년대 초 삼자애국운동의 핵심 원칙에서 제시된 자치(自治), 자양(自養), 자전(自傳)의 삼자 원칙을 계승한 것으로, 이를 외국인에게도 적용함으로써 외국 선교사와 선교 조직의 중국 기독교에 대한 영향력을 원천적으로 차단하려는 의도를 보여준다. 역사적으로 볼 때, 삼자원칙은 중국 기독교의 자치(自治), 자양(自養), 자전(自傳)을 통해 외국 선교회의 영향력을 배제하고자 했던 정책이었다. 이제 이 원칙이 외국인 종교활동 규제에도 적용됨으로써, 서구 교단과의 독립적 관계 형성이나 선교 파트너십 구축이 구조적으로 제약받게 되었다.

또 다른 중요한 요소는 "공서양속(公序良俗)"[77] 준수 요구이다. 공서양

77 공서양속(公序良俗)은 중국법에서 '공공질서와 선량한 풍속'을 의미하는 법률 개념이다. 중국 민법전 제8조는 "민사주체가 민사활동을 진행함에 있어서는 법률을 위반해서는 안 되며, 공서양속을 위반해서는 안 된다"라고 규정하고 있다. 그러나 이 개념은 매우 추상적이고 포괄적이어서 구체적인 적용에서는 사법기관과 행정기관의 재량에 크게 의존한다. 종교 분야에서 공서양속은 중국 전통문화, 사회주의 핵심 가치관, 사회 안정과 조화 등의 가치와 연결되어 해석되는 경향이 있다. 따라서 서구적 종교 형태나 중국 전통과 상충하는 종교 관습은 공서양속 위반으로 분류될 위험이 있다. 중화인민공화국 민법전 제8조; 梁慧星, 民法总则讲义 . (北京: 法律出版社, 2017), 45-52.

속은 중국법상 "공공질서와 선량한 풍속"을 의미하는 개념이지만, 그 구체적 기준이 불분명하여 해석 여지가 매우 넓다. 이는 기독교의 배타적 진리 주장, 전도 활동, 서구적 예배 형식 등이 공서양속 위반으로 해석될 위험성이 내포되고 있다. 특히 중국 전통문화와의 조화를 강조하는 현재의 정책 방향을 고려할 때, 이 조항은 기독교의 토착화를 넘어선 중국화 압력으로 작용할 가능성이 높다.

2. 종교중국화 원칙의 구체적 적용

제5조의 "독립자주자체운영의 원칙 존중" 요구는 시진핑 시대 종교중국화 정책의 직접적 반영이다. 또한 시진핑 주석이 2016년 전국종교공작회의에서 "종교가 사회주의 사회와 상응하도록 적극 인도하는 것에서 중요한 임무 하나는 우리나라 종교가 중국화 방향을 견지하도록 지지하는 것"[78]이라고 강조한 바와 같이, 종교중국화 정책이 외국인 종교활동 규제에도 직접적으로 반영되고 있다. 이는 신학적 재해석 압력, 예배 형태의 중국화, 교회 건축의 중국화, 성경 해석의 중국화 등 다방면에 걸친 변화 압력으로 나타나고 있다. 이는 외국인 종교활동도 중국 종교의 기본 원칙에 따라야 함을 의미하며, 외국 종교 조직과의 독립적 관계 형성을 제약하는 조치이다.

---

78 〈인민일보〉, "习近平出席全国宗教工作会议并发表重要讲话(시진핑 전국종교공작회의 참석 및 중요연설)", 2016년 4월 23일, 출처: http://politics.people.com.cn/n1/2016/0423/c1001-28299513.html, 2025년 8월 11일 접속.

C. 종교교직자 활동 규제의 체계화

1. 종교교직자 초청 절차의 강화

〈시행세칙(2010)〉 제6조는 외국 종교교직자의 활동에 대해 다음과 같이 규정했다:

> 종교교직자 신분으로 방문하는 외국인은 성 · 자치구 · 직할시급 이상 종교사회단체의 초청을 받아 법률에 따라 등록된 종교활동 장소에서 경전강해, 설교할 수 있다. 기타 신분으로 입국한 외국 종교교직자는 성 · 자치구 · 직할시급 이상 종교사회단체의 초청을 받고 성급 이상 인민정부 종교사무부문의 동의를 얻어 법률에 따라 등록된 종교활동 장소에서 경전강해, 설교할 수 있다.
>
> 以宗教教职人员身份入境的外国人, 可应省、自治区、直辖市以上宗教社会团体邀请, 在依法登记的宗教活动场所讲经、讲道。以其他身份入境的外国宗教教职人员, 可应省、自治区、直辖市以上宗教社会团体邀请并经省级以上人民政府宗教事务部门同意, 在依法登记的宗教活动场所讲经、讲道。

〈시행세칙(2025)〉 제21조는 이를 다음과 같이 강화했다:

> 종교교직자 신분으로 입국한 외국 종교교직자는 국가급 종교단체 또는 성, 자치구, 직할시 종교단체의 초청을 받아 사찰교당에서 경전강해, 설교를 할 수 있다. 기타 신분으로 입국한 외국 종교교직자는 국가급 종

교단체 또는 성, 자치구, 직할시 종교단체의 초청을 받고, 국가종교사무국 또는 성급 인민정부 종교업무 담당부서의 동의를 얻어 사찰교당에서 경전강해, 설교를 할 수 있다.

以宗教教职人员身份入境的外国宗教教职人员,可以应国家级宗教团体或者省、自治区、直辖市宗教团体邀请,在寺观教堂讲经、讲道。以其他身份入境的外国宗教教职人员,可以应国家级宗教团体或者省、自治区、直辖市宗教团体邀请,经国家宗教事务局或者省级人民政府宗教事务部门同意,在寺观教堂讲经、讲道。

〈시행세칙(2025)〉에서는 피초청인의 자격 요건을 더욱 구체적으로 명시하고 있다:

(1) 중국의 법률, 법규, 규장을 준수하고, 중국 종교의 독립자주자체운영원칙을 존중하며, 중국에 적대적인 언행이 없고, 종교극단 사상 경향이 없어야 한다. (2) 강의하려는 내용이 중국의 법률, 법규, 규장을 위반하지 않고, 중국의 종교업무에 간섭하지 않으며, 중국의 공공질서와 미풍양속을 위배하지 않아야 한다."

(一)遵守中国的法律、法规、规章,尊重中国宗教独立自主自办原则,无敌视中国言行,无宗教极端思想倾向;(二)讲授内容不违反中国的法律、法规、规章,不干涉中国的宗教事务,不违背中国的公序良俗。

이러한 변화는 외국 종교교직자에 대한 사상적, 정치적 심사를 강화하고, 강의 내용에 대한 사전 통제를 명시한 것으로 해석된다.

2. 종교의식 주재 권한의 제한

〈시행세칙(2010)〉 제10조는 종교의식 주재에 대해 다음과 같이 규정했다:

> 중국의 종교사회단체의 동의를 받아, 경내 외국인은 중국 종교교직자를 초청하여 각 종교의 관습에 따라 세례, 혼례, 장례 및 불교의식, 법회 등 종교의식을 거행할 수 있다."
>
> 经中国宗教社会团体同意，境内外国人可邀请中国宗教教职人员按照各宗教习惯举行洗礼、婚礼、丧礼以及佛事、法事等宗教仪式。

〈시행세칙(2025)〉 제19조는 이를 다음과 같이 변경했다:

> 경내 외국인은 소재지 종교단체의 동의를 얻어 중국 종교교직자를 초청하여 종교 관습에 따라 세례, 혼례, 장례 및 도장, 법회 등 종교의식을 거행할 수 있다."
>
> 境内外国人可以经所在地宗教团体同意，邀请中国宗教教职人员按照宗教习惯举行洗礼、婚礼、丧礼以及道场、法会等宗教仪式。

이러한 변화는 외국인이 종교의식을 주재하는 것을 원칙적으로 금지하고, 오직 중국 종교교직자만이 주재할 수 있도록 제한한 것이다. 이는 외국인의 종교적 역할을 근본적으로 제약하는 조치로 해석된다.

D. 단체 종교활동 관리 체계와 기독교 공동체 형성의 제약

〈시행세칙(2010)〉에는 단체 종교활동에 대한 별도의 규정이 없었으나, 〈시행세칙(2025)〉에는 제2장 전체(제6조-제19조, 총 14개 조)가 단체 종교활동 관리에 할애되었다. 이는 〈시행세칙(2025)〉의 가장 혁신적인 변화로 평가된다.

1. 단체 종교활동의 정의와 범위와 기독교 공동체 형성의 제약

2010년에 제정된 〈시행세칙〉에는 단체 종교활동과 관련된 별도 규정이 없었다. 제7조에서 다음과 같이 간단하게 규정하고 있었다.

> 경내 외국인이 단체 종교활동을 진행할 때는 현급 이상 인민정부 종교업무 담당부서가 인가한 법률에 따라 등록된 사찰, 도교사원, 모스크, 예배당에서 거행하거나, 성, 자치구, 직할시 인민정부 종교업무 담당부서가 지정한 임시 장소에서 거행해야 한다.
>
> 境内外国人集体进行宗教活动要在由县级以上人民政府宗教事务部门认可的经依法登记的寺院、宫观、清真寺、教堂,或在由省、自治区、直辖市人民政府宗教事务部门指定的临时地点举行。

그러나 2025년 개정된 〈시행세칙〉에는 제2장 전체(제6조에서 제19조, 총 14개조)가 단체 종교활동에 할애되었다. 제6조는 단체 종교활동을 다음과 같이 정의한다.

본 시행세칙에서 지칭하는 경내 외국인단체종교활동이란 경내 외국인이 조직하고 일정한 인원의 외국인이 참여하는 종교활동을 의미한다.

本实施细则所称境内外国人集体宗教活动, 是指境内外国人组织的、有一定数量外国人参加的宗教活动、

여기서 일정 인원의 규모는 성급 정부 종교업무 담당부서가 결정(由省级人民政府宗教事务部门确定)하도록 하여 지역별 탄력적 적용을 가능하게 했다. 이는 베이징, 상하이 등 외국인이 많은 도시와 내륙 지역 간의 차별적 관리를 염두에 둔 것으로 보인다.

2. 집회책임자 제도의 도입

집회책임자 제도는 〈시행세칙(2025)〉의 가장 혁신적인 장치 중 하나이다. 제7조는 외국인단체종교활동을 위해서는 반드시 3명 이상의 집회책임자를 임명해야 한다고 규정했다.

경내 외국인이 사찰교당에서 단체 종교활동을 하거나 임시장소 설립을 신청하는 경우, 3명 이상의 집회책임자를 선출해야 한다.

境内外国人申请在寺观教堂举行集体宗教活动或者申请设立临时地点, 应当推选三名以上召集人。

집회책임자의 자격 요건에 대해서는 다음과 같이 명시되어 있다.

집회책임자는 중국의 법률, 법규 및 규정을 준수하고, 중국에 대해 적대적인 언행을 하지 않으며, 불량 기록이 없어야 하고, 상응하는 법적 책임을 질 수 있어야 하며, 중국 경내에 합법적으로 체류해야 한다.

召集人应当遵守中国的法律、法规、规章, 无敌视中国言行, 无不良记录, 能够承担相应的法律责任, 在中国境内合法居留。

이처럼 집회책임자의 자격 요건을 중국 법률 · 법규 · 규장을 준수할 것, 적대적 언행이 없을 것, 불량 기록이 없을 것, 완전한 민사행위능력을 가질 것, 합법적 체류 신분을 가질 것, 외교대표기구, 영사기구 인원 및 기타 특권 향유자가 아닐 것 등 구체적으로 규정하고 있다. 특히 외교관 등 특권층의 집회책임자 금지는 종교활동의 정치적 중립성을 강조한 것이다. 이는 종교활동이 외교적 도구로 활용되는 것을 방지하려는 의도로 해석된다.

제14조에서 규정하는 집회책임자의 책무를 살펴보면 다음과 같다.

집회책임자는 임시장소 단체 종교활동의 안전관리를 강화해야 하며, 활동에 참가하는 인원은 임시장소 비준문서에 기재된 활동인원을 초과해서는 안 된다.

召集人应当加强临时地点集体宗教活动的安全管理, 参加活动的人数不得超过临时地点批准文书中载明的活动人数。

집회책임자의 책임은 단체 종교활동의 현장 관리, 안전 관리 및 사고

예방, 참가 인원 통제, 관련 법규 준수 감독, 정부 부서의 관리와 감독 수용 등 대단히 구체적이다. 또한 다음과 같은 배제 조항도 명시되어 있다:

> 중국 주재 외국 외교대표기구, 영사기구 인원 및 면책특권을 향유하는 기타 외국인은 집회책임자 역할을 할 수 없다.
>
> 中国境内外国外交代表机构、领事机构人员和享有豁免特权的其他外国人,不得担任召集人。

이러한 집회책임자 제도는 외국인 종교 공동체에 자율 통제 메커니즘을 내재화하는 의미를 갖는다. 정부가 직접 통제하는 대신 공동체 내부의 책임자를 통해 간접 통제하는 방식이다.

3. 임시장소 관리의 체계화

〈시행세칙(2010)〉 제7조는 임시장소에 대해 간략하게 규정했다:

> 경내 외국인이 단체 종교활동을 진행할 때는 현급 이상 인민정부 종교업무 담당부서가 인가한 법률에 따라 등록된 사찰, 도교사원, 모스크, 예배당에서 거행하거나, 성, 자치구, 직할시 인민정부 종교업무 담당부서가 지정한 임시장소에서 거행해야 한다.
>
> 境内外国人集体进行宗教活动要在由县级以上人民政府宗教事务部门认可的经依法登记的寺院、宫观、清真寺、教堂,或在由省、自治区、直辖市人民政府宗教事务部门指定的临时地点举行。

반면 〈시행세칙(2025)〉은 제11조부터 제18조에 걸쳐 임시장소 설립과 관리에 대해 상세히 규정하여 임시장소에 대한 관리가 대폭 강화되었다. 설립 조건(제11조), 신청 절차(제12조), 심사 과정(제13조), 현장 관리(제14조), 변경 절차(제18조) 등이 세분화되어 규정되었다.

> 현급 행정구역 내에서 동일한 종교를 믿고 동일한 언어를 사용하여 단체 종교활동을 진행할 수 있는 경우, 일반적으로 한 곳의 임시장소만을 비준한다. 임시장소 유효기간은 최장 2년이다. 기간 만료 후에도 해당 임시장소에서 단체 종교활동을 거행할 필요가 있는 경우, 유효기간 만료 30일 전에 본 시행세칙 제12조 규정에 따라 다시 신청해야 한다.
>
> 在县级行政区域内, 对信仰同一宗教、能够使用同一语言进行集体宗教活动的, 一般只批准一处临时地点。临时地点有效期最长为二年。期满后仍需要在该临时地点举行集体宗教活动的, 应当在期满三十日前按照本实施细则第十二条的规定重新申请。

이러한 규정은 임시장소의 수량을 원칙적으로 1개현 1개소로 제한하고, 유효기간은 최장 2년으로 제한하고, 갱신 의무를 부여함으로써 임시장소의 항구성을 차단하고, 외국인 종교 공동체의 안정적 정착을 방지하려는 의도로 해석된다.

4. 참가자 제한과 신고 의무

〈시행세칙(2025)〉 제16조는 단체 종교활동 참가자에 대한 새로운 제한을 도입했다.

본 시행세칙 규정에 따라 배정하거나 초청한 종교활동 주재담당 중국인 종교교직자를 제외하고, 경내 외국인이 거행하는 단체 종교활동은 경내에 체류하는 외국인만 참가할 수 있다.

除本实施细则规定安排或者邀请的主持宗教活动的中国宗教教职人员外, 境内外国人举行的集体宗教活动只能有境内外国人参加。

이는 외국인과 중국인 간의 종교적 교제를 원천적으로 차단하는 조치로, 외국인 종교 공동체의 현지화와 중국 사회와의 통합을 구조적으로 봉쇄하는 효과를 갖는다. 〈시행세칙(2010)〉 제17조 제5항에서는 이를 다음과 같이 규정했다:

종교활동 임시장소에서 중국 공민 참가 종교활동 거행(초청받은 중국 종교교직자의 종교활동 주재 제외)

在宗教活动临时地点举行有中国公民参加的宗教活动(应邀的中国宗教教职人员主持宗教活动除外)

이러한 비교를 통해 〈시행세칙(2025)〉에서는 예외 조항이 더욱 엄격해져 분리가 철저해졌음을 알 수 있다. 또한 〈시행세칙(2025)〉 제17조는 신고 의무를 다음과 같이 규정한다:

경내 외국인단체종교활동을 위해 전문종교 의식업무를 제공하는 사찰교당과 임시장소 건축시설을 제공하는 측에서는 경내 외국인단체종교활동에서 중국 법률, 법규, 규장을 위반하는 행위를 발견한 경우, 소재지 종교업무 담당부서 또는 기타 관련 부서에 즉시 보고해야 한다.

为境内外国人集体宗教活动提供专场服务的寺观教堂和提供临时地点建筑设施的，发现境内外国人集体宗教活动中有违反中国法律、法规、规章行为的，应当立即向所在地宗教事务部门或者其他有关部门报告。

E. 금지 범위의 대폭 확대

1. 기존 금지 조항과 새로운 금지 영역의 확대

〈시행세칙(2010)〉 제17조는 8개 항목의 금지 행위를 규정했다:

외국인은 중국 경내에서 다음의 선교활동을 할 수 없다: (1) 중국 공민 중에서 종교교직자 임명 (2) 중국 공민 중에서 종교신도 모집 (3) 종교활동 장소에서 무단 경전강해, 설교 (4) 법에 따라 등록된 종교활동 장소 이외의 장소에서 무단으로 경전강해, 설교, 종교집회 활동 (5) 종교활동 임시장소에서 중국 공민 참가 종교활동 거행(초청받은 중국 종교교직자의 종교활동 주재 제외) (6) 종교서적, 종교음향 및 영상제품, 종교전자 출판물 등 종교용품 제작 및 판매 (7) 종교홍보물 배포 (8) 기타 형식의 선교활동

外国人不得在中国境内进行下列传教活动：(一)在中国公民中委任宗教教职人员；(二)在中国公民中发展宗教教徒；(三)在宗教活动场

所擅自讲经、讲道；(四)在依法登记的宗教活动场所以外的地方擅自讲经、讲道、举行宗教聚会活动；(五)在宗教活动临时地点举行有中国公民参加的宗教活动(应邀的中国宗教教职人员主持宗教活动除外)；(六)制作、销售宗教书刊、宗教音像制品、宗教电子出版物等宗教用品；(七)散发宗教宣传品；(八)其他形式的传教活动。

〈시행세칙(2025)〉 제29조는 이를 11개 항목으로 확대되어 선교활동 차단의 범위와 강도가 현저히 증가했다:

경내 외국인은 다음 종교 관련 활동을 진행해서는 안 된다: (1) 중국 종교단체, 종교학교, 종교활동 장소의 업무에 간섭하고 지배하며, 종교교직자의 임명과 관리에 간섭하는 행위; (2) 종교조직을 설치하고, 종교사무기구, 종교활동 장소 또는 종교학교를 설립하는 행위; (3) 종교극단사상을 전파하고, 종교극단주의와 불법 종교활동을 지지하고 지원하며, 종교를 이용하여 중국 국가통일, 민족단결, 종교화목과 사회안정을 파괴하는 행위; (4) 임의로 경전강해, 설교를 하거나 단체 종교활동을 거행하는 행위; (5) 중국 공민 중에서 종교신도를 모집하고, 종교교직자를 임명하는 행위; (6) 종교를 이용하여 중국의 사법, 교육, 혼인, 사회관리 등 제도를 방해하는 활동을 진행하는 행위; (7) 종교서적, 종교음향 및 영상제품, 종교전자출판물 등 종교용품을 제작 또는 판매하고, 종교선전물을 배포하는 행위; (8) 중국 조직 및 공민의 종교성 기부를 접수하는 행위; (9) 종교교육훈련을 조직하고 시행하는 행위; (10) 인터넷을 이용하여 불법 종교활동을 수행하는 행위; (11) 기타 종교 관련 위법 활동

境内外国人不得进行下列涉宗教的活动：(一)干涉和支配中国宗教团

体、宗教院校、宗教活动场所的事务，干涉宗教教职人员的认定和管理；(二)成立宗教组织，设立宗教办事机构、宗教活动场所或者宗教院校；(三)宣扬宗教极端思想，支持、资助宗教极端主义和非法宗教活动，利用宗教破坏中国国家统一、民族团结、宗教和睦与社会稳定；(四)擅自开展讲经、讲道或者举行集体宗教活动；(五)在中国公民中发展宗教教徒，委任宗教教职人员；(六)利用宗教进行妨碍中国司法、教育、婚姻、社会管理等制度实施的活动；(七)制作或者销售宗教书刊、宗教音像制品、宗教电子出版物等宗教用品，散发宗教宣传品；(八)接受中国组织及公民宗教性的捐赠；(九)组织开展宗教教育培训；(十)利用互联网进行非法宗教活动；(十一)其他涉宗教的违法活动。

2010년과 2025년 금지 조항의 비교에서 주목할 점은 단순한 항목 수의 증가를 넘어 금지 범위의 질적 확대이다. 첫째, '선교활동(传教活动)'에서 '종교 관련 활동(涉宗教的活动)'으로 표현이 변경되어 금지 범위가 확대되었다. 둘째, 종교극단주의 관련 조항(제3항), 사회제도 방해 활동 금지(제6항), 종교교육훈련 금지(제9항), 인터넷 활동 금지(제10항) 등이 새롭게 추가되었다. 셋째, 경제적 지원 관련 금지(제8항)가 명시되어 선교 활동의 경제적 기반을 차단하려는 의도를 보여준다.

특히 제4항의 "임의로 경전강해, 설교를 하거나 단체 종교활동을 거행하는 행위" 금지는 외국인의 종교적 표현의 자유를 근본적으로 제약하는 것으로, 사실상 모든 종교적 활동을 사전 허가제로 전환한 것이다. 제9항의 "종교교육훈련을 조직하고 시행하는 행위" 금지는 성경공부, 제자훈련 등 기독교의 기본적 활동을 전면 금지하는 것으로 해석된다.

이러한 금지 조항의 확대는 단순한 규제 강화를 넘어서 선교 활동 자체를 원천적으로 차단하려는 구조적 변화를 보여준다. 특히 "선교활동"에서

"종교 관련 활동"으로 표현이 변경된 점은 금지 범위의 확대 해석 가능성을 열어놓았으며, 예방적 통제를 통한 사전 차단 정책의 강화를 의미한다.

2. 종교용품 관리 기준의 구체화

종교용품 관리에서도 중요한 변화가 나타났다. 〈시행세칙(2010)〉 제12조는 종교용품 휴대 반입에 대해 다음과 같이 규정했다:

> 개인 용도의 합리적 수량을 초과하고, 제11조 규정 범위에 속하지 않는 것... 위 규정을 위반한 종교인쇄물, 종교음향 및 영상제품 및 기타 종교용품이 발견되면, 세관이 법률에 따라 처리한다.
>
> 超出自用合理数量、不属于第十一条规定范围的;...发现有违反上述规定的宗教印刷品、宗教音像制品和其他宗教用品, 由海关依法处理。

〈시행세칙(2010)〉에는 "개인용도의 합리적 수량"에 대한 구체적 기준 없이 세관의 재량적 판단에 의존했다면, 〈시행세칙(2025)〉 제23조는 구체적 수량 기준을 명시하고 있다:

> 종교인쇄품과 종교음향 및 영상제품 개인사용, 합리적 수량의 범위는 단행본 출판물 1인당 1회 10권(부) 이하, 전질 발행 출판물 1인당 1회 3질 이하를 가리킨다. 기타 종교용품 개인사용, 합리적 수량의 범위는 각 종류마다 3개 기본단위 이하를 가리킨다. 배포용 종교인쇄품 및 종교음향 및 영상제품은 휴대입국을 금지한다.

宗教印刷品和宗教音像制品自用、合理数量的范围，是指单行本发行的出版物每人每次十册(份)以下，成套发行的出版物每人每次三套以下。其他宗教用品自用、合理数量的范围，是指每种三个基本单位以下。散发性宗教印刷品以及宗教音像制品，禁止进境。

이러한 변화는 2010년의 모호한 "개인용도의 합리적 수량" 기준이 2025년에는 구체적 수량으로 명시한 것으로, 관리의 예측 가능성을 높이는 한편 종교용품의 유입을 효과적으로 통제하려는 의도를 보여준다. 특히 "배포용 종교인쇄품 및 종교음향 및 영상제품은 휴대입국을 금지한다"라는 조항은 선교 자료의 유입을 원천적으로 차단하려는 조치이다.

3. 국제 종교교류 관리의 강화

〈시행세칙(2010)〉 제18조는 국제 종교조직과의 관계에 대해 다음과 같이 규정했다:

국제 종교조직, 기구 및 그 구성원이 중국 종교사회단체, 종교활동장소, 종교교직자와 종교업무 영역에서 관계를 맺거나 관련 활동을 하려면, 사전에 성급 이상 인민정부 종교업무 담당부서에 신청하여 승인을 받아야 한다.

国际宗教组织、机构及其成员与中国宗教社会团体、宗教活动场所、宗教教职人员发生宗教事务方面的联系或者进行有关活动，应当事先向省级以上人民政府宗教事务部门申请并获得批准。

〈시행세칙(2025)〉에서는 이러한 조항이 제3장 종교교류에서 더욱 체계화되어 규정되고 있다. 제20조는 종교교류의 기본 원칙을 다음과 같이 설정한다:

> 경내 외국인이 중국 종교단체, 종교학교 및 종교활동장소 등과 종교 방면의 우호적인 교류와 문화학술 교류활동을 진행하는 경우, 국가급 종교단체 또는 성, 자치구, 직할시 종교단체를 통해 진행해야 한다.
>
> 境内外国人与中国宗教团体、宗教院校及宗教活动场所等进行宗教方面的友好往来和文化学术交流活动，应当通过国家级宗教团体或者省、自治区、直辖市宗教团体进行。

이러한 원칙 설정은 종교교류를 반드시 공식 종교단체를 통해서만 가능하도록 제한한 것으로, 민간 차원의 자유로운 종교교류를 차단하려는 의도를 보여준다. 심지어 외국 종교조직과의 교류 조건을 강화한 조항이 추가되었다. 〈시행세칙(2025)〉 제28조는 외국 종교조직과의 교류에 대해 새로운 조건들을 제시한다.

> 무릇 중국 국내에 상응하는 합법적인 중국 종교조직이 없는 외국 종교조직 및 그 구성원이 중국정부부서 또는 종교단체, 종교학교, 종교활동장소 등과 교류하는 경우, 다음 조건에 부합해야 한다: (1) 중국에 우호적이어야 한다. (2) 소재국(지역)에서 합법적 지위 또는 신분을 가져야 한다. (3) 불량 기록이 없어야 한다. (4) 중국 종교의 독립자주자체운영원칙을 존중하고, 중국 국내에서 진행할 교류활동이 중국의 법률, 법규, 규정을 위반하지 않아야 한다.

凡中国境内没有相应的合法的中国宗教组织的外国宗教组织及其成员与中国政府部门或者宗教团体、宗教院校、宗教活动场所等进行交流的，应当符合下列条件：(一)对中国友好；(二)在所在国(地区)具有合法地位或者身份；(三)无不良记录；(四)尊重中国宗教独立自主自办原则，在中国境内进行的交流活动不违反中国的法律、法规、规章。

이러한 조건들은 외국 종교조직에 대한 정치적, 이념적 심사를 강화한 것으로, 특히 '중국에 우호적'이라는 조건은 매우 주관적이고 포괄적인 기준이다.

4. 법률책임 체계의 전면 재구성

〈시행세칙(2010)〉에는 제19조 1개 조에서 처벌에 대해 간략히 규정했다:

경내 외국인이 본 세칙을 위반하여 종교활동을 할 경우, 현급 이상 인민정부 종교업무 담당부서와 기타 관련 부서가 법에 따라 제지한다. 경내 외국인이 본 세칙을 위반하여 종교활동을 하여 『중화인민공화국외국인출입국관리법』, 『중화인민공화국치안관리처벌조례』 등 법률, 법규를 위반한 경우, 공안기관이 법에 따라 처리한다. 범죄가 성립하는 경우, 사법기관이 법에 따라 형사책임을 묻는다.

境内外国人违反本细则进行宗教活动的，由县级以上人民政府宗教事务部门和其他有关部门依法制止。境内外国人违反本细则进行宗教活动，违反《中华人民共和国外国人入境出境管理法》《中华人民共和国治安管理处罚条例》等法律、法规的，由公安机关依法处理；构成犯罪的，由司法机关依法追究刑事责任。

반면 〈시행세칙(2025)〉은 제4장 전체 조를 법률책임에 할애하여 처벌 체계를 전면적으로 재구성하였다. 이는 처벌 조항이 500% 증가한 것으로, 위반 행위에 대한 강력한 처벌 의지를 보여준다. 아울러 〈시행세칙(2025)〉 제32조에 도입된 단체 종교활동 위반에 대한 단계적 처벌 체계는 특히 주목할 만하다;

> 경내 외국인이 사관교당에 혹은 임시장소에서 단체 종교활동을 진행하면서 본 시행세칙의 규정 혹은 동의서의 내용을 위반하는 경우, 종교업무 담당부서에서 시정을 명령하고, 집회책임자에게 책임이 있는 경우 집회책임자 교체를 명한다; 사안이 엄중한 경우, 사관교당이 외국인단체종교활동을 위해 종교의식 전문업무 제공을 중지하도록 명하거나 임시장소의 활동 중지를 명한다.
>
> 境内外国人在寺观教堂或者临时地点举行集体宗教活动违反本实施细则规定或者承诺书内容的, 由宗教事务部门责令改正, 召集人负有责任的, 责令撤换召集人; 情节严重的, 责令寺观教堂停止为外国人集体宗教活动提供专场服务或者责令临时地点停止活动。

이러한 단계적 처벌 체계는 시정 명령, 집회책임자 교체, 활동 중단의 3단계 처벌 체계를 구축하고 있어, 위반 정도에 따른 차등적 대응을 가능하게 한다. 이러한 단계적 처벌 체계에서 특히 집회책임자 교체 명령은 외국인 종교 공동체의 지도력 구조에 직접 개입하여 목회적 연속성을 파괴하는 강력한 수단이며, 임시지점 활동 중지는 외국인 기독교 공동체의 완전한 해체를 의미한다. 또한 한 교회의 위반 행위가 지역 내 다른 외국인 교회에 미치는 연쇄적 영향도 우려되는 부분이다.

5. 중국 교회에 대한 연대 처벌

〈시행세칙(2025)〉 제33조에서 중국 종교단체, 종교학교, 종교활동장소의 위반에 대해 〈종교사무조례〉 제65조[79]에 따라 처리하고, 중국 종교교직인원의 위반에 대해서는 제73조에 따라 처리한다고 규정한 것은 중국 교회에 대한 연대 처벌을 의미한다:

> 중국 종교단체, 종교학교, 종교활동 장소가 본 시행세칙의 규정을 위반하는 경우, 〈종교사무조례〉 제65조에 의거하여 처리한다. 중국 종교교직자가 본 시행세칙 규정을 위반하는 경우, 〈종교사무조례〉 제73조에 의거하여 처분한다.
>
> 中国宗教团体、宗教院校、宗教活动场所违反本实施细则规定的, 依照《宗教事务条例》第六十五条的规定处理。中国宗教教职人员违反本实施细则规定的, 依照《宗教事务条例》第七十三条的规定处理。

이는 외국인 종교활동과 관련된 위반 행위 시 중국 종교기관도 함께 처벌받도록 하는 연대 처벌 체계로, 중국 교회로 하여금 외국인과의 접촉을 기피하게 하여 파트너십 선교 모델을 구조적으로 붕괴시키는 결과를 가져올 우려가 있다. 이러한 연대 처벌 규정은 외국인과 중국인 종교인 간의 교제와 협력을 근본적으로 차단하는 핵심 장치로 작용한다.

---

79 〈宗教事务条例(종교사무조례)〉는 2017년 6월 14일 중화인민공화국 국무원 제176차 상무회의에서 수정 통과, 2017년 8월 26일 중화인민공화국 국무원령 제686호로 공포, 2018년 2월 1일 시행되었다. 본 〈조례〉 제65조는 종교단체, 종교학교, 종교활동장소의 위반행위에 대한 처벌 조치를 규정하고 있다. 法大大, 〈宗教事务条例(2017最新修订版本)〉, 출처: https://www.fadada.com/notice/detail-17840.html, 2025년 8월 12일 접속.

6. 종교교육과 종교인력 양성의 제약

〈시행세칙(2010)〉 제13조는 해외유학생 관리에 대해 다음과 같이 규정했다.

> 외국 조직 또는 개인이 중국에 제공하는 종교교직자 양성 목적의 해외유학생 정원이나 자금은, 중국 전국급 종교사회단체가 필요에 따라 접수하고 해외유학생을 통합 선발하여 파견한다. 외국 조직 또는 개인은 중국 경내에서 종교교직자 양성 목적의 해외유학생을 임의로 모집할 수 없다.
>
> 外国组织或者个人向中国提供的培养宗教教职人员的出国留学名额或者资金, 由中国全国性宗教社会团体根据需要接受, 统一选派出国留学人员。外国组织或者个人不得在中国境内擅自招收培养宗教教职人员的出国留学人员。

이러한 규정은 외국 종교조직이 직접 중국에서 종교 교직자를 선발하고 교육하는 것을 금지하고, 모든 해외 종교교육을 중국 공식 종교단체의 통제하에 두는 것이다. 그런데 〈시행세칙(2025)〉에서는 이러한 원칙이 더욱 강화되어 적용되고 있다:

> 외국 조직 또는 개인이 중국 국내에서 종교교직자 양성을 목적으로 유학 인원을 모집하는 경우, 국가급 종교단체 또는 성, 자치구, 직할시 종교단체가 필요에 따라 통합 배정하고 선별하여 파견한다. 외국 조직 또는 개인은 중국 국내에서 종교교직자 양성을 목적으로 유학 인원을 임의로 모집해서는 안 된다. 외국인이 중국 종교학교에 유학하는 경우, 국가급

종교단체 또는 성, 자치구, 직할시 종교단체의 동의를 받아야 한다.

外国组织或者个人在中国境内招收以培养宗教教职人员为目的的留学人员, 由全国性宗教团体或者省、自治区、直辖市宗教团体根据需要统筹安排并选派。外国组织或者个人不得在中国境内擅自招收以培养宗教教职人员为目的的留学人员。外国人来中国宗教院校留学, 应当经全国性宗教团体或者省、自治区、直辖市宗教团体同意。

이러한 규정은 외국 조직이 직접 중국 국내에서 종교교직자를 선발하고 교육하는 것을 금지하고, 제29조 제9항에서는 "종교교육훈련을 조직하고 시행하는 행위"를 명시적으로 금지함으로써, 외국인에 의한 모든 형태의 종교교육이 불법화하였다. 이는 〈시행세칙(2010)〉에서는 구체적으로 명시되지 않았던 새로운 제약이다. 이러한 금지는 성경공부, 제자훈련, 신학교육 등 기독교의 핵심적 활동을 원천적으로 차단하는 효과를 갖는다.

F. 정책 변화의 핵심 특징

2010년과 2025년 〈중화인민공화국경내외국인종교활동관리시행세칙〉 원문 비교 분석을 통해 중국의 외국인 종교활동 관리정책이 질적으로 변화했음을 확인할 수 있다. 이러한 변화는 네 가지 핵심 특징으로 요약된다.

첫 번째 특징은 관리 범위의 전면적 확대이다. 〈시행세칙(2010)〉이 개인적 종교활동과 단순한 종교의식에 초점을 맞췄다면, 〈시행세칙(2025)〉은 집단적 종교활동과 종교교육, 종교교류까지 관리 영역을 확장했다. 특히 〈시행세칙(2025)〉에서 새롭게 도입된 '단체 종교활동' 개념은 외국인 종교 공동체의 형성 자체를 국가 통제의 대상으로 편입시켰다는 점에서 정책적 전환점을 보여준다.

두 번째는 통제 방식의 정교해졌다. 과거의 추상적이고 원칙적인 규정은 구체적이고 측정 가능한 기준으로 세분화되었으며, 사후 처벌 중심에서 사전 통제 중심으로 관리 패러다임이 전환되었다. 집회책임자 제도의 도입, 임시장소 사용에 대한 엄격한 유효기간 설정, 종교용품 반입에 대한 구체적 수량 기준화 등이 이러한 변화를 구체적으로 보여준다.

세 번째는 처벌 체계의 강화이다. 2010년의 단순한 처벌 규정은 2025년에 단계적이고 체계적인 처벌 시스템으로 발전했다. 무엇보다 중국 종교기관에 대한 연대 처벌 규정의 신설은 외국인과 중국인 종교인 간의 교류를 구조적으로 차단하려는 정책 의도를 명확히 드러내며, 이는 종교 공동체의 초국가적 연결고리를 약화시키는 핵심 장치로 작용하고 있다.

네 번째는 정치적 통제의 강화이다. 단순한 행정적 관리에서 당의 정치적 통제로 관리 주체의 성격이 변화했으며, '독립자주자체운영 원칙 존중'과 '공서양속 준수' 등 정치적 · 이데올로기적 요구사항이 법령에 명문화되었다. 이는 종교활동을 국가의 정치적 목표와 사회적 질서 유지라는 맥락 속에서 관리하려는 정책 방향을 보여준다.

Ⅳ. 〈시행세칙(2025)〉가 기독교 선교에 미치는 영향 분석

위의 장에서 분석한 바와 같이, 2025년 개정된 〈중국경내외국인종교활동관리규정 시행세칙〉은 〈시행세칙(2010)〉과 비교하여 외국인의 종교활동에 대한 규제 범위의 확대, 관리 체계의 정교화, 처벌 조항의 강화 등 전방위적인 변화를 보여주고 있다. 특히 금지 행위의 대폭 확대, 집회책임자 제도 등 새로운 관리 제도의 도입, 그리고 디지털 종교활동에 대한 명시적 규제 등은 단순한 행정적 개선을 넘어서 중국 내 종교정책의 패러다임 전환을 시사하고 있다. 본 장에서는 〈시행세칙(2010)〉과의 비교 분석을 바탕으로 새로운 규제가 기독교 선교 활동, 공동체 형성, 신학적 정체성에 미치는 영향을 살펴본다.

A. 선교 활동의 직접적 제약

위의 장에서 분석한 바와 같이, 2025년 개정된 〈중국경내외국인종교활동관리규정 시행세칙〉은 〈시행세칙(2010)〉과 비교하여 외국인의 종교활동에 대한 규제 범위의 확대, 관리 체계의 정교화, 처벌 조항의 강화 등 전방위적인 변화를 보여주고 있다.[80] 특히 금지 행위의 대폭 확대, 집회책임자 제도 등 새로운 관리 제도의 도입, 그리고 디지털 종교활동에 대한 명시적 규제 등은 단순한 행정적 개선을 넘어서 중국 내 종교정책의 패러다임 전환을 시사하고 있다.[81] 본 장에서는 〈시행세칙(2010)〉과의 비교 분석을 바탕으로 새로운 규제가 기독교 선교 활동, 공동체 형성, 신학적 정체성에 미치는 영향을 살펴본다.

---

80 중국 국가종교사무국(国家宗教事务局), 〈중화인민공화국경내외국인종교활동관리규정 시행세칙(中华人民共和国境内外国人宗教活动管理规定实施细则)〉, 2025년 4월 1일 공포, 2025년 5월 1일 시행. 〈신랑재경(新浪财经)〉, "中国境内外国人宗教活动管理规定实施细则公布", 2025년 4월 1일, 출처: https://finance.sina.com.cn/jjxw/2025-04-01/doc-inerrxpq2941804.shtml, 2025년 8월 17일 접속;
주상하이대한민국총영사관, "중국내 외국인 종교 활동 관련 안전 공지", 2025년 4월 23일, 출처: https://www.mofa.go.kr/cn-shanghai-ko/brd/m_26907/view.do?seq=2347777, 2025년 8월 17일 접속.

81 코람데오닷컴, "중국, 5월 1일부터 외국인 선교활동 금지... 종교의 중국화 통제 본격 시행", 2025년 4월 24일, 출처: https://www.kscoramdeo.com/news/articleView.html?idxno=28266, 2025년 8월 17일 접속,;
데일리굿뉴스, "中, 외국인 종교 활동 규제 강화…중국 선교 '직격탄'", 2025년 4월 30일, 출처: https://www.goodnews1.com/news/articleView.html?idxno=447106, 2025년 8월 17일 접속.

1. 선교 활동의 전면적 차단

〈시행세칙(2025)〉의 가장 주목할 만한 변화는 외국인의 종교 관련 활동에 대한 금지 조항의 대폭 확대이다. 제29조는 11개 항목의 금지 행위를 규정하고 있는데, 이는 〈시행세칙(2010)〉 제17조의 8개 항목에서 3개 항목이 증가한 것으로, 단순한 양적 증가를 넘어서 질적으로 전혀 다른 성격의 제약을 도입하고 있다. 특히 제29조 제5항에서 "중국 공민 중에서 종교신도를 모집하고, 종교교직자를 임명하는 행위"를 명시적으로 금지함으로써 기독교 선교의 핵심인 복음 전파와 교회 개척을 원천적으로 차단하고 있다는 점이 중요하다.

이러한 전도 금지 조항은 마태복음 28장 19~20절의 지상명령과 정면으로 충돌하는 신학적 문제를 야기한다. "그러므로 너희는 가서 모든 민족을 제자로 삼아 아버지와 아들과 성령의 이름으로 세례를 베풀고 내가 너희에게 분부한 모든 것을 가르쳐 지키게 하라"는 예수의 명령이 법적 제재로 인해 이행 불가능한 상황에 놓임으로써, 기독교 신앙의 본질적 실천이 구조적으로 제약받게 되었다.[82] 더욱이 설교 활동에 대한 제약도 현저히 강화되어, 제29조 제4항은 "임의로 경전강해, 설교를 하거나 단체 종교활동을 거행하는 행위"를 금지하고 있으며, 제21조에서는 초청 설교자의 자격 요건에 "종교극단 사상 경향이 없어야 한다"라는 조건을 새롭게 추가하였다. 이는 기독교의 유일신 신앙이나 배타적 구원관이 종교극단주의로 해석될 위험성을 내포하고 있어, 보쉬(David J. Bosch)가 제시한 복음의 본질적 메시지 전달 자체가 법적 위험에 노출되는 상황을 조성하고 있다.[83]

---

82 김광성, "중국의 종교정책이 한국교회의 중국선교에 미친 영향: 기독교 중국화에 대한 선교실천적 대응," 「선교와 신학」 제48권, 2019, 43-81. 참조

83 David J. Bosch, *Transforming Mission: Paradigm Shifts in Theology of Mission* (Maryknoll, NY: Orbis Books, 1991), 412-420.; 정승현, "보쉬(David J. Bosch)의 선교, 전도, 그리고 교회의 상관관계 연구", 「복음과 선교」 제18권 제2호, 2012, 229-254. 참조

2. 종교교육과 제자양육의 제약

종교교육에 대한 전면적 금지는 2025년 시행세칙의 가장 혁신적이면서도 파괴적인 변화로 평가된다. 제29조 제9항은 "종교교육훈련을 조직하고 시행하는 행위"를 명시적으로 금지하고 있는데, 이는 2010년 시행세칙에는 존재하지 않았던 완전히 새로운 제약 조건이다. 이러한 규정은 성경공부, 신학 강좌, 영성 지도 등 기독교 공동체의 핵심적 신앙 전수 활동을 법적 제재 대상으로 분류하고 있다. 이와 같은 종교교육 금지는 디모데후서 2장 2절에서 사도 바울이 강조한 연쇄적 제자양육 구조와 근본적으로 충돌한다. 바울은 "또 네가 많은 증인 앞에서 내게 들은 바를 충성된 사람들에게 부탁하라 그들이 또 다른 사람들을 가르칠 수 있으리라"라고 명시함으로써 신앙 공동체 내에서의 체계적이고 지속적인 교육 전승이 필요성을 강조하였다.

더 나아가 이러한 정책적 제약은 에든버러 대학의 저명한 선교학자 앤드류 월스(Andrew F. Walls)가 이론화한 기독교의 번역가능성(translatability)과 전승가능성(transmissibility)을 제도적으로 차단하는 효과를 초래한다.[84] 월스에 따르면, 기독교의 본질적 특성은 다양한 문화적 맥락 속에서 토착화되면서도 그 핵심적 메시지를 보존하고 전달할 수 있는 번역가능성에 있다. 이는 성육신 원리에 기초한 것으로, 영원한 말씀이 특정한 역사적 · 문화적 상황 속에서 인간의 언어와 형식으로 번역되었다는 기독교 신학의 근본 전제에서 출발한다. 월스의 이론적 틀에서 볼 때, 종교교육의 금지는 단순히 교육 활동의 제한을 넘어서 기독교 신앙 공동체의 지속가능성과 정체성 형성에 치명적 위협을 가하는 조치로 해석된다. 이는 기독교가

84 Andrew F. Walls, *The Missionary Movement in Christian History: Studies in the Transmission of Faith* (Maryknoll, NY: Orbis Books, 1996), 26-42.; 앤드루 월스, 『세계 기독교와 선교 운동』, 방연상 옮김 (서울: IVP, 2018) 참조.

역사적으로 다양한 문화권에서 생존하고 발전할 수 있었던 근본적 메커니즘인 교육을 통한 신앙 전승과 문화적 번역 과정을 원천적으로 차단하기 때문이다.

따라서 〈시행세칙(2025)〉의 종교교육 금지 조항은 기독교 공동체의 종교적 정체성 유지와 신앙 전승이라는 종교의 본질적 기능을 제약함으로써, 종교자유의 실질적 행사에 대한 심각한 침해를 구성한다고 평가할 수 있다.

3. 재정적 자립의 위협

〈시행세칙(2025)〉은 외국인 종교활동의 경제적 기반을 체계적으로 제약하는 조항들을 신설함으로써 종교 공동체의 재정적 자율성에 대한 구조적 위협을 조성하고 있다. 이러한 재정적 제약은 종교자유의 실질적 행사를 위한 경제적 토대를 해체하는 효과를 가져온다는 점에서 심각한 문제를 제기한다. 제29조 제8항은 "중국 조직 및 공민의 종교성 기부를 접수하는 행위"를 새로운 금지 항목으로 규정하였다. 이는 〈시행세칙(2010)〉에서는 명시적으로 금지하지 않았던 조항으로서, 외국인 종교인의 경제적 활동 범위를 현저하게 축소하는 규제 강화를 의미한다. 이러한 규정은 기독교 교회 운영의 전통적 재정 구조와 직접적으로 충돌한다. 한국의 종교 재정 현황을 보면, 문화체육관광부가 한국학중앙연구원에 의뢰해 조사한 "2018 한국의 종교 현황"[85]에서 확인되듯이, 기독교 공동체는 신도들의 자발적 헌금과 기부를 통해 다방면의 사회적 역할을 수행하고 있다. 한국의 법령에 따르면, 종교단체가 〈법인세법 시행령〉 제39조 제1항 제1호 마목에 따라 "종교의 보급, 그밖에 교화를 목적으로 〈민법〉 제32조에 따

85 문화체육관광부, 『2018년 한국의 종교현황』 (2018). 연구책임자: 고병철(한국학중앙연구원), 공동연구자: 강돈구·조현범(한국학중앙연구원).

라 문화체육관광부장관 또는 지방자치단체장의 허가를 받아 설립한 비영리법인"에 해당하는 경우, 해당 종교단체에 대한 기부금은 소득금액을 계산할 때 손금에 산입하여 세금감면 혜택을 받을 수 있다.[86] 이는 종교 공동체의 재정적 기반이 신도들의 기부와 헌금에 의존하는 것이 제도적으로 인정되고 보호받는 구조임을 보여준다. 사도행전 2장 44~47절과 고린도전서 16장 1~2절에서 확인할 수 있듯이, 신도들 간의 경제적 나눔과 교회 공동체에 대한 재정적 지원은 초대교회 시대부터 현재까지 지속되어 온 기독교 신앙 실천의 핵심적 요소이다. 따라서 〈시행세칙(2025)〉에 추가된 금지 항목은 전통적으로 신도들의 헌금과 기부로 운영되어 온 기독교 교회의 재정 구조를 법적으로 불가능하게 만들었다.

동시에 제29조 제7항에서는 "종교서적, 종교음향 및 영상제품, 종교전자출판물 등 종교용품을 제작 또는 판매하고, 종교선전물을 배포하는 행위"를 금지하고 있다. 이는 성경, 찬송가, 기독교 서적 등 신앙 자료 등 기독교 신앙 실천에 필수적인 자료들의 제작과 보급을 전면적으로 차단하는 조치이다. 로마서 10장 17절이 강조하는 "믿음은 들음에서 나며 들음은 그리스도의 말씀으로 말미암았느니라"라는 말씀 사역의 중요성과 근본적으로 충돌하는 상황을 조성하고 있다. 개신교 신학에서 말씀 사역(ministry of the Word)은 신앙 공동체의 핵심적 기능으로 간주되며, 이는 성경 텍스트와 관련 자료들의 접근 가능성을 전제로 한다.

상기 두 제약 조건은 상호 연관되어 외국인 종교 공동체의 지속가능성을 위협하는 구조적 압박을 형성한다. 재정적 자원의 확보가 제한되는 동시에 신앙 실천에 필수적인 자료의 제작과 배포가 금지됨으로써, 종교 공

86 「법인세법 시행령」 제39조제1항제1호마목; "종교단체 기부", 찾기쉬운 생활법령정보, 출처: https://easylaw.go.kr/CSP/OnhunqueansInfoRetrieve.laf?onhunqnaAstSeq=97&onhunqueSeq=3622, 2025년 8월 17일 접속.

동체는 그 존재 기반 자체를 상실하게 되는 상황에 직면하게 된다. 한국 사회의 종교자유 담론 연구에서 확인되듯이, 종교자유는 단순히 개인적 신앙의 차원을 넘어서 공동체적 실천과 사회적 참여를 포함하는 개념이며, 이러한 종교의 공동체적 차원을 체계적으로 해체하는 것은 종교자유의 실질적 행사를 위한 기본 조건들을 제거하는 결과를 초래한다. 따라서 〈시행세칙(2025)〉의 재정적 제약 조항들은 종교 공동체의 종교적 정체성 유지와 신앙 전승이라는 종교의 본질적 기능을 제약함으로써, 헌법에서 보장하는 종교자유의 실질적 행사에 대한 심각한 침해를 구성한다고 평가할 수 있다.

4. 디지털 선교의 차단

〈시행세칙(2025)〉에서 가장 주목할 만한 변화는 디지털 선교에 대한 전면적 차단이다. 제29조 제10항에서 "인터넷을 이용하여 불법 종교활동을 수행하는 행위"를 새롭게 금지 항목에 추가한 것은 시행세칙(2010)에는 존재하지 않았던 완전히 새로운 제약이다.

중국은 2021년 12월에도 국가종교사무국, 국가인터넷정보판공실, 국가안전부 등 5개 부서 합동으로 〈인터넷 종교 정보서비스 관리 방법(互联网宗教信息服务管理办法)〉을 공표하여 인터넷을 통한 종교활동에 대한 규제를 강화한 바 있다.[87] 이러한 규제는 코로나19 팬데믹 이후 급속히 확산된 온라인 사역과 디지털 선교를 원천적으로 차단하는 조치로 해석된다. 이러한 인터넷 종교활동 금지는 온라인 예배, 화상 성경공부, 디지털 전도,

87 중화인민공화국 중앙인터넷안전정보화위원회 판공실, "국가종교사무국, 국가인터넷정보판공실 등 5개 부서 합동으로 〈인터넷 종교 정보서비스 관리 방법〉 발표(国家宗教事务局、国家网信办等五部门联合发布《互联网宗教信息服务管理办法》)", 2021년 12월 20일. 출처: https://www.cac.gov.cn/2021-12/20/c_1641594960049078.htm, 2025년 8월 17일 접속.

종교 콘텐츠 제작 등 21세기 선교학이 강조하는 디지털 선교의 모든 형태를 법적으로 불가능하게 만들었다. 현대 선교학에서 디지털 선교는 온라인 플랫폼, 소셜 미디어, 디지털 콘텐츠를 활용하여 전통적인 선교 활동이 제한된 지역을 포함한 더 넓은 청중에게 도달할 수 있는 혁신적인 방법으로 인식되고 있다.

디지털 선교는 특히 젊은 세대와의 소통에 필수적인 도구로 인식되고 있다. 코로나19 팬데믹과 장기화로 사회 전반의 디지털, 비대면 전환이 가속되는 가운데 국내외 선교 환경도 예외가 아니었으며, 포스트 코로나 시대를 대비하여 변화하는 환경에 대응하고 디지털 시대에 맞는 선교전략과 방향, 비전을 모색하는 것이 중요해졌다. 정균오는 코로나19 시대와 이후 한국 교회 선교 상황 변화를 온라인을 통한 비대면(Un-contact) 문명의 상황 변화로 분석하면서, 선교는 온라인(On-Line)과 오프라인(Off-Line)을 겸한 올라인(All-Line) 방식의 선교를 제안하였다.[88] 최원진은 코로나19로 인해 한국 교회 선교의 방향성에 대한 논의가 활발히 이루어지고 있으며, 예수 그리스도의 성육신 모델을 따라 현장에 가서 그들과 동고동락하면서 사역했던 과거의 방법에서 벗어나 새로운 접근 방법을 적극적으로 활용해야 한다고 주장하였다.[89]

코로나19로 인한 작금의 세상은 사람들이 자유롭게 만나고 전 세계를 지구촌이라는 이해하에 자유롭게 왕래하던 어제의 생활 방식을 더 이상 지속할 수 없게 만들었다. 이러한 상황에서 중국의 인터넷 종교활동 금지 조치는 디지털 플랫폼이 차단됨으로써 선교 대상층에 대한 접근이 구조적으로 제한되는 결과를 초래하고 있다. 국내 전문가들은 "디지털 선교를 위

---

88 정균오, "코로나19 시대와 이후 한국 교회 선교방향 연구," 「선교와 신학」 제54호, 2021, 105-135. 참조

89 최원진, "'COVID-19' 상황에서 한국교회의 선교," 「복음과 선교」 제52권 4호, 2020, 203-242. 참조

해서는 좋은 선수들이 뛸 수 있게 기회를 줘야 한다"[90]며 하나님이 쓰시기에 합당한 다음 세대 디지털 사역자들을 잘 준비해서 하나님 나라의 일꾼이 되도록 해야 한다고 강조하고 있다. 이는 중국의 디지털 선교 차단 조치가 현대 선교학의 주요 트렌드와 정면으로 배치되는 것임을 보여준다. 〈시행세칙(2025)〉이 중국 선교에 미치는 영향은 단순히 규제 강화 차원을 넘어서 현대 선교학의 핵심 영역인 디지털 선교를 전면적으로 차단하는 법적 근거를 제공하였다는 점에서 그 의미가 크다. 특히 젊은 세대와의 소통에 필수적인 디지털 플랫폼의 차단은 선교 대상층에 대한 접근을 구조적으로 제한하는 결과를 초래하고 있어, 중국 내 선교 활동에 근본적인 변화를 요구하고 있다.

B. 기독교 공동체 형성의 제약

1. 예배와 교제의 제한

〈시행세칙(2025)〉은 기독교 공동체의 형성과 운영에 대해서도 전례 없는 수준의 관료적 통제 시스템을 도입하고 있다. 특히 단체 종교활동(集体宗教活动)에 대한 새로운 규정은 기독교 예배와 교제의 자율성을 근본적으로 제약하는 구조적 변화를 보여준다.

〈시행세칙(2025)〉의 제6조는 "경내 외국인단체종교활동"을 "경내 외국인이 조직하는, 일정 인원의 외국인이 참가하는 종교활동"으로 정의하면서, 핵심적으로 "전항에서 규정한 일정한 인원의 규모는 성급 인민정부 종교사무부서에서 확정한다"라고 명시하고 있다. 이는 예배 참석자의 규모조차 지방 정부의 재량적 판단에 따라 결정되도록 하여, 기독교 공동체의

90 크리스천투데이, "디지털 선교, '좋은 선수들' 뛸 수 있게 기회 줘야", 2023년 12월 4일. 출처: https://www.christiantoday.co.kr/news/358501, 2025년 8월 17일 접속.

자율적 성장을 원천적으로 차단하는 조치라 할 수 있다. 이는 〈시행세칙(2010)〉과 비교할 때, 이러한 "일정한 참가인원 규모"의 기준을 성급 정부가 직접 결정하도록 한 것은 중앙집권적 통제의 강화를 의미한다. 이전에는 단체 종교활동의 정의가 상대적으로 모호했으나, 2025년 개정안은 참여 인원의 수적 기준까지 정부가 직접 통제할 수 있는 법적 근거를 마련한 것이다.

새로운 시행세칙은 외국인단체종교활동을 법에 따라 종교행정 담당부서에 등록(依法登记)한 종교활동 장소인 사찰, 도교사원, 모스크, 예배당에서 진행하되, 공인된 종교활동 장소에서 종교의식과 관련된 전문 업무를 제공하거나, 공인 종교활동 장소에서 종교의식 관련 전문 업무를 제공할 수 없는 경우, 성급 인민정부 종교사무부서가 비준한 외국인단체종교활동 임시지점에서 진행하도록 규정하고 있다. 이러한 이원적 통제 체계는 기독교 공동체의 예배 공간을 정부가 직접 관리하는 공식 종교활동장소와 임시 허가를 받은 장소로 제한함으로써, 자발적인 가정교회나 소그룹 모임의 가능성을 사실상 차단하고 있다. 특히 임시장소 설치를 위해서는 복잡한 행정 절차와 다수의 서류 제출이 요구되며, 이는 기독교인들의 자유로운 교제와 예배를 크게 제약하는 요소로 작용한다.

이러한 규제 강화는 히브리서 10장 25절이 권면하는 "모이기를 폐하는 어떤 사람들의 습관과 같이 하지 말고 오직 권하여 그날이 가까움을 볼수록 더욱 그리하자"라는 공동체적 신앙 실천과 근본적으로 충돌한다. 기독교에서 예배와 교제는 단순한 종교적 의식이 아니라, 신앙 공동체의 본질적 특성이자 영적 성장의 필수 요소로 간주되기 때문이다. 또한 마태복음 18장 20절의 "두 세 사람이 내 이름으로 모인 곳에는 나도 그들 중에 있느니라"라는 말씀에서 보듯이, 기독교 신학에서는 소규모 모임도 교회의 본질적 기능을 수행할 수 있다고 본다. 그러나 새로운 시행세칙은 이러한 소규모 자발적 모임을 정부의 사전 승인 없이는 불가능하게 만들고 있다. 이러한 변화는 시진핑 집권 이후 강조되고 있는 "종교의 중국화" 정책의 구체적 실현으로 해석할 수 있다. 중국공산당은 종교가 "사회주의 핵심 가치관의 실천"과 "독립자주자체운영의 원칙"을 견지해야 한다고 명시하면서, 종교활동에 대한 당과 국가의 통제를 더욱 강화하고 있다. 특히 기독교의 경우, 중국 당국은 서구적 종교 전통과의 연결고리를 차단하고 중국적 특색을 강조하는 방향으로 정책을 추진하고 있다. 이는 기독교 공동체의 국제적 연대나 해외 교회와의 교류를 제한하는 결과를 초래하고 있다.

〈시행세칙(2025)〉의 단체 종교활동과 관련된 규정은 중국 내 기독교 공동체의 예배와 교제를 정부의 직접적 통제하에 두는 제도적 장치를 완비한 것으로 평가된다. 이는 종교의 자유와 공동체의 자율성이라는 기본 원칙과 충돌할 뿐만 아니라, 기독교 신앙의 본질적 요소인 자발적 교제와 예배를 근본적으로 제약하는 결과를 초래하고 있다. 향후 이러한 정책이 중국 기독교 공동체의 신앙 실천에 미칠 장기적 영향에 대한 지속적인 관찰과 연구가 필요하다.

2. 공적 증거의 제약

더욱 심각한 문제는 집회책임자 제도의 도입이다. 집회책임자 제도의 신설은 기독교 지도력의 신학적 원리와 정면으로 충돌하는 양상을 보이고 있어 주목된다. 제7조는 단체 종교활동 거행 신청 시 3명 이상의 집회책임자(召集人)를 선출하도록 규정하고 있으며, "집회책임자는 중국의 법률, 법규 및 규정을 준수하고, 중국에 대해 적대적인 언행을 하지 않으며, 불량 기록이 없어야 하고, 상응하는 법적 책임을 질 수 있어야 하며, 중국 경내에 합법적으로 체류해야 한다"는 조건을 충족해야 한다고 명시하고 있다. 이러한 집회책임자 제도는 외국인 종교활동에 대한 당국의 직접적 통제를 강화하는 장치로 작용하고 있다. 제도의 핵심은 종교활동의 지도자 선출에 정치적, 법적 기준으로 우선적으로 적용함으로써 기독교 공동체의 자율적 지도력 구성을 제한한다는 점이다.

기독교 전통에서 지도자 선택은 하나님의 소명(calling)과 성령의 은사(spiritual gifts)에 기초한다.[91] 에베소서 4장 11~12절은 이러한 원리를 명확히 제시하고 있다: "그가 어떤 사람은 사도로, 어떤 사람은 선지자로, 어떤 사람은 복음 전하는 자로, 어떤 사람은 목사와 교사로 삼으셨으니 이는 성도를 온전하게 하여 봉사의 일을 하게 하며 그리스도의 몸을 세우려 하심이라". 이 구절이 보여주듯, 기독교에서 지도자의 선출은 그리스도께서 교회에 주신 영적 은사의 분배에 따라 이루어진다. 사도 바울이 강조한 바와 같이, 영적 은사는 "성령이 각 사람에게 주신 것"이며, "유익하게 하려 하심이라"라고 기록되어 있다. 따라서 기독교 지도력은 본질적으로 영적 소명과 은사에 근거한 신적 권위(divine authority)에서 출발한다. 베드로가 "각각 은사를 받은 대로 하나님의 각양 은혜를 맡은 청지기같이 서로 봉사하라"(벧전 4:10)고 권면한 것도 같은 맥락이다.[92] 이는 기독교 지도력이 인간의 정치적 판단이나 사회적 기준보다는 하나님의 주권적 선택과 성령의 역사에 의존한다는 근본 원리를 확립한다.

중국 당국이 집회책임자 제도를 통해 요구하는 조건들은 기독교의 영적 지도력 원리를 근본적으로 훼손한다. "중국에 대해 적대적인 언행을 하지 않아야 한다"는 조건은 예언자적 증언의 자유를 제약하며, "불량 기록이 없어야 한다"는 조건은 과거 종교적 신념으로 인한 법적 처벌을 지도자

91 오스 기니스, 『소명』, 홍병룡 역 (서울: IVP, 2000), 25-48 참조.

92 오스왈드 샌더스, 『영적 제자도』 (서울: 요단출판사, 2010) 참조.

선출의 결격사유로 삼는다. 더욱 심각한 문제는 이러한 정치적, 법적 기준이 영적 기준보다 우선시됨으로써 에베소서 4장이 제시하는 "성도를 온전하게 하여 봉사의 일을 하게 하며 그리스도의 몸을 세우려는" 하나님의 목적이 좌절될 수 있다는 점이다. 기독교 지도자는 본래 하나님의 부르심에 응답하여 교회 공동체를 섬기는 역할을 담당한다. 그러나 집회책임자 제도는 이러한 영적 소명보다는 정치적 순응성을 우선 요구함으로써 기독교 지도력의 본질적 성격을 변질시킨다. 이는 결과적으로 기독교 공동체의 공적 증거 능력을 근본적으로 제약하는 효과를 낳는다.

3. 외국인과 중국인의 분리

외국인과 내국인 간의 종교적 분리 정책도 〈시행세칙(2025)〉에서 더욱 엄격하게 제도화되었다. 이는 중국의 종교정책이 "종교의 중국화"를 통해 외국 종교 세력의 영향력을 차단하려는 정책적 의도를 반영한다. 〈시행세칙(2025)〉 제16조는 "배정하거나 초청받은 중국인 종교 교직자를 제외하고는 외국인단체종교활동에는 오직 외국인만 참가할 수 있다"라고 명시하여, 외국인과 중국인의 종교적 교제를 원천적으로 차단하고 있다. 이는 기존 〈시행세칙(2010)〉에서 중국인과 외국인의 종교적 교류에 대한 제한이 암시적으로만 언급되었던 것과 달리, 2025년 개정안에서는 이를 명시적이고 구체적인 법적 금지 조항으로 강화한 것이다. 특히 주목할 점은 제19조에서 "중국 교직자가 주재하는 종교활동에 개별적으로 참가하는 경우"만을 예외적으로 허용한다는 조항이다. 이는 외국인이 중국인과 함께 예배드릴 수 있는 조건을 매우 제한적으로 규정함으로써, 실질적으로 공동체적 예배와 종교적 교제를 불가능하게 만든다.

이러한 분리 정책은 중국정부가 추진하는 "종교의 중국화" 정책의 핵심 요소로, 외국 종교 세력의 중국 내 영향력 확산을 방지하려는 정치적 의도를 담고 있다. 종교정책 법제화를 앞세운 중국정부가 대한민국 선교사들의 중국 체류를 법적으로 제한하는 결정적 계기가 되었다. 또한 이러한 제도적 분리는 기독교 신학의 근본적 가르침과 정면으로 충돌한다. 갈라디아서 3장 28절의 "유대인이나 헬라인이나 종이나 자유인이나 남자나 여자나 다 그리스도 예수 안에서 하나이니라"라는 복음의 핵심 메시지는 모든 민족과 계층 간의 화해와 일치를 강조한다. 에베소서 2장 14절의 "그는 우리의 화평이신지라 둘로 하나를 만드사 원수 된 것 곧 중간에 막힌 담을 자기 육체로 허시고"라는 말씀 역시 모든 인위적 장벽의 철폐를 선언한다.

특히 스탠리 하우어워스(Stanley Hauerwas)가 강조한 교회의 공공적 증언(public witness) 기능이 이러한 법적 장벽에 의해 근본적으로 제약받게 된다. 하우어워스에 따르면, 교회는 "세상으로 하여금 세상이 되게 하는" 역할을 통해 하나님 나라의 대안적 공동체를 보여주어야 한다.[93] 그러나 〈시행세칙(2025)〉의 분리 정책은 교회가 민족과 국적을 초월한 하나님 나라의 보편적 성격을 증언할 수 있는 가능성을 구조적으로 차단한다. 이러한 분리 정책의 강화는 중국 기독교 선교에 심각한 신학적 도전을 제기한다. 기독교의 중국화가 진정한 의미의 토착화가 아닌 "중화사상의 기독교화"로 변질될 위험성이 있으며, 이는 복음의 보편성과 교회의 공동체적 성격을 근본적으로 훼손할 수 있다. 따라서 중국 기독교 선교는 이러한 제도적 제약 속에서도 복음의 본질적 가치인 화해와 일치의 메시지를 어떻게 구현할 것인가에 대한 새로운 신학적 성찰과 선교전략을 요구받고 있다.

---

93 Stanley Hauerwas, *With the Grain of the Universe: The Church's Witness and Natural Theology* (Grand Rapids: Brazos Press, 2001), 210-214.

C. 기독교 신학과 가치관에 대한 근본적 도전

〈시행세칙(2025)〉이 제기하는 가장 심각한 문제는 기독교의 신학적 정체성과 가치관에 대한 근본적 도전이다. 제5조는 "경내 외국인이 진행하는 종교활동은 반드시 중국의 법률, 법규, 규정을 준수하고, 중국 종교의 독립자주자체운영원칙을 존중하고, 중국정부의 법적 관리를 수용해야 한다"고 규정함으로써 1950년대 삼자애국운동의 핵심 원칙을 외국인에게도 적용하여 기독교의 보편적 성격과 국제적 연대를 제약하고 있다.[94] 이러한 독립자주자체운영 원칙의 강제적 적용은 이러한 조치가 중국공산당 제19차 전국대표대회에서 시진핑 주석이 강조한 "종교의 중국화 방향 견지"[95] 정책의 구체적 실현으로 평가되지만, 동시에 기독교의 보편적 성격과 국제적 연대를 제약하는 결과를 초래하고 있다. 특히 주목할 점은 2018년 중국공산당 중앙위원회와 국무원이 공동으로 발표한 〈종교업무 관련 법규제도 건설계획(关于加强宗教工作法规制度建设的意见) 2018~2022년〉에서 "종교의 중국화"를 "종교교리 해석의 중국화, 종교제도의 중국화, 종교문화의 중국화"로 구체화한 것인데,[96] 이는 단순한 문화적 적응을 넘어서 교리적 차원의 변화를 요구하는 것으로 해석할 수 있다.

독집자주자체운영 원칙을 외국인 종교활동에 강제로 적용하는 것은 계시록 7장 9절이 제시하는 "각 나라와 족속과 백성과 방언에서 아무도 능히 셀 수 없는 큰 무리"로 구성된 다민족적 하나님 나라의 비전과 근본적

94 中国基督教三自爱国运动委员会, 『中国基督教三自爱国运动七十年史』(北京: 中国社会科学出版社, 2020), pp. 45-67.

95 中国共产党第十九次全国代表大会报告, "决胜全面建成小康社会 夺取新时代中国特色社会主义伟大胜利" (2017년 10월 18일).

96 中共中央办公厅, 国务院办公厅, "关于加强宗教工作法规制度建设的意见", 中办发〔2018〕12号. 2018년 3월 15일.

으로 충돌한다. 이는 복음의 상황화라는 선교학적 원리를 넘어서 강제적 중국화를 통한 혼합주의적 변질의 위험성을 제기하고 있으며, 기독교 공동체의 초국가적 연대와 보편적 선교 사명을 직접적으로 제약하는 결과를 낳을 위험이 존재한다.

1. 공서양속 개념의 도입과 신앙 자유의 제약

특히 문제가 되는 것은 "공서양속"이라는 모호한 개념의 도입이다. 제5조는 "종교를 이용해서 중국의 국가적 이익, 사회공공이익과 국민의 합법적인 권익에 손해를 끼쳐서는 안 되며, 중국의 공공질서와 미풍양속(공서양속)을 위배해서는 안 된다"라고 규정하고 있다. 이와 관련하여 2017년 국무원에서 발표한 〈종교사무조례〉 제4조에서도 "종교단체, 종교학교, 종교활동장소, 신앙인들은 헌법, 법률, 법규와 규정을 준수하고, 사회주의 핵심 가치관을 실천해야 한다"고 규정하고 있으나[97] 구체적인 기준이나 판단 근거가 제시되지 않아 해석의 여지가 매우 넓다. 2023년 국가종교사무국에서 제정한 종교행정규범인 〈종교활동장소관리방법(宗教活动场所管理办法)〉에서 제시한 "사회주의 핵심 가치관에 부합"해야 한다는 조건[98]은 이러한 모호성을 더욱 심화시키고 있다. 사회주의 핵심 가치관은 "富强(부강), 民主(민주), 文明(문명), 和谐(화합), 自由(자유), 平等(평등), 公正(공정), 法治(법치), 爱国(애국), 敬业(경업), 诚信(성신), 友善(우선)"[99] 등 24자로 구성되어 있는데, 이러한 가치들과 기독교 신앙의 핵심 교리 사이에 정합성 여

---

97 国务院, 〈宗教事务条例〉 제4조, 国务院令第686号 (2017년 8월 26일)

98 国家宗教事务局, 〈宗教活动场所管理办法〉 제3조, 国宗局令第19号 (2023년 9월 1일), 출처: http://www.sara.gov.cn, 2025년 8월 17일 접속.

99 中共中央办公厅, 「关于培育和践行社会主义核心价值观的意见」 (2013년 12월 23일), 출처: https://www.gov.cn/zhengce/2013-12/23/content_5407875.htm, 〈중국정부망〉, 2025년 8월 17일 접속.

부가 종교와 정치 사이에 충돌이 발생하는 문제가 될 수 있다.

이러한 상황에서 기독교의 유일신 신앙, 배타적 구원관, 종말론적 세계관 등이 자의적으로 위반 사례로 분류될 위험성이 있다. 요한복음 14장 6절의 "예수께서 이르시되 내가 곧 길이요 진리요 생명이니 나로 말미암지 않고는 아버지께로 올 자가 없느니라"라는 기독교의 핵심 진리나 사도행전 4장 12절의 "다른 이로써는 구원을 받을 수 없나니 천하 사람 중에 구원을 받을 만한 다른 이름을 우리에게 주신 일이 없음이라"라는 메시지가 배타적이고 극단적인 것으로 해석되어 공서양속 위반으로 분류될 가능성이 높아지고 있다.

2. 종교극단주의 개념의 확대와 복음 전도의 위축

"종교극단주의 사상경향" 금지 조항의 신설은 기독교의 본질적 특성인 복음 전도 열정마저 제약할 수 있는 심각한 문제를 제기한다. 2016년 〈중화인민공화국반테러주의법(中华人民共和国反恐怖主义法)〉 제3조에서 규정한 "종교극단주의의 정의"[100]를 종교활동 규제에 적용한 것으로 보이는데, 이는 테러리즘 방지를 위한 법적 개념을 일반적인 종교활동 규제로 확대 적용한 것이라는 점에서 문제가 있다. 2021년 국가종교사무국이 발표한 〈종교극단주의 활동 식별과 처리에 관한 지침(宗教极端主义活动识别与处置指导意见)〉에서는 "배타적 종교관념의 전파", "종교적 우월감의 표출", "타종교에 대한 비판적 언급" 등을 종교극단주의의 징후로 분류하고 있다.[101] 이러한 기준에 따르면 로마서 1장 16절에서 바울이 고백한 "내가

---

100 全国人民代表大会常务委员会, 〈中华人民共和国反恐怖主义法〉 (2015년 12월 27일) 제3조, "本法所称恐怖主义，是指通过暴力、破坏、恐吓等手段，制造社会恐慌、危害公共安全、侵犯人身财产，或者胁迫国家机关、国际组织，以实现其政治、意识形态等目的的主张和行为。"

101 国家宗教事务局, "宗教极端主义活动识别与处置指导意见" (2021년 6월 28일)은 2025년

복음을 부끄러워하지 아니하노니 이 복음은 모든 믿는 자에게 구원을 주시는 하나님의 능력이 됨이라"라는 복음에 대한 확신과 열정이 현대적 맥락에서는 종교극단주의로 오해받을 위험성이 농후하다. 특히 제29조 제3항에서 금지하는 "종교극단사상을 전파하고, 종교극단주의와 불법 종교활동을 지지하고 지원하며, 종교를 이용하여 중국 국가통일, 민족단결, 종교화목과 사회안정을 파괴하는 행위"는 기독교의 배타적 진리 주장이나 사회 비판적 예언자적 기능을 극단주의로 분류할 가능성을 제도화하고 있다. 구약의 예언자들이 보여준 사회 정의에 대한 요구나 신약의 하나님 나라 선포가 현 체제에 대한 도전으로 해석될 경우, 이는 곧바로 종교극단주의 범주에 포함될 수 있다.

3. 종교중국화 정책과 복음의 보편성 훼손 가능성

2015년 5월에 열린 전국통일전선업무회의(全国统战工作会议)에서 시진핑 주석에 의해 처음으로 공식 언급되고, 2018년 〈종교사무조례〉 개정에서 처음 종교행정규범으로 공식화된 종교의 중국화 개념은 2018년 전국종교업무회의에서 시진핑 주석이 "종교의 중국화 방향을 견지하고, 종교와 사회주의 사회의 상호적응을 적극 인도해야 한다"고 강조하면서[102] 정책적 우선순위로 격상되었다. 2022년 중국기독교협회가 발표한 〈기독교중국화5개년계획(基督教中国化五年工作规划) 2022-2026〉에서는 "성경의 중국화 해석", "찬송가의 중국화 개편", "교회 건축양식의 중국화", "목회자 양성

8월 17일 현재 종교사무국 홈페이지(https://www.sara.gov.cn)에서 원문을 확인할 수 없다. 다만 最高人民法院、最高人民检察院、公安部、司法部, "关于办理恐怖活动和极端主义犯罪案件适用法律若干问题的意见" (2018년 1월), 〈人民法院报〉 (2018년 1월 26일)에서 일부 내용을 파악할 수 있다.

102 习近平, "坚持我国宗教中国化方向，积极引导宗教与社会主义社会相适应", 全国宗教工作会议 (2018년 4월 23일), 〈求是〉 2018년 제9호.

과정의 중국화" 등 구체적인 실행 방안을 제시하고 있다.[103]

그러나 이러한 요구는 복음의 보편성과 초문화적 특성을 근본적으로 제약할 수 있다. 계시록 7장 9절의 "이 일 후에 내가 보니 각 나라와 족속과 백성과 방언에서 아무도 능히 셀 수 없는 큰 무리가 나와 흰 옷을 입고 손에 종려 가지를 들고 보좌 앞과 어린 양 앞에 서서"라는 다민족적 하나님 나라의 비전이 민족주의적 해석에 의해 제약받을 위험성이 증대하고 있다. 복음의 상황화(contextualization)는 찰스 크래프트가 강조한 바와 같이 동적 등가를 통한 의미의 보존을 추구하는 선교학의 중요한 원리[104]이지만, 이것이 복음의 본질을 훼손하는 혼합주의(syncretism)로 변질될 위험이 있다. 강제적 중국화는 의미 자체의 변질을 요구할 수 있다.

2020년 국가종교사무국이 발표한 〈종교단체관리방법(宗教团体管理办法)〉에서 요구하는 "중국특색사회주의종교이론"과의 일치[105]는 형식의 변화를 넘어서 의미 자체의 변질을 초래할 위험성을 내포하고 있다. 2023년 발표된 〈우리나라기독교중국화심화추진5개년업무계획요강(深入推进我国基督教中国化五年工作规划纲要) 2023-2027년〉에서는 "기독교 중국화의 핵심은 신학사상의 중국화"라고 명시하고 있어,[106] 이는 복음의 본질적 메시지에 대한 근본적 재해석을 요구하는 것으로 평가된다.

---

103 中国基督教协会, "基督教中国化五年工作规划(2022-2026年)" (2022년 1월), 「天风」 2022년 제2호.

104 Charles H. Kraft, *Christianity in Culture: A Study in Dynamic Biblical Theologizing in Cross-Cultural Perspective* (Maryknoll: Orbis Books, 1979), pp. 271-296.

105 国家宗教事务局, 〈宗教团体管理办法〉, 国家宗教事务局令第13号 (2020년 2월 1일 시행) "第十七条 宗教团体应当向宗教教职人员和信教公民宣传中国共产党的方针政策以及国家法律、法规、规章，教育引导宗教教职人员和信教公民拥护中国共产党的领导，拥护社会主义制度，坚持走中国特色社会主义道路，遵守法律、法规、规章和政策，正确处理国法与教规关系，增强国家意识、法治意识、公民意识。"

106 中国基督教三自爱国运动委员会, 中国基督教协会, "深入推进我国基督教中国化五年工作规划纲要(2023-2027年)", 출처: https://www.ccctspm.org/cppccinfo/17230, 〈중국기독교망〉, 2025년 8월 17일 접속.

결론적으로 2025년 〈시행세칙〉 개정은 단순한 행정적 조치를 넘어서 중국 내 기독교 선교 환경을 근본적으로 변화시키고 있다. 중국공산당 제20차 전국대표대회 보고서에서 제시된 "종교업무의법치화수준제고(提高宗教工作法治化水平)"[107]라는 방향성 하에서 이루어진 이번 개정은 기독교의 신학적 정체성과 선교적 사명에 대한 본질적 도전을 제기하고 있다. 이러한 제약들은 종합적으로 기독교 공동체의 형성과 발전에 구조적 제약을 가하고 있으며, 복음의 본질적 메시지와 실천이 법적 규제와 충돌하는 새로운 상황을 조성하고 있다. 특히 외국인 신도들의 종교활동에 대한 직접적 규제는 중국 내 기독교 공동체의 국제적 연대와 상호 교류를 차단하여 중국 교회의 고립화를 심화시킬 우려가 있다. 향후 중국 내 기독교 선교는 이러한 법적 제약 아래서 어떻게 복음의 본질을 보존하면서도 현실적 적응을 모색할 것인지에 대한 근본적 재고가 필요한 시점에 이르렀다고 평가된다. 이는 단순히 중국만의 문제가 아니라 종교와 국가권력 사이의 관계, 복음의 상황화와 혼합주의의 경계, 그리고 글로벌 시대 기독교 선교의 새로운 패러다임에 대한 보편적 과제를 감당해야 하는 대한민국 교회의 문제이기도 하다.

---

107 中国共产党第二十次全国代表大会报告, "高举中国特色社会主义伟大旗帜 为全面建设社会主义现代化国家而团结奋斗" (2022년 10월 16일), 출처: http://www.xinhuanet.com/politics/cpc20/2022-10/16/c_1129063982.htm, 〈新华社〉, 2025년 8월 17일 접속.
〈종교사무조례(宗教事务条例, 2017)〉 제1조 "为了保障公民宗教信仰自由，维护宗教和睦与社会和谐，规范宗教事务管理，提高宗教工作法治化水平，根据宪法和有关法律，制定本条例。"
〈중국공산당통일전선업무조례(中国共产党统一战线工作条例, 2021)〉 "提高宗教工作法治化水平，善于用法律法规规范宗教事务管理、调节涉及宗教的各种社会关系"

D. 선교학적 종합 평가와 전망

1. 패러다임적 변화의 인식과 선교학적 의미

2010년에서 2025년으로의 〈시행세칙〉 개정은 시진핑 정권이 추진하는 종교의 중국화 정책의 법제화 과정에서 나타난 패러다임 변화를 반영하고 있다. 2017년 8월 26일 리커창(李克强) 국무원 총리가 서명하여 국무원 제686호령으로 공포한 〈종교사무조례〉는 2018년 2월 1일부터 시행되어 중국의 종교정책에 새로운 법적 토대를 제공했다. 이 조례는 기존 48개 조항에서 77개 조항으로 확대되어 종교활동에 대한 구체적 규제를 대폭 강화했다. 시진핑 주석이 2017년 10월 18일 중국공산당 제19차 전국대표대회 개막연설에서 "종교는 반드시 중국화 되어야 한다"고 강조한 것은 이러한 법제화 작업의 이념적 배경을 명확히 보여준다. 종교의 중국화는 단순한 통제 수단을 넘어서 "사회를 결집시키고 인민들의 헌신을 이끌어내며 당-국가에 봉사할 수 있도록 조정하고 촉진하는 훈육적 권력의 행사"로 이해되어야 한다. 이로 인해 중국 선교 환경 역시 패러다임 변화를 가져왔다. 이는 허용적 통제에서 억제적 통제로, 개별적 감시에서 체계적 감시로, 사후적 처벌에서 사전적 예방으로의 전환을 의미한다. 2010년에는 일정한 제약 아래서 선교 활동이 허용되었다면, 2025년에는 선교 활동 자체를 원천적으로 차단하는 구조가 확립되었다.

2025년 4월 1일 국가종교사무국 제23호령으로 공포된 〈중화인민공화국경내외국인종교활동관리규정 시행세칙〉은 기존 22개 조항을 38개 조항으로 확대하여 외국인의 종교활동을 전면적으로 재규정했다. 이 시행세칙은 네 가지 주요 선교 모델에 구조적 제약을 가했다:

첫째, 현장 주재 선교사 모델의 무력화이다. 제29조는 외국인이 허가

받지 않고 “독단적으로 설교, 경전강해, 단체 종교활동”을 하는 것과 “중국 공민을 대상으로 신도를 모집하거나 성직자로 임명”하는 행위를 금지했다.

둘째, 교회개척선교 모델의 원천 차단이다. 새로운 시행세칙은 동일한 언어와 종교를 공유하는 외국인 단체의 경우 현(縣)급 행정구역 내 한 곳에서만 임시 종교활동을 허용함으로써 새로운 교회 설립을 제도적으로 차단했다.

셋째, 문서선교 모델의 제한이다. 종교홍보물의 제작·배포가 전면 금지되어 기독교 문서를 통한 복음 전파가 불가능해졌다.

넷째, 디지털 선교 모델의 전면 차단이다. 2022년 3월 1일부터 시행된 〈인터넷종교정보서비스관리방법(互联网宗教信息服务管理办法)〉에 따라 종교예식의 온라인 중계나 녹화가 금지되었고,[108] 온라인 종교활동은 중국공산당 지도부에 반대하거나 사회주의 제도를 훼손하지 않는 범위에서만 허용되었다.[109]

정리하자면 이러한 변화는 전통적인 선교 모델의 무력화를 가져왔다. 현장 주재 선교사 모델은 집회책임자 제도와 처벌 강화로 인해 장기 거주

108 〈인터넷종교정보서비스관리방법(互联网宗教信息服务管理办法)〉은 중화인민공화국 국가종교사무국, 국가인터넷정보판공실, 공안부, 국가안전부 등 5개 부서가 공동으로 발표한 법규로, 2022년 3월 1일부터 시행되었으며, 온라인 종교활동에 대한 승인, 내용, 운영 방식 등을 상세히 규정하고 있다. 해당 법규 제17조는 온라인 중계 금지 조항으로, “어떤 조직이나 개인도 인터넷을 통해 종교의식, 종교활동 생방송 또는 녹화 방송을 진행할 수 없다(任何组织或者个人不得在网络上举行、直播或者录播宗教仪式、宗教活动)”라고 명시하고 있다. 다만, 법규의 해석에 따라 공인된 종교단체에 한해 제한적으로 허용되는 경우도 있다.

109 〈인터넷종교정보서비스관리방법(互联网宗教信息服务管理办法)〉 제2조, “从事互联网宗教信息服务，应当遵守宪法、法律、法规和规章，践行社会主义核心价值观，坚持我国宗教的中国化方向，坚持独立自主自办原则，维护宗教和睦、社会和谐，不得宣扬、支持、资助宗教极端主义，不得利用宗教破坏民族团结、分裂国家和进行恐怖活动。互联网宗教信息服务，应当维护国家利益、社会公共利益和公民合法权益，不得危害国家安全、破坏社会稳定、损害公民身体健康、妨碍社会公共秩序。”

선교가 불가능해졌고, 교회개척선교 모델은 단체 종교활동 제약으로 새로운 교회 설립이 원천 차단되었으며, 문서선교 모델은 종교용품 반입 제한으로 기독교 문서를 통한 복음 전파가 불가능해졌고, 디지털 선교 모델은 인터넷 온라인 사역의 전면 차단이 되었다.

2. 신학적 성찰과 하나님의 주권에 대한 신뢰

중국의 강화된 종교 통제 정책은 전통적인 영광의 신학에 기반한 선교 모델의 한계를 노정시키고 있다. 김우선의 연구에 따르면, "종교의 중국화는 현대화의 의도하지 않은 결과인 개신교의 성장에 대한 당-국가의 대응이며, 시진핑의 '새 시대'에 소프트파워를 갖추려는 목표가 담긴 종교정책"이다.[110] 이러한 상황에서 중국을 향한 선교학적 접근은 양적 성장과 교회 확장을 추구하는 모델에서 고난과 제약 속에서도 복음의 본질을 견지하는 십자가의 신학적 관점으로의 전환이 요구된다. 박만준의 분석에 의하면, 중국 제5세대 종교정책은 2015년 686호 〈종교사무조례개정안〉의 발표와 2016년 종교중국화공정으로 집약되며, "중국공산당 18대 말부터 686호 문건을 중심으로 각종 종교 영역들에게 종교·국가·사회의 관계 속에서 가해지고 있는" 포괄적 통제 체계를 구축했다.[111] 그러나 이러한 제약된 환경은 역설적으로 중국 교회의 순수성 회복과 내재적 성장의 기회가 될 수 있다.

이러한 상황에서 중국을 향한 선교학적 접근은 근본적 재검토가 필요하다. 양적 성장과 교회 확장을 추구하는 영광의 신학적 선교 모델은 더 이상 유효하지 않으며, 고난과 제약 속에서도 복음의 본질을 견지하는 십

110 김우선, 앞의 논문, 249-274. 참조

111 박만준, "시진핑정권의 종교중국화공정이 중국종교정책에서 가지는 역사적 함의," 「중소연구」 제42권 제4호, 2019, 119-164. 참조

자가의 신학적 관점이 요구된다. 이는 고난 받는 교회와의 연대, 순교적 증언을 통한 복음의 능력 계시, 성령의 주권적 역사에 대한 신뢰, 하나님 나라의 이미와 아직이라는 관점에서의 인내를 포함한다.

3. 하나님의 주권적 섭리에 대한 신앙적 해석

초대교회가 로마 제국의 박해 아래서도 복음의 능력으로 성장했던 역사적 선례는 현재 중국의 상황에 중요한 통찰을 제공한다. 하나님은 종종 감추어진 방식으로 역사하시며, 중국의 엄격한 종교 통제 정책은 겉보기에는 복음 전파를 차단하는 것처럼 보이지만, 하나님의 주권적 계획안에서 중국 교회의 순수성 회복, 복음의 본질적 능력 재발견, 순교적 신앙의 확산, 내부적 성숙과 자립 등과 같은 긍정적 효과를 가져올 수 있다. 시진핑이 추진하는 외국인 종교활동의 통제는 외부 의존적 신앙에서 내재적 성장으로의 전환, 외형적 확장보다 영적 깊이를 추구하는 신앙, 고난을 통한 복음의 진정성 증명, 외부 지원 없이도 자생할 수 있는 교회 성장의 모델을 중국 교회에 제공할 수 있다.

현재 상황에서 한국 선교사가 중국에 직접 들어가 활동하는 것은 제한적이므로, 한국 내에서 중국을 위한 선교전략을 새롭게 수립해야 할 시점이다. 이에 따라 다음과 같은 전략적 접근이 필요하다. 첫째, 중국 교회 필요 파악 우선의 원칙이다. 중국 교회가 스스로 수행할 수 없는 영역을 파악하여 간접적으로 지원하는 방향으로 전환해야 한다. 둘째, 청객(請客) 의식의 회복이다. 손님이라는 주객 관계를 인식하는 겸손한 선교 자세가 요구된다. 셋째, 장기적 관점의 유지이다. 즉시적 성과보다 장기적 관계 구축에 집중해야 한다. 넷째, 다층적 접근이다. 공식 교회(삼자교회)와 가정 교회에 대한 균형 잡힌 이해와 접근이 필요하다.

이러한 변화는 다음과 같은 패러다임 전환을 요구한다. 인간의 계획과 방법에 의존하는 선교에서 성령의 주권적 역사를 신뢰하는 선교로의 전환, 가시적 성과를 추구하는 선교에서 신실한 순종을 중시하는 선교로의 전환, 제도적 확장을 지향하는 선교에서 관계적 증거를 강조하는 선교로의 전환, 직접적 복음 전파보다 중국 교회의 자생력 강화를 위한 간접적 지원으로의 전환이다.

결론적으로, 2025년 〈시행세칙〉 개정으로 통제가 강화되면서 표면적으로는 중국 선교 환경에 심각한 위기가 발생한 것으로 보인다. 그러나 이러한 상황은 중국 교회와 전 세계 기독교 공동체는 순수한 복음과 참된 교회의 본질을 되돌아보게 하는 하나님의 부르심으로 해석될 수 있다. 하나님은 종종 감추어진 방식으로 역사하시며, 중국의 엄격한 종교 통제 정책은 겉보기에는 복음 전파를 차단하는 것처럼 보이지만, 하나님의 주권적 계획안에서 중국 교회의 순수성 회복과 내재적 성장을 위한 도구로 사용될 수 있다는 관점에서 이해되어야 할 것이다. 현재의 제약된 환경도 하나님의 주권적 역사 안에서 오히려 복음의 순수성을 회복하고 교회의 본질을 재발견하는 기회가 될 수 있다. 이는 인간의 계획과 방법을 의존하는 선교에서 성령의 주권적 역사를 신뢰하는 선교로, 가시적 성과를 추구하는 선교에서 신실한 순종을 중시하는 선교로, 제도적 확장을 지향하는 선교에서 관계적 증거를 강조하는 선교로의 패러다임 전환을 요구하고 있다. 따라서 2025년 〈시행세칙〉이 가져온 새로운 도전은 단순히 장애물이 아니라, 하나님이 허락하신 정화와 성숙의 과정으로 이해되어야 할 것이다. 한국 교회는 이러한 시대적 변화를 인식하고, 겸손한 자세로 중국 교회와 연대하며, 하나님의 주권적 역사를 신뢰하는 새로운 선교 패러다임을 구축해야 할 것이다.

Ⅴ. 나가는 말

A. 연구 결과 종합

본 연구는 2010년과 2025년 〈중화인민공화국경내외국인종교활동관리규정 시행세칙〉의 비교 분석을 통해 중국 종교정책의 전략적 변화를 규명하고, 이것이 기독교 선교 환경에 미치는 영향을 선교학적 관점에서 체계적으로 분석하였다. 서론에서 제기한 연구 문제들에 대한 분석을 통해 다음과 같은 결론에 도달하였다.

첫째, 〈시행세칙(2025)〉은 2010년 대비 조문 수 72.7% 증가, 5개 장으로의 체계적 재편 등을 통해 중국 종교정책의 근본적인 패러다임 전환을 구현하였다. 마호니(James Mahoney)와 셀런(Kathleen Thelen)의 점진적 제도변화 이론에 따른 층화(layering) 방식을 통해 집회책임자제도, 동의서제도, 신고의무제도 등 새로운 제도적 장치가 도입되었으며, 이는 2010년의 '관리 속의 개방' 기조에서 2025년의 '통제 속의 관리'로의 정책 전환을 의미한다. 특히 제29조의 11개 금지 행위 조항은 외국인 종교활동의 거의 모든 영역을 사전 차단하는 포괄적 금지 체계를 확립하였으며, 이는 사후 대응 중심에서 사전 예방 중심으로의 관리 방식 전환을 보여준다. 이러한 변화는 2015년 중앙통일전선업무회의에서 공식 제시된 종교중국화 정책이 구체적 행정규범으로 구현된 결과로써, 시진핑 집권 이후 종교정책의 체계화와 법제화가 완성 단계에 이르렀음을 시사한다.

둘째, 강화된 정책은 기독교 선교 활동 및 공동체 형성에 구조적 제약을 가하고 있다. 제29조의 설교 금지, 전도 및 교직자 임명 금지, 종교교육 금지 조항들은 말씀 중심 선교의 구조적 차단을 의미하며, 특히 "인터넷을 이용한 불법 종교활동" 금지는 디지털 시대 온라인 선교에 대한 포괄적 차단을 구현하였다. 단체 종교활동에 대한 엄격한 사전 통제 시스템과 집회책임자 제도는 전통적인 기독교 지도력 선택 원리와 근본적으로 충돌하며, 독립자주자체운영원칙의 강제적 적용과 공서양속 준수 요구는 기독교의 보편적 진리 주장에 도전을 제기하고 있다. 이는 2018년 〈종교사무조례〉 개정에서 도입된 인터넷 종교정보서비스 허가제와 연계하여 물리적 공간과 가상 공간을 아우르는 전방위적 종교 통제 체계가 완성되었음을 의미한다.

셋째, 변화하는 선교 환경에서는 새로운 선교 패러다임과 전략적 대응이 요구된다. 하나님의 선교(Missio Dei) 관점과 레슬리 뉴비긴(Lesslie Newbigin)의 상황화 이론을 통합한 분석을 통해 전문인 선교 모델의 재조명, 디아스포라 사역을 통한 역방향 선교전략, 문화 교류와 학술 협력을 통한 장기적 관계 구축을 대안적 선교전략으로 제시할 수 있다. 세계 교회는 전통적인 선교에서 선교적 교회론을 실천하는 역할 전환을 통해 중국 교회와의 성숙한 파트너십 모델을 개발해야 하며, 이는 전통적인 일방향적 선교 모델에서 상호 협력적 파트너십 모델로의 전환을 의미한다. 보쉬(David J. Bosch)의 선교 패러다임 이론에 따르면, 이러한 전환은 단순한 전략적 적응을 넘어 선교에 대한 근본적 이해의 변화를 요구한다.

B. 이론적 기여와 학술적 의의

본 연구는 먼저, 중국 종교정책 연구에서 거시적 정책 선언 중심의 기존 연구의 한계를 보완하는 미시적 제도분석 방법론의 제시함으로써 창의적 연구 방법을 제시하였다. 특히 법규 조문의 정량적 정성적 비교 분석을 통해 정책 변화의 실체를 객관적으로 규명함으로써, 추상적 정책 담론과 구체적 제도 현실 간의 연관성을 실증적으로 분석하는 새로운 연구 접근법을 개발하였다는 점에서 학술적 의의를 갖는다.

다음으로, 권위주의 체제하에서 외형적으로는 점진적 형태를 취하지만 본질적으로는 급진적 변화를 추진하는 중국 특유의 정책변화 메커니즘을 점진적 급변으로 개념화함으로써 이론적 기여를 하였다. 이는 25년간 유지된 기본 체계를 2025년 한 차례의 개정으로 근본적으로 전환시킨 중국 종교정책의 특성을 설명하는 이론적 틀을 제공한다는 점에서 중국 정치 연구에 기여하는 바가 크다. 실천적으로는 중국 종교정책의 미래 방향에 대한 예측 가능성을 높이는 실증적 근거를 제공하고, 변화하는 선교 환경에서의 전략적 기초 자료를 제공하였다.

마지막으로, 정치학적 제도분석과 선교학적 해석을 통합하는 학제 간 연구 모델을 개발하여, 정책 변화가 종교활동에 미치는 영향을 다층적으로 분석하는 방법론적 기초를 제공하였다. 이는 향후 종교정책과 선교학 연구의 융합적 접근에 기여할 것으로 기대되며, 종교와 정치의 상호작용을 분석하는 새로운 분석틀을 제시한다는 점에서 학술적 가치를 갖는다.

C. 실천적 함의와 정책적 시사점

연구 결과는 중국 선교 전략의 근본적 재정립 필요성을 제시한다. 전통적인 선교에서 선교적 교회론을 실천하는 현대적 선교로, 외국인 주도에서 현지 교회 중심으로, 양적 확장에서 질적 성장으로, 대립적 접근에서 대화적 접근으로의 패러다임 전환이 불가피한 것으로 분석되었다.

한국 교회의 경우 중국을 일방적 선교 대상으로 보는 인식에서 벗어나 상호 학습과 협력의 파트너로 인식하는 전환이 필요한 것으로 나타났다. 특히 한국의 급속한 경제 발전과 기독교 성장 경험을 바탕으로 한 간접적 증거와 문화적 영향력을 통한 선교 접근이 효과적일 것으로 분석되었다.

국제 기독교계의 경우 중국 기독교를 서구 기독교의 아류가 아닌 독특한 신학적 전통과 영성을 가진 독립적 주체로 인정하고, 일방향적 선교 모델에서 상호 협력적 파트너십 모델로 전환해야 할 필요성이 제기되었다.

D. 미래 전망과 지속적 연구 과제

향후 5년간의 미래 전망에서는 현행 정책의 안정적 유지와 세부 규정의 지속적 강화가 예상된다. 시진핑 3기 체제의 정치적 안정성과 종교중국화 정책에 대한 강한 의지를 고려할 때 현재의 통제 기조는 지속될 가능성이 높다. 따라서 전통적인 선교 방법에 대한 전면적 재검토가 불가피할 것으로 전망된다. 그럼에도 불구하고 현재의 제약을 하나님의 선교 관점에서 재해석할 때, 이는 중국 교회의 성숙과 자립을 촉진하는 하나님의 섭리로 이해될 수 있다. 외국인 선교사의 직접적 사역 기회는 현저히 감소하면서 중국 교회만의 독특한 신학과 사역 모델이 발전할 가능성이 제기되고 있으며, 필립 젠킨스(Philip Jenkins)가 예측한 기독교 중심의 남반구 이동이 중국을 통해서도 실현될 수 있다.[112] 중국 교회가 자립성을 확보하고 독특한 선교 모델을 개발하면, 오히려 다른 아시아 국가나 제3세계 국가에 선교사를 파송하는 선교 파송국이 될 가능성도 있다.

본 연구의 후속 과제로는 정책 집행 과정에 대한 심층 연구가 필요하다. 법규 제정과 실제 집행 사이의 간극을 분석하고, 특히 지방 정부의 재량적 집행과 지역별 편차에 대한 체계적 분석이 요구된다. 중앙 정부의 통일된 정책이 31개 성급 행정구역에서 어떻게 차별적으로 적용되는지에 대한 비교 연구가 필요하다. 정책 변화에 대한 중국 현지 기독교계의 실제

112 Philip Jenkins, *The Next Christendom: The Coming of Global Christianity* (Oxford University Press, 2002) 참조.

반응과 적응 전략을 조사하는 연구도 중요한 과제로 제기된다. 삼자교회와 가정교회의 차별적 대응, 세대별 지역별 반응 차이, 교회 지도자들의 전략적 선택 등을 다양한 방법을 통해 분석할 필요가 있다. 비교 연구의 확장을 통해 중국의 종교정책을 다른 사회주의 국가나 권위주의 체제 국가와 비교 분석하는 연구도 필요하다. 베트남, 라오스, 쿠바 등 사회주의 국가의 종교정책과의 비교를 통해 중국 모델의 특수성과 보편성을 규명할 수 있을 것이다. 〈시행세칙〉이 중국 기독교 발전과 세계 기독교 지형에 미치는 장기적 영향에 대한 지속적 모니터링과 평가 연구도 요구된다. 향후 10년간의 변화 추이를 추적하여 정책의 실효성과 예상치 못한 부작용을 분석하는 것이 필요하다.

E. 연구의 한계

본 연구는 몇 가지 중요한 한계를 갖는다. 첫째, 법규 조문 분석에 중점을 둠에 따라 실제 정책 집행 과정과 현장 적용 양상에 대한 분석이 제한적이다. 법규의 조문과 실제 집행 사이에는 상당한 차이가 있을 수 있으나, 본 연구는 주로 문헌 분석에 의존하여 현실적 적용 양상을 충분히 다루지 못했다는 한계가 있다.

둘째, 중국 현지 기독교계의 직접적 경험과 인식을 충분히 반영하지 못했다. 정책의 직접적 영향을 받는 중국 교회와 외국인 기독교도들의 생생한 경험과 대응 전략에 대한 심층적 조사가 제한적이었으며, 이는 연구 결과의 현실 적합성을 제약하는 요인으로 작용한다.

셋째, 중국의 광범위한 지역적 특성과 지방 정부의 차별적 정책 적용에 대한 분석이 부족하다. 동일한 법규라도 지역의 정치적 사회적 종교적 맥락에 따라 다르게 적용될 가능성이 높으나, 이에 대한 체계적 분석이 이루어지지 못했다는 한계가 있다.

넷째, 연구 시점의 제약으로 인해 시행세칙의 중장기적 영향에 대한 평가는 향후 추가 연구가 필요하다. 정책의 실효성과 지속성, 그리고 예상치 못한 부작용이나 역효과에 대한 지속적 모니터링이 요구되며, 이는 본 연구의 시간적 한계로 인해 충분히 다루어지지 못했다.

2025년 〈중화인민공화국경내외국인종교활동관리규정 시행세칙〉의 전면 개정은 중국 종교정책사에서 중요한 분수령을 의미한다. 25년간 유지되어 온 기본 체계의 근본적 전환은 중국정부의 종교에 대한 인식과 관리 방식의 질적 변화를 반영하며, 이는 중국 내 종교활동뿐만 아니라 국제적 종교교류에도 광범위한 영향을 미칠 것으로 예상된다. 본 연구의 분석 결과, 중국의 종교정책은 개방적 관리에서 통제적 관리로 전환되었으며, 이러한 변화는 시진핑 정권의 정치적 의지와 장기적 전략의 구현으로 해석된다. 외국인 종교활동에 대한 포괄적 제약은 전통적인 선교 방법론의 근본적 재검토를 요구하며, 이는 국제 기독교계에게 새로운 도전과 기회를 동시에 제공한다. 선교학적 관점에서 볼 때, 현재의 제약은 중국 교회의 자립성 강화와 토착화 촉진의 계기가 될 수 있으며, 서구 중심의 선교 패러다임을 재검토하고 보다 상호적이고 협력적인 선교 모델을 발전시키는 기회로 작용할 수 있다. 하나님의 선교 관점에서 정치적 제약을 하나님의 주권적 계획안에서 이해할 때, 현재의 어려움도 궁극적으로는 중국 교회의 성숙과 세계 교회의 다양성 증진에 기여할 수 있을 것이다.

2025년 〈시행세칙〉의 개정은 인간의 관점에서는 선교의 위기로 보일 수 있으나, 하나님의 선교 관점에서 볼 때 이는 중국 교회를 성숙시키고 자립시키는 과정이며 서구 중심의 선교 패러다임을 재검토하는 계기가 될 수 있다. 로마서 8장 28절의 "우리가 알거니와 하나님을 사랑하는 자곧 그의 뜻대로 부르심을 입은 자들에게는 모든 것이 합력하여 선을 이루느니라"라는 말씀처럼, 현재의 제약도 하나님의 더 큰 계획안에서 선으로 전환될 수 있다는 신앙적 확신을 바탕으로, 방법과 전략은 바뀔 수 있지만 복음의 본질과 선교의 사명은 견지되어야 한다. 2025년 시행세칙의 개정은 끝이 아니라 새로운 시작이며, 중국 기독교가 더욱 성숙하고 자립적인 신앙 공동체로 성장할 수 있는 기회이자 세계 교회가 더욱 다양하고 풍성한 하나님 나라의 모습을 경험할 수 있는 계기가 될 것이다. 중국의 14억 인구는 여전히 하나님의 사랑의 대상이며, 그들에게 복음이 전해져야 한다는 선교적 비전은 변함없이 유효하다. 방법과 전략은 상황에 따라 변화할 수 있지만, 모든 민족을 제자로 삼으라는 주님의 지상명령은 시대와 상황을 초월하는 불변의 진리이다. 따라서 중국 선교에 관심을 가진 모든 이들은 변화하는 환경에 창의적으로 적응하면서도 복음의 본질과 선교의 사명을 견지해 나가야 할 것이다. 역사의 주관자이신 하나님은 인간이 세운 모든 장벽을 뛰어넘어 당신의 구원 역사를 이루어간다. 중국의 정치적 제약도 하나님의 절대 주권 앞에서는 상대적인 것이며, 성령의 역사에 의해 궁극적으로는 하나님의 뜻이 성취될 것이라는 믿음으로 중국 교회와 함께 하나님의 선교에 참여해야 할 것이다.

부록 01. 〈중화인민공화국경내외국인종교활동관리규정(1994)〉

부록 02. 〈중화인민공화국경내외국인종교활동관리규정 시행세칙(2000)〉

부록 03. 〈중화인민공화국경내외국인종교활동관리규정 시행세칙(2010)

부록 04. 〈중화인민공화국경내외국인종교활동관리규정 시행세칙(2025)〉

부 록

부록 01 〈중화인민공화국경내외국인종교활동관리규정(1994)〉[1]

A. 중한대조번역문 해설

1994년 1월 31일 국무원령 제144호로 공포된 〈중화인민공화국경내외국인종교활동관리규정〉은 중화인민공화국 성립 이후 외국인의 중국 내 종교활동을 체계적으로 규율한 최초의 종교행정규범으로서 중국 종교정책사에서 중대한 의미를 갖는다. 이 규정의 제정은 1992년 덩샤오핑의 남순강화(南巡講話) 이후 본격화된 개혁개방 심화와 밀접한 관련이 있으며, 동시에 사회주의 체제하에서 종교활동을 관리하려는 중국 공산당의 정책적 의지가 법제화된 결과물이었다.

1992년 1월 18일부터 2월 22일까지 덩샤오핑이 우한, 선전, 주하이, 상하이 등을 순시하며 발표한 남순강화는 "자본주의에도 계획이 있고 사회주의에도 시장이 있다"라는 핵심 메시지를 통해 천안문 사태 이후 위축되었던 개혁개방 정책에 새로운 동력을 제공했다. 이 담화는 중국 내부의 "성자성사(姓資姓社)" 논쟁, 즉 "자본주의냐 사회주의냐"를 둘러싼 이념적 갈등을 정면으로 반박하며 실용주의적 개혁 노선을 재확인했다. 남순강화 이후 사영기업 육성과 400여 가지 규제 완화 등을 통해 경제개방이 가속화되었으며, 이는 필연적으로 외국인의 중국 유입 증가와 그들의 종교활동에 대한 관리 필요성을 제기했다.

1 〈중화인민공화국경내외국인종교활동관리규정(中华人民共和国境内外国人宗教活动管理规定)〉 전문, 출처: https://www.gqb.gov.cn/node2/node3/node5/node9/node107/userobject7ai1371.html, 2025년 8월 12일 접속

개혁개방 초기인 1980년대부터 중국은 경제특구 설치와 연해도시 개방을 통해 외국 자본과 기술 도입을 적극 추진했다. 1980년 광둥성 선전, 주하이, 샨터우와 푸젠성 샤먼에 경제특구가 설치된 이후, 1984년에는 14개 연해도시가 개방되었고, 1988년에는 하이난도가 다섯 번째 경제특구로 지정되었다. 이러한 단계적 개방 과정에서 중국에 거주하는 외국인의 수가 급격히 증가했으며, 이들의 종교적 욕구와 종교활동이 현실적 이슈로 부상했다.

종교정책적 관점에서 볼 때, 1994년 규정 제정은 문화대혁명 종료 이후 중국 종교정책의 정상화 과정에서 중요한 이정표였다. 1978년 개혁개방 이후 중국은 문화대혁명 시기에 극도로 억압되었던 종교활동에 대해 점진적으로 관리 정책을 완화해 왔다. 1982년 중국공산당 중앙위원회가 발표한 "19호 문건"은 종교의 장기성, 군중성, 민족성, 국제성, 복잡성이라는 "다섯 가지 특성"을 인정하며 종교에 대한 기본 인식을 제시했다. 이후 1980년대를 거치면서 종교단체 재건과 종교활동 장소 복원이 이루어졌으며, 1990년대 초에는 외국인 종교활동에 대한 체계적 관리 규범의 필요성이 대두되었다.

국제적 배경으로는 냉전 종료와 소련 붕괴가 중국의 대외정책과 종교정책에 미친 영향을 고려해야 한다. 1991년 소비에트 연방의 해체는 사회주의 진영의 붕괴를 의미했으며, 중국은 유일한 대규모 사회주의 국가로서 국제적 고립을 피하고 서구와의 관계 개선이 시급했다. 1989년 천안문 사태 이후 서구 국가들의 대중국 제재가 지속되고 있던 상황에서, 중국은 종교자유를 보장한다는 대외적 이미지 개선이 필요했다. 1994년 규정 제1조에서 "중화인민공화국 경내 외국인의 종교 신앙 자유 보장"을 명시한 것은 이러한 국제적 압력에 대한 대응 차원에서 해석될 수 있다.

법제적 관점에서는 1990년대 초 중국의 법치화 진전과 관련이 있다.

개혁개방 이후 중국은 경제 발전과 함께 법적 안정성과 예측가능성 확보의 중요성을 인식하게 되었다. 특히 외국인 투자 유치와 국제 교류 확대를 위해서는 명확한 법적 근거와 투명한 관리 절차가 필요했다. 1994년 규정은 총 13개 조로 구성되어 외국인의 종교활동 권리와 의무, 금지 사항, 관리 절차, 법적 책임 등을 체계적으로 규정함으로써 외국인 종교활동 관리의 법적 기초를 마련했다.

경제적 배경을 살펴보면, 1990년대 초 중국 경제의 급속한 성장과 국제화가 중요한 요인이었다. 남순강화 이후 중국의 경제성장률은 연평균 10% 이상을 기록했으며, 외국인 직접투자(FDI)가 급증했다. 1992년 111억 달러였던 외국인 투자가 1993년 275억 달러로 급증하는 등 중국 경제의 국제화가 가속화되었다. 이에 따라 중국에 장기 거주하는 외국인 기업가, 기술자, 교육자들이 증가했으며, 이들의 종교생활에 대한 관리 방안이 필요해졌다.

종교적 배경으로는 1980년대 말부터 나타난 중국 내 종교 부흥 현상을 고려해야 한다. 개혁개방과 함께 억압되었던 종교활동이 점차 회복되면서 기독교, 불교, 이슬람교, 도교 등 각 종교의 신자 수가 급증했다. 특히 기독교의 경우 공식 통계만으로도 1980년대 말 300만 명에서 1990년대 초 600만 명으로 배증했으며, 가정교회를 포함하면 실제 신자 수는 이보다 훨씬 많았을 것으로 추정된다. 이러한 종교 부흥과 함께 외국 종교인들의 선교 활동과 종교 교류에 대한 수요가 증가했으며, 동시에 정부 차원에서는 이를 체계적으로 관리할 필요성이 대두되었다.

정치적 배경으로는 덩샤오핑 이후 지도부의 권위 확립과 사회 안정 유지에 대한 우려가 있었다. 천안문 사태의 충격이 채 가시지 않은 상황에서 중국 지도부는 경제 개방과 함께 정치적 안정을 동시에 추구해야 했다. 외국인의 종교활동이 중국 내 정치적 불안정 요소로 작용하지 않도록 하면서도, 국제사회의 종교자유 요구에 부응하는 균형점을 찾을 필요가 있었다. 1994년 규정 제8조에서 외국인의 종교조직 설립, 중국 공민 중 신도 발전, 전교활동 등을 금지한 것은 이러한 정치적 고려를 반영한 것이다.

지역적 특성을 고려하면, 경제특구와 연해 개방도시에 집중된 외국인들의 종교활동이 주요 관리 대상이었다. 특히 광둥성, 푸젠성, 상하이 등 개혁개방의 최전선 지역에서는 홍콩, 마카오, 대만 출신자들과 서구 선교사들의 활동이 활발했으며, 이들의 종교활동이 기존 중국 종교계에 미치는 영향에 대한 우려가 있었다. 1994년 규정 제11조에서 "국외에 거주하는 중국 공민이 중국 경내에서, 대만 주민이 대륙에서, 홍콩 마카오 주민이 내지에서 종교활동을 할 때 본 규정을 참조 집행한다"라고 명시한 것은 이러한 지역적 특수성을 반영한 것이다.

1994년 〈중화인민공화국경내외국인종교활동관리규정〉은 이처럼 덩샤오핑 시대 개혁개방의 심화, 국제화 진전, 종교 부흥, 법치화 요구, 정치적 안정 추구 등 복합적 요인들이 결합되어 탄생한 종교행정규범이었다. 이 규정은 중국이 사회주의 체제를 유지하면서도 개방화된 국제사회의 일원으로서 외국인의 종교활동을 관리하려는 초기 시도였으며, 이후 2000년 시행세칙 제정과 2025년 전면 개정으로 이어지는 중국 외국인 종교활동 관리 법제의 출발점이 되었다. 따라서 본 규정은 중국 종교정책사에서 개혁개방 시대 종교 관리의 기본 틀을 제시한 역사적 문헌으로서 중요한 의미를 갖는다.

B. 중한대조번역문 전문

《中华人民共和国境内外国人宗教活动管理规定》

〈중화인민공화국경내외국인종교활동관리규정〉

(1994年1月31日国务院令第144号发布)

(1994년 1월 31일 국무원령 제144호로 공포)

第一条 为了保障中华人民共和国境内外国人的宗教信仰自由, 维护社会公共利益, 根据宪法, 制定本规定。

제1조 중화인민공화국 경내 외국인의 종교신앙 자유를 보장하고 사회공공이익을 수호하기 위해 헌법에 따라 본 규정을 제정한다.

第二条 中华人民共和国尊重在中国境内的外国人的宗教信仰自由, 保护外国人在宗教方面同中国宗教界进行的友好往来和文化学术交流活动。

제2조 중화인민공화국은 중국 경내 외국인의 종교신앙 자유를 존중하며, 외국인이 종교 영역에서 중국 종교계와 진행하는 우호적 교류 및 문화학술교류활동을 보호한다.

第三条 外国人可以在中国境内的寺院、宫观、清真寺、教堂等宗教活动场所参加宗教活动。经省、自治区、直辖市以上宗教团体的邀请, 外国人可以在中国宗教活 动场所讲经、讲道。

제3조 외국인은 중국 경내의 사찰, 도교사원, 모스크, 예배당 등 종교활동 장소에서 종교활동에 참여할 수 있다. 성, 자치구, 직할시급 이상 종교단체의 초청을 받아 외국인은 중국 종교활동 장소에서 경전강해, 설

교할 수 있다.

第四条 外国人可以在县级以上人民政府宗教事务部门认可的场所举行外国人参加的宗教活动。

제4조 외국인은 현급 이상 인민정부 종교업무 담당부서가 인가한 장소에서 외국인 참가 종교활동을 거행할 수 있다.

第五条 外国人在中国境内, 可以邀请中国宗教教职人员为其举行洗礼、婚礼、葬礼和道场法会等宗教仪式。

제5조 외국인은 중국 경내에서 중국 종교교직자를 초청하여 세례, 혼례, 장례 및 도량법회 등 종교의식을 거행할 수 있다.

第六条 外国人进入中国国境, 可以携带本人自用的宗教印刷品、宗教音像制品和其他宗教用品;携带超出本人自用的宗教印刷品、宗教音像制品和其他宗教用品入境, 按照中国海关的有关规定办理。禁止携带有危害中国社会公共利益内容的宗教印刷品和宗教音像制品入境。

제6조 외국인은 중국 입국 시 본인 용도의 종교인쇄물, 종교음향 및 영상제품, 기타 종교용품을 휴대할 수 있다. 본인 용도를 초과하는 종교인쇄물, 종교음향 및 영상제품, 기타 종교용품을 휴대 입국하는 경우에는 중국 세관의 관련 규정에 따라 처리한다. 중국 사회공공이익에 해를 끼치는 내용의 종교인쇄물과 종교음향 및 영상제품의 휴대 입국은 금지한다.

第七条 外国人在中国境内招收为培养宗教教职人员的留学人员或者到中国宗教院校留学和讲学, 按照中国的有关规定办理。

제7조 외국인이 중국 경내에서 종교교직자 양성 목적의 유학생을 모

집하거나 중국 종교학교에서 유학 및 강의하는 경우에는 중국의 관련 규정에 따라 처리한다.

第八条 外国人在中国境内进行宗教活动, 应当遵守中国的法律、法规, 不得在中国境内成立宗教组织、设立宗教办事机构、设立宗教活动场所或者开办宗教院校, 不得在中国公民中发展教徒、委任宗教教职人员和进行其他传教活动。

제8조 외국인이 중국 경내에서 종교활동을 할 때는 중국의 법률과 법규를 준수해야 하며, 중국 경내에서 종교조직 성립, 종교 사무기구 설립, 종교활동 장소 설립, 종교학교 개설을 할 수 없고, 중국 공민 중에서 신도 모집, 종교교직자 임명, 기타 선교활동을 할 수 없다.

第九条 外国人违反本规定进行宗教 活动的, 县级以上人民政府宗教事务部门和其他有关部门应当予以劝阻、制止;构成违反外国人入境出境管理行为或者治安管理行为的, 由公安机关依法进行处罚;构成犯罪的, 由司法机关依法追究刑事责任。

제9조 외국인이 본 규정을 위반하여 종교활동을 할 경우, 현급 이상 인민정부 종교업무 담당부서와 기타 관련 부서는 권고하고 제지해야 한다. 외국인 출입국관리 위반행위나 치안관리 위반행위를 구성하는 경우 공안기관이 법에 따라 처벌하며, 범죄가 성립하는 경우 사법기관이 법에 따라 형사책임을 묻는다.

第十条 外国组织在中华人民共和国境内的宗教活动适用本规定。

제10조 외국 조직이 중화인민공화국 경내에서 하는 종교활동에는 본 규정이 적용된다.

第十一条 侨居国外的中国公民在中国境内, 台湾居民在大陆, 香港、澳门居民在内地进行宗教活动, 参照本规定执行。

제11조 해외 거주 중국 공민이 중국 경내에서, 대만 거주민이 대륙에서, 홍콩 · 마카오 거주민이 내지에서 종교활동을 할 경우 본 규정을 참조하여 시행한다.

第十二条 本规定由国务院宗教事务部门负责解释。

제12조 본 규정은 국무원 종교업무 담당부서에서 해석을 담당한다.

第十三条 本规定自发布之日起施行。

제13조 본 규정은 공포일부터 시행한다.

부록 02 〈중화인민공화국경내외국인종교활동관리규정 시행세칙(2000)〉[2]

A. 중한대조번역문 해설

2000년 8월 11일 국가종교사무국 회의에서 통과되어 9월 26일 국가종교사무국령 제1호로 공포 · 시행된 〈중화인민공화국경내외국인종교활동관리규정 시행세칙〉은 1994년 상위법 제정 이후 6년간의 법적 공백을 메우는 중요한 제도적 보완이었다. 이 시행세칙은 2010년 11월 29일 국가종교사무국령 제9호를 통해 일부 개정되어 2011년 1월 1일부터 새로운 체계로 시행되었으나, 본 번역문은 2000년 원래 제정된 조문을 기준으로 작성되었다.

2000년 시행세칙 제정은 장쩌민(江澤民) 정권의 종교정책 안정화와 새천년 중국의 대외개방 심화라는 복합적 맥락에서 탄생한 정책적 산물이었다. 장쩌민 정권(1989-2002)은 천안문 사태 이후 정치적 정당성 확보와 사회 안정을 위해 이념적 통제와 경제적 실용주의를 병행하는 정치 전략을 구사했으며, 1990년대 중반 이후 제시된 "삼개대표(三個代表)" 이론은 중국 공산당이 "선진 생산력 발전 요구", "선진 문화 발전 방향", "최광범위한 인민의 근본이익"을 대표해야 한다는 포용적 통치 철학을 담고 있었다. 이는 종교계를 포함한 사회 각 계층의 "애국적 역량"을 통합하려는 정책적 의지를 반영한 것으로, 2000년 시행세칙 제정은 이러한 포용적 통치 전략의 일환으로 종교 영역에서도 "통제 속의 관리"를 통해 사회 안정을 도모

2 중화인민공화국 중앙인민정부 공식홈페이지, https://www.gov.cn/zhengce/2010-12/08/content_5728905.htm, 2024년 1월 28일 접속.

하려는 의도가 구현된 것이었다.

경제적 배경을 살펴보면, 1990년대 중국의 급속한 경제성장과 대외개방 확대는 외국인 거주자와 방문자의 급격한 증가로 이어졌다. 특히 1992년 한중수교, 1997년 홍콩 반환, 1999년 마카오 반환 등 일련의 외교적 변화와 함께 WTO 가입 준비 과정에서 중국은 국제사회와의 교류 확대를 위한 제도적 기반 구축이 시급했다. 1994년 상위법 제정 당시와 달리 2000년경에는 중국 내 장기 거주 외국인의 종교활동이 현실적 이슈로 부상했으며, 이들의 종교적 욕구를 관리하면서도 중국의 종교 주권을 보호할 수 있는 세부적 규범이 필요한 상황이었다.

종교정책적 관점에서 볼 때, 1980년대 개혁개방 이후 중국의 종교정책은 문화대혁명 시기의 강압적 억제에서 벗어나 상대적으로 느슨한 "감시적 방임" 정책을 유지해 왔다. 그러나 1990년대 말 파룬궁(法輪功) 사태와 신강위구르지역의 종교적 분리주의 움직임 등을 경험하면서 중국 지도부는 종교 문제가 단순한 신앙의 영역을 넘어 국가 안보와 사회 안정에 직결되는 정치적 이슈임을 재인식하게 되었다. 2000년 시행세칙은 이러한 인식 전환의 결과물로, 외국인 종교활동을 통한 "종교 침투"를 사전에 차단하면서도 합법적 종교활동은 보장한다는 이중적 관리 전략을 구체화한 최초의 시도였다.

국제적 배경으로는 1990년대 후반 중국이 미국을 중심으로 한 국제사회의 종교자유 비판에 직면해 있었다는 점이 중요하다. WTO 가입을 추진하고 있던 중국으로서는 국제적 고립보다는 제도적 개선을 통한 대외 이미지 개선이 필요했으며, 2000년 시행세칙은 외국인의 종교활동 권리를 명시적으로 보장함으로써 중국이 종교자유를 존중하는 "법치국가"임을 대외적으로 천명하는 상징적 의미를 갖고 있었다.

법제적 측면에서는 1990년대 중국의 법제화 진전과 함께 종교 관리도 점차 법적 근거를 갖춘 행정 체계로 전환되고 있었다. 1994년 상위법 제정 후 6년간의 공백은 실제 외국인 종교활동 관리에서 법적 공백과 행정적 혼란을 야기했으며, 지방 정부마다 상이한 기준을 적용하는 문제가 발생했다. 2000년 시행세칙은 이러한 법적 공백을 메우고 전국적으로 통일된 관리 기준을 제시함으로써 종교행정의 예측가능성과 일관성을 확보하려는 법치화 노력의 일환이었다.

2000년 시행세칙은 이후 중국 종교정책 변화의 중요한 기준점이 되었다. 2010년 11월 29일 국가종교사무국장 왕쭤안(王作安) 명의로 공포된 제9호령에 따라 제14조가 개정되어 2011년 1월 1일부터 시행된 변화는 후진타오 정권 제2기의 "과학적 발전관"과 "조화사회" 구축 목표에 따른 행정개혁의 일환이었다. 이 개정에서는 2004년 국무원발표문건 16호에 따라 외국인의 중국 종교학교 유학 관리가 "행정심사비준 사항"에서 "종교단체 자율관리 사항"으로 전환되어, 제14조가 "외국인이 중국종교학교에서 유학할 경우, 〈고등교육기관외국인유학생수용관리규정〉의 관련규정에 부합해야 하며, 전국종교사회단체의 동의를 얻어야 한다"로 수정되었다.

이러한 2011년 개정은 후진타오 정권의 "서비스형 정부" 구축과 종교정책의 "유연한 관리"로의 조정을 반영한 것으로, 2000년 장쩌민 시대의 "통제적 관리"에서 "협력적 관리"로의 부분적 전환을 시도한 조치였다. 그러나 이는 여전히 "전국성 종교사회단체의 동의"라는 통제 장치를 통해 정부의 최종적 관리 권한을 보장하고 있어, 진정한 의미의 종교자유 확대라기보다는 "관리 방식의 효율화"에 가까운 성격을 갖고 있었다.

따라서 2000년 원본 시행세칙은 중국 외국인 종교활동 관리의 기본 틀을 제시한 기초 문헌으로서, 이후 2011년 일부 개정과 2025년 전면 개정에 이르는 중국 종교정책 변화의 출발점이 되는 중요한 의미를 갖는다. 본 번역문은 이러한 역사적 맥락 속에서 2000년 제정 당시의 원본 조문을 정확히 이해할 수 있도록 구성되었다.

B. 2000년 시행세칙 제정의 역사적 · 정책적 배경 종합 분석

2000년 8월 11일 국가종교사무국 회의에서 통과되어 9월 26일 공포 · 시행된 국가종교사무국령 제1호 〈중화인민공화국경내외국인종교활동관리규정 시행세칙〉은 1994년 상위법 제정 이후 6년간의 공백을 메우는 중요한 제도적 보완이었으나, 동시에 장쩌민(江澤民) 정권의 종교정책 전환과 새천년 중국의 대외개방 심화라는 복합적 맥락에서 탄생한 정책적 산물이다.

1. 정치적 배경: 장쩌민 정권의 종교정책 안정화

장쩌민 정권(1989-2002)은 천안문 사태 이후 정치적 정당성 확보와 사회 안정을 위해 이념적 통제와 경제적 실용주의를 병행하는 정치 전략을 구사했다. 1990년대 중반 이후 장쩌민이 제시한 "삼개대표(三個代表)" 이론은 중국 공산당이 "선진 생산력 발전 요구", "선진 문화 발전 방향", "최광범위한 인민의 근본이익"을 대표해야 한다는 포용적 통치 철학을 담고 있었으며, 이는 종교계를 포함한 사회 각 계층의 "애국적 역량"을 통합하려는 정책적 의지를 반영했다. 2000년 시행세칙 제정은 이러한 포용적 통치 전략의 일환으로, 종교 영역에서도 "통제 속의 관리"를 통해 사회 안정을 도모하려는 의도가 구현된 것이다.

2. 경제적 배경: 개혁개방 심화와 외국인 유입 증가

1990년대 중국의 급속한 경제성장과 대외개방 확대는 외국인 거주자와 방문자의 급격한 증가로 이어졌다. 특히 1992년 한중수교, 1997년 홍콩 반환, 1999년 마카오 반환 등 일련의 외교적 변화와 함께 WTO 가입

준비 과정에서 중국은 국제사회와의 교류 확대를 위한 제도적 기반 구축이 시급했다. 1994년 상위법 제정 당시와 달리 2000년경에는 중국 내 장기 거주 외국인의 종교활동이 현실적 이슈로 부상했으며, 이들의 종교적 욕구를 관리하면서도 중국의 종교 주권을 보호할 수 있는 세부적 규범이 필요한 상황이었다.

3. 종교정책적 배경: "감시적 방임"에서 "적극적 관리"로의 전환 신호

1980년대 개혁개방 이후 중국의 종교정책은 문화대혁명 시기의 강압적 억제에서 벗어나 상대적으로 느슨한 "감시적 방임" 정책을 유지해 왔다. 그러나 1990년대 말 파룬궁(法輪功) 사태와 신강위구르지역의 종교적 분리주의 움직임 등을 경험하면서 중국 지도부는 종교 문제가 단순한 신앙의 영역을 넘어 국가 안보와 사회 안정에 직결되는 정치적 이슈임을 재인식하게 되었다. 2000년 시행세칙은 이러한 인식 전환의 결과물로, 외국인 종교활동을 통한 "종교 침투"를 사전에 차단하면서도 합법적 종교활동은 보장한다는 이중적 관리 전략을 구체화한 최초의 시도였다.

4. 국제적 배경: 종교자유 이슈와 대외 이미지 관리

1990년대 후반 중국은 미국을 중심으로 한 국제사회의 종교자유 비판에 직면해 있었으며, 2001년 미국이 중국을 "종교자유 특별우려국"으로 지정할 가능성이 제기되고 있었다. WTO 가입을 추진하고 있던 중국으로서는 국제적 고립보다는 제도적 개선을 통한 대외 이미지 개선이 필요했다. 2000년 시행세칙은 외국인의 종교활동 권리를 명시적으로 보장함으로써 중국이 종교자유를 존중하는 "법치국가"임을 대외적으로 천명하는 상징적 의미를 갖고 있었다.

5. 법제적 배경: 종교행정의 법치화 초기 단계

1990년대 중국의 법제화 진전과 함께 종교 관리도 점차 법적 근거를 갖춘 행정 체계로 전환되고 있었다. 1994년 상위법 제정 후 6년간의 공백은 실제 외국인 종교활동 관리에서 법적 공백과 행정적 혼란을 야기했으며, 지방 정부마다 상이한 기준을 적용하는 문제가 발생했다. 2000년 시행세칙은 이러한 법적 공백을 메우고 전국적으로 통일된 관리 기준을 제시함으로써 종교행정의 예측가능성과 일관성을 확보하려는 법치화 노력의 일환이었다.

6. 종합적 평가

따라서 2000년 시행세칙은 단순한 행정규칙이 아니라 장쩌민 정권의 포용적 통치 전략, 개혁개방 심화에 따른 현실적 필요, 종교정책의 전략적 전환, 국제적 압력에 대한 대응, 그리고 법치화 진전이라는 다층적 요인들이 결합된 복합적 정책 결과물로 평가할 수 있다. 이는 2025년 전면개정과 비교할 때 상대적으로 "개방적 관리"의 성격을 갖고 있었으며, 21세기 초 중국이 추구했던 "적극적 평화외교"와 "조화사회" 구축 의지를 종교정책 영역에서 구현한 대표적 사례라 할 수 있다.

C. 중한대조번역문 전문

国家宗教事务局令 第1号

《中华人民共和国境内外国人宗教活动管理规定实施细则》，已于2000年8月11日经国家宗教事务局局务会议通过, 现予以发布, 自发布之日起施行。

局　长　　叶小文

二〇〇〇年九月二十六日

국가종교사무국령 제1호

〈중화인민공화국경내외국인종교활동관리규정 시행세칙〉은 2000년 8월 11일 국가종교사무국 국무회의에서 통과되었으며, 이에 공포하여 공포일부터 시행한다.

국장 예샤오원

2000년 9월 26일

中华人民共和国境内外国人宗教活动管理规定实施细则[3]

중화인민공화국경내외국인종교활동관리규정 시행세칙

第一条　根据《中华人民共和国境内外国人宗教活动管理规定》, 制定本实施细则。

제1조　본 시행규칙은 〈중화인민공화국경내외국인종교활동관리규정〉에 근거하여 제정한다.

第二条　中华人民共和国境内外国人(以下简称"境内外国人")是指依照《中华人民共和国国籍法》的规定, 在中国境内不具有中国国籍的人, 包括在华常住人员和短期来华人员。

제2조　중화인민공화국 경내 외국인(이하 '경내 외국인')이란 〈중화인민공화국 국적법〉의 규정에 따라 중국 경내에 체류하는 중국 국적을 보유하지 않은 자를 말하며, 중국 내 상주인원과 단기 방중인원을 포함한다.

3 https://www.gov.cn/gongbao/content/2000/content_60501.htm, 2025년 8월 10일 접속.

第三条　境内外国人宗教活动是指外国人在中国境内按照各自的宗教信仰习惯举行和参与的各种宗教仪式，与中国宗教社会团体、宗教活动场所和宗教教职人员所发生的宗教事务方面的联系，及其有关的各种活动。

제3조　경내 외국인 종교활동이란 외국인이 중국 경내에서 각자의 종교신앙 관습에 따라 거행하고 참여하는 각종 종교의례, 중국의 종교사회단체, 종교활동 장소, 종교교직자와 종교업무 영역에서 맺는 관계 및 이와 관련된 각종 활동을 의미한다.

第四条　中华人民共和国尊重在中国境内的外国人的宗教信仰自由，依法保护和管理境内外国人的宗教活动。中华人民共和国依法保护境内外国人在宗教方面同中国宗教界进行的友好往来和文化学术交流活动。

제4조　중화인민공화국은 중국 경내 외국인의 종교신앙 자유를 존중하며, 경내 외국인의 종교활동을 법률에 따라 보호하고 관리한다. 중화인민공화국은 경내 외국인이 종교 영역에서 중국 종교계와 진행하는 우호적 교류 및 문화학술교류활동을 법률에 따라 보호한다.

第五条　外国人在中国境内可以根据自己的宗教信仰在依法登记的寺院、宫观、清真寺、教堂参加宗教活动。

제5조 외국인은 중국 경내에서 자신의 종교신앙에 따라 법률에 따라 등록된 사찰, 도교사원, 모스크, 예배당에서 종교활동에 참여할 수 있다.

第六条　以宗教教职人员身份来访的外国人，经省、自治区、直辖市以上宗教社会团体邀请，可以在依法登记的宗教活动场所讲经、讲道。

以其他身份入境的外国宗教教职人员，经省、自治区、直辖市以上宗教社会团体邀请，并经省级以上人民政府宗教事务部门同意，可以在依法登记的宗教活动场所讲经、讲道。

应邀在依法登记的宗教活动场所讲经、讲道的外国宗教教职人员，应该遵守该场所的管理规章，尊重该场所人员的信仰习惯。

제6조　종교교직자 신분으로 방문하는 외국인은 성 · 자치구 · 직할시급 이상 종교사회단체의 초청을 받아 법률에 따라 등록된 종교활동 장소에서 경전강해, 설교할 수 있다.

기타 신분으로 입국한 외국 종교교직자는 성 · 자치구 · 직할시급 이상 종교사회단체의 초청을 받고 성급 이상 인민정부 종교사무부문의 동의를 얻어 법률에 따라 등록된 종교활동 장소에서 경전강해, 설교할 수 있다.

초청을 받아 법률에 따라 등록된 종교활동 장소에서 경전강해, 설교하는 외국 종교교직자는 해당 장소의 관리규정을 준수하고, 해당 장소 구성원들의 신앙 관습을 존중해야 한다.

第七条　境内外国人集体进行宗教活动要在由县级以上人民政府宗教事务部门认可的经依法登记的寺院、宫观、清真寺、教堂，或在由省、自治区、直辖市人民政府宗教事务部门指定的临时地点举行。境内外国人在临时地点集体进行宗教活动时，应由县级以上人民政府宗教事务部门负责管理。

제7조　경내 외국인이 단체 종교활동을 진행할 때는 현급 이상 인민정부 종교업무 담당부서가 인가한 법률에 따라 등록된 사찰, 도교사원, 모스크, 예배당에서 거행하거나, 성, 자치구, 직할시 인민정부 종교업무 담당부서가 지정한 임시 장소에서 거행해야 한다. 경내 외국인이 임시 장소에서 단체 종교활동을 진행할 때는 현급 이상 인민정부 종교업무 담당부서가 관리를 담당해야 한다.

第八条　外国人同中国宗教界的友好往来和文化学术交流活动，应通过省、自治区、直辖市以上宗教社会团体进行。

제8조 외국인과 중국 종교계의 우호적 교류 및 문화학술 교류활동은 성, 자치구, 직할시급 이상 종교사회단체를 통해 진행해야 한다.

第九条 凡在中国境内没有相应的合法的中国宗教组织的外国宗教组织及其成员，以宗教组织或宗教教职人员身份与中国政府有关部门或宗教界进行交往活动的，须经省级政府宗教事务部门同意后，报国家宗教事务局批准。

제9조 중국 경내에 해당하는 합법적인 중국 종교조직이 없는 외국 종교조직 및 그 구성원이 종교조직 또는 종교교직자 신분으로 중국 정부 관련 부서나 종교계와 교류활동을 하는 경우, 성급 정부 종교업무 담당부서의 동의를 받고 국가종교사무국의 승인을 받아야 한다.

第十条 经中国的宗教社会团体同意，境内外国人可以邀请中国宗教教职人员按各教习惯为其举行洗礼、婚礼、葬礼和道场、法会等宗教仪式。其中，举行婚礼的外国人必须是已经依法缔结婚姻关系的男女双方。中国宗教教职人员是指由依法登记的宗教社会团体认定、备案的各种宗教教职人员。

제10조 중국의 종교사회단체의 동의를 받아, 경내 외국인은 중국 종교교직자를 초청하여 각 종교의 관습에 따라 세례, 혼례, 장례 및 불교의식, 법회 등 종교의식을 거행할 수 있다. 이 중 혼례를 거행하는 외국인은 반드시 이미 법률에 따라 혼인관계를 맺은 남녀 당사자여야 한다. 중국 종교교직자란 법률에 따라 등록된 종교사회단체가 인정하고 등록한 각종 종교교직자를 의미한다.

第十一条 经有关全国性宗教社会团体或省、自治区、直辖市有关宗教社会团体同意，并经当地省级以上人民政府宗教事务部门批准认可，外国人可以根据有关宗教文化学术交流的项目或协议，携带用于宗教文化学术交流的宗教用品入境。

符合上款规定和海关有关规定的宗教用品入境，海关凭省、自治区、直辖市人民政府宗教事务部门或国家宗教事务局的证明予以放行。

제11조 관련 국가급 종교사회단체 또는 성, 자치구, 직할시 관련 종교사회단체의 동의와 현지 성급 이상 인민정부 종교업무 담당부서의 승인을 받아, 외국인은 종교문화 학술교류 관련 프로젝트나 협정에 따라 종교문화 학술교류용 종교용품을 휴대 입국할 수 있다.

위 규정과 세관 관련 규정에 부합하는 종교용품 입국 시, 세관은 성, 자치구, 직할시 인민정부 종교업무 담당부서 또는 국가종교사무국의 증명서를 근거로 통관시킨다.

第十二条 下列宗教印刷品、宗教音像制品和其他宗教用品不得进境：

(一) 超出个人自用合理数量，且不属于第十一条规定范围的；

(二) 有危害中国国家安全和社会公共利益内容的。

发现有违反上款规定的宗教印刷品、宗教音像制品和其他宗教用品，由海关依法进行处理。

违反第一款规定已经携带入境或通过其他手段运入境内的宗教印刷品、宗教音像制品和其他宗教用品，一经发现，由县级以上人民政府宗教事务部门或其他有关部门依法进行处理。

제12조 다음의 종교인쇄물, 종교음향 및 영상제품 및 기타 종교용품은 휴대하고 입국할 수 없다:

(1) 개인 용도의 합리적 수량을 초과하고, 제11조 규정 범위에 속하지 않는 것

(2) 중국 국가안전과 사회공공이익에 해를 끼치는 내용이 있는 것

위 규정을 위반한 종교인쇄물, 종교음향 및 영상제품 및 기타 종교용품이 발견되면, 세관이 법률에 따라 처리한다. 제1항 규정을 위반하여 이미 휴대 입국하거나 기타 수단을 통해 경내로 반입한 종교인쇄물, 종교음향 및 영상제품 및 기타 종교용품은 일단 발견되면, 현급 이상 인민정부 종교업무 담당부서 또는 기타 관련 부서가 법률에 따라 처리한다.

第十三条　外国组织或个人向中国提供的以培养宗教教职人员为目的的出国留学人员名额或资金，由中国全国性宗教社会团体根据需要接受并统筹选派出国留学人员。外国组织或个人不得在中国境内擅自招收以培养宗教教职人员为目的的出国留学人员。

제13조　외국 조직 또는 개인이 중국에 제공하는 종교교직자 양성 목적의 해외유학생 정원이나 자금은, 중국 전국급 종교사회단체가 필요에 따라 접수하고 해외유학생을 통합 선발하여 파견한다. 외국 조직 또는 개인은 중국 경내에서 종교교직자 양성 목적의 해외유학생을 임의로 모집할 수 없다.

第十四条　外国人到中国宗教院校留学，须符合《高等学校接受外国留学生管理规定》的有关规定，并经全国性宗教社会团体批准、向国家宗教事务局备案。

제14조 외국인이 중국 종교학교에 유학하려면 〈고등교육기관외국인유학생입학관리규정〉의 관련 규정에 부합해야 하고, 국가급 종교사회단체의 승인을 받아 국가종교사무국에 등록해야 한다.

第十五条　外国人到中国宗教院校讲学，须根据《宗教院校聘用外籍专业人员办法》的规定办理。

제15조　외국인이 중국 종교학교에서 강의할 경우, 〈종교학교외국인 전문인력고용방법〉의 규정에 따라 절차를 밟아야 한다.

第十六条　外国人在中国境内进行宗教活动, 应当遵守中国的法律、法规。外国人不得干涉中国宗教社会团体、宗教活动场所的设立和变更, 不得干涉中国宗教社会团体对宗教教职人员的选任和变更, 不得干涉和支配中国宗教社会团体的其他内部事务。外国人在中国境内不得以任何名义或形式成立宗教组织、设立宗教办事机构、设立宗教活动场所或者开办宗教院校、举办宗教培训班。

제16조　외국인이 중국 경내에서 종교활동을 할 때는 중국의 법률과 법규를 준수해야 한다. 외국인은 중국 종교사회단체와 종교활동 장소의 설립 및 변경에 간섭할 수 없고, 중국 종교사회단체의 종교교직자 선임 및 변경에 간섭할 수 없으며, 중국 종교사회단체의 기타 내부 업무에 간섭하거나 지배할 수 없다. 외국인은 중국 경내에서 어떠한 명의나 형식으로도 종교조직 구성, 종교 사무기구 설립, 종교활동 장소 설치, 종교학교 설립, 종교훈련반을 개설 할 수 없다.

第十七条　外国人不得在中国境内进行下列传教活动:

(一) 在中国公民中委任宗教教职人员;

(二) 在中国公民中发展宗教教徒;

(三) 擅自在宗教活动场所讲经、讲道;

(四) 未经批准在依法登记的宗教活动场所以外的处所讲经、讲道, 进行宗教聚会活动;

(五) 在宗教活动临时地点举行有中国公民参加的宗教活动, 被邀请主持宗教活动的中国宗教教职人员除外；

（六）制作或销售宗教书刊、宗教音像制品、宗教电子出版物等宗教用品；

（七）散发宗教宣传品；

（八）其他形式的传教活动。

제17조　제17조 외국인은 중국 경내에서 다음의 선교활동을 할 수 없다:

(1) 중국 공민 중에서 종교교직자 임명

(2) 중국 공민 중에서 종교신도 모집

(3) 종교활동 장소에서 무단 경전강해, 설교

(4) 법에 따라 등록된 종교활동 장소 이외의 장소에서 무단으로 경전강해, 설교, 종교집회활동

(5) 종교활동 임시장소에서 중국 공민 참가 종교활동 거행(초청받은 중국 종교교직자의 종교활동 주재 제외)

(6) 종교서적, 종교음향 및 영상제품, 종교전자출판물 등 종교용품 제작 및 판매

(7) 종교홍보물 배포

(8) 기타 형식의 선교활동

第十八条　国际性宗教组织、机构及其成员与中国宗教社会团体、宗教活动场所和宗教教职人员发生宗教事务方面的联系，及其有关活动，须事先向省级以上人民政府宗教事务部门提出申请，经同意后方可进行。

제18조　국제 종교조직, 기구 및 그 구성원이 중국 종교사회단체, 종교활동 장소, 종교교직자와 종교업무 영역에서 관계를 맺거나 관련 활동을 하려면, 사전에 성급 이상 인민정부 종교업무 담당부서에 신청하여 승인을 받아야 한다.

第十九条　境内外国人违反本细则进行宗教活动的，由县级以上人民政府宗教事务部门和其他有关部门依法予以制止。

境内外国人违反本细则进行宗教活动，构成违反《中华人民共和国外国人入境出境管理法》、《中华人民共和国治安管理处罚条例》等法律法规的，由公安机关依法予以处理；构成犯罪的，由司法机关依法追究刑事责任。

제19조　경내 외국인이 본 세칙을 위반하여 종교활동을 할 경우, 현급 이상 인민정부 종교업무 담당부서와 기타 관련 부서가 법에 따라 제지한다.

경내 외국인이 본 세칙을 위반하여 종교활동을 하여 〈중화인민공화국외국인출입국관리법〉, 〈중화인민공화국치안관리처벌조례〉 등 법률, 법규를 위반한 경우, 공안기관이 법에 따라 처리한다. 범죄가 성립하는 경우, 사법기관이 법에 따라 형사책임을 묻는다.

第二十条　外国组织在中华人民共和国境内的宗教活动适用本细则。

제20조　외국 조직의 중화인민공화국 경내 종교활동에는 본 세칙을 적용한다.

第二十一条　本细则由国家宗教事务局负责解释。

제21조　본 세칙은 국가종교사무국이 해석을 담당한다.

第二十二条　本细则自发布之日起施行。

제22조　본 세칙은 공포일로부터 시행한다.

부록 03 〈중화인민공화국경내외국인종교활동관리규정 시행세칙(2010)〉

A. 2011년 부분개정 중한대조번역문 해설

国家宗教事务局关于修订《中华人民共和国境内外国人宗教活动管理规定实施细则》的决定[4]

〈중화인민공화국경내외국인종교활동관리규정시행세칙〉 수정에 관한 결정

国家宗教事务局令 第9号

《关于修订〈中华人民共和国境内外国人宗教活动管理规定实施细则〉的决定》已于2010年11月29日经国家宗教事务局局务会议通过, 现予公布, 自2011年1月1日起施行。

局长　　王作安

二〇一〇年十一月二十九日

국가종교사무국령 제9호

2010년 11월 29일 국가종교사무국 국무회의에서 〈중화인민공화국경내외국인종교활동관리규정시행세칙 개정에 관한 결정〉이 통과되었고, 현재 공포하며, 2011년 1월 1일부터 시행한다.

국장 왕쭤안

2010년 11월 29일

4 중화인민공화국 중앙인민정부 공식홈페이지, 출처: https://www.gov.cn/gongbao/content/2011/content_1845079.htm, 2024년 1월 28일 접속.

国家宗教事务局关于修订《中华人民共和国境内外国人宗教活动管理规定实施细则》的决定

〈중화인민공화국경내외국인 종교활동관리규정 시행규칙〉 개정에 관한 국가종교사무국 의 결정

根据《国务院关于第三批取消和调整行政审批项目的决定》(国发〔2004〕16号)的规定,"外国人到中国宗教院校留学备案"已改变管理方式,不再作为行政审批,由宗教团体自律管理。国家宗教事务局决定对《中华人民共和国境内外国人宗教活动管理规定实施细则》作如下修改:

第十四条修改为"外国人到中国宗教院校留学,须符合《高等学校接受外国留学生管理规定》的有关规定,并经全国性宗教社会团体同意"。

"행정비준 항목의 제3차 취소 및 조정에 관한 국무원 결정"(국발[2004] 제16호)의 규정에 따라 "중국 종교학교에서 유학하는 외국인 등록" 관리방법은 이미 변경되어 더 이상 행정 승인을 받지 않아도 되며, 종교단체가 자율적으로 관리한다. 국가종교사무국은 〈중화인민공화국경내외국인종교활동관리규정 시행세칙〉을 다음과 같이 개정하기로 결정했다.

제14조를 "외국인이 중국 종교학교에서 유학할 경우, 반드시 〈고등교육기관외국인유학생 입학관리규정〉 관련규정에 부합해야 하며, 국가급 종교사회단체의 동의를 받아야 한다"로 수정한다.

本决定自2011年1月1日起施行。

《中华人民共和国境内外国人宗教活动管理规定实施细则》根据本决定作相应的修正,重新公布。

본 결정은 2011년 1월 1일부터 시행된다.

〈중화인민공화국경내외국인종교활동관리규정 시행세칙〉은 본 결정에

맞게 수정하여, 재공고 한다.

《中华人民共和国境内外国人宗教活动管理规定实施细则》

(2000年8月11日国家宗教事务局令第1号公布, 根据2010年11月29日国家宗教事务局令第9号公布的《国家宗教事务局关于修订〈中华人民共和国境内外国人宗教活动管理规定实施细则〉的决定》修正)

〈중화인민공화국경내외국인종교활동관리규정 시행세칙〉

(2000년 8월 11일 국가종교사무국 명령 제1호로 공포되고, 2010년 11월 29일 국가종교사무국 명령 제9호 "국가종교사무국의 〈중화인민공화국경내외국인종교활동관리규정 시행세칙〉 개정 결정에" 의해 개정됨)

第一条　根据《中华人民共和国境内外国人宗教活动管理规定》, 制定本实施细则。

제1조　본 시행규칙은 〈중화인민공화국경내외국인종교활동관리규정〉에 근거하여 개정한다.

第二条　中华人民共和国境内外国人(以下简称"境内外国人") 是指依照《中华人民共和国国籍法》的规定, 在中国境内不具有中国国籍的人, 包括在华常住人员和短期来华人员。

제2조　중화인민공화국 경내 외국인(이하 '경내 외국인')이란 〈중화인민공화국 국적법〉의 규정에 따라 중국 경내에 체류하는 중국 국적을 보유하지 않은 자를 말하며, 중국 내 상주인원과 단기 방중인원을 포함한다.

第三条　境内外国人宗教活动是指外国人在中国境内按照各自的宗教信仰习惯举行和参与的各种宗教仪式, 与中国宗教社会团体、宗教活动场所和宗教教职人员所发生的宗教事务方面的联系，及其有关的各种活动。

제3조 경내 외국인 종교활동이란 외국인이 중국 경내에서 각자의 종교신앙 관습에 따라 거행하고 참여하는 각종 종교의례, 중국의 종교사회단체, 종교활동장소, 종교교직자와 종교업무 영역에서 맺는 관계 및 이와 관련된 각종 활동을 의미한다.

第四条 中华人民共和国尊重在中国境内的外国人的宗教信仰自由，依法保护和管理境内外国人的宗教活动。中华人民共和国依法保护境内外国人在宗教方面同中国宗教界进行的友好往来和文化学术交流活动。

제4조 중화인민공화국은 중국 경내 외국인의 종교신앙 자유를 존중하며, 경내 외국인의 종교활동을 법률에 따라 보호하고 관리한다. 중화인민공화국은 경내 외국인이 종교 영역에서 중국 종교계와 진행하는 우호적 교류 및 문화학술교류활동을 법률에 따라 보호한다.

第五条 外国人在中国境内可以根据自己的宗教信仰在依法登记的寺院、宫观、清真寺、教堂参加宗教活动。

제5조 외국인은 중국 경내에서 자신의 종교신앙에 따라 법률에 따라 등록된 사찰, 도교사원, 모스크, 예배당에서 종교활동에 참여할 수 있다.

第六条 以宗教教职人员身份来访的外国人，经省、自治区、直辖市以上宗教社会团体邀请，可以在依法登记的宗教活动场所讲经、讲道。

以其他身份入境的外国宗教教职人员，经省、自治区、直辖市以上宗教社会团体邀请，并经省级以上人民政府宗教事务部门同意，可以在依法登记的宗教活动场所讲经、讲道。

应邀在依法登记的宗教活动场所讲经、讲道的外国宗教教职人员，应该遵守该场所的管理规章，尊重该场所人员的信仰习惯。

제6조 종교교직자 신분으로 방문하는 외국인은 성 · 자치구 · 직할시급 이상 종교사회단체의 초청을 받아 법률에 따라 등록된 종교활동장소에서 경전강해, 설교할 수 있다.

기타 신분으로 입국한 외국 종교교직자는 성 · 자치구 · 직할시급 이상 종교사회단체의 초청을 받고 성급 이상 인민정부 종교사무부문의 동의를 얻어 법률에 따라 등록된 종교활동 장소에서 경전강해, 설교할 수 있다.

초청을 받아 법률에 따라 등록된 종교활동 장소에서 경전강해, 설교하는 외국 종교교직자는 해당 장소의 관리규정을 준수하고, 해당 장소 구성원들의 신앙 관습을 존중해야 한다.

第七条 境内外国人集体进行宗教活动要在由县级以上人民政府宗教事务部门认可的经依法登记的寺院、宫观、清真寺、教堂，或在由省、自治区、直辖市人民政府宗教事务部门指定的临时地点举行。境内外国人在临时地点集体进行宗教活动时，应由县级以上人民政府宗教事务部门负责管理。

제7조 경내 외국인이 단체 종교활동을 진행할 때는 현급 이상 인민정부 종교업무 담당부서가 인가한 법률에 따라 등록된 사찰, 도교사원, 모스크, 예배당에서 거행하거나, 성, 자치구, 직할시 인민정부 종교업무 담당부서가 지정한 임시 장소에서 거행해야 한다. 경내 외국인이 임시 장소에서 단체 종교활동을 진행할 때는 현급 이상 인민정부 종교업무담당부서가 관리를 담당해야 한다.

第八条 外国人同中国宗教界的友好往来和文化学术交流活动，应通过省、自治区、直辖市以上宗教社会团体进行。

제8조 외국인과 중국 종교계의 우호적 교류 및 문화학술교류활동은

성, 자치구, 직할시급 이상 종교사회단체를 통해 진행해야 한다.

第九条　凡在中国境内没有相应的合法的中国宗教组织的外国宗教组织及其成员,以宗教组织或宗教教职人员身份与中国政府有关部门或宗教界进行交往活动的,须经省级政府宗教事务部门同意后,报国家宗教事务局批准。

제9조　중국 경내에 해당하는 합법적인 중국 종교조직이 없는 외국 종교조직 및 그 구성원이 종교조직 또는 종교교직자 신분으로 중국 정부 관련 부서나 종교계와 교류활동을 하는 경우, 성급 정부 종교업무 담당부서의 동의를 받고 국가종교사무국의 승인을 받아야 한다.

第十条　经中国的宗教社会团体同意,境内外国人可以邀请中国宗教教职人员按各教习惯为其举行洗礼、婚礼、葬礼和道场、法会等宗教仪式。其中,举行婚礼的外国人必须是已经依法缔结婚姻关系的男女双方。中国宗教教职人员是指由依法登记的宗教社会团体认定、备案的各种宗教教职人员。

제10조　중국 종교사회단체의 동의를 받아, 경내 외국인은 중국 종교교직자를 초청하여 각 종교의 관습에 따라 세례, 혼례, 장례 및 불교의식, 법회 등 종교의식을 거행할 수 있다. 이 중 혼례를 거행하는 외국인은 반드시 이미 법률에 따라 혼인관계를 맺은 남녀 당사자여야 한다. 중국 종교교직자란 법률에 따라 등록된 종교사회단체가 인정하고 등록한 각종 종교교직자를 의미한다.

第十一条　经有关全国性宗教社会团体或省、自治区、直辖市有关宗教社会团体同意,并经当地省级以上人民政府宗教事务部门批准认可,外国人可以根据有关宗教文化学术交流的项目或协议,携带用于宗教文化学术交流的宗教用品入境。

符合上款规定和海关有关规定的宗教用品入境,海关凭省、自治区、直辖市人民政府宗教事务部门或国家宗教事务局的证明予以放行。

제11조 관련 국가급 종교사회단체 또는 성, 자치구, 직할시 관련 종교사회단체의 동의와 현지 성급 이상 인민정부 종교업무담당부서의 승인을 받아, 외국인은 종교문화 학술교류 관련 프로젝트나 협정에 따라 종교문화 학술교류용 종교용품을 휴대 입국할 수 있다.

위 규정과 세관 관련 규정에 부합하는 종교용품 입국 시, 세관은 성, 자치구, 직할시 인민정부 종교업무 담당부서 또는 국가종교사무국의 증명서를 근거로 통관시킨다.

第十二条 下列宗教印刷品、宗教音像制品和其他宗教用品不得进境:

(一) 超出个人自用合理数量,且不属于第十一条规定范围的;

(二) 有危害中国国家安全和社会公共利益内容的。

发现有违反上款规定的宗教印刷品、宗教音像制品和其他宗教用品,由海关依法进行处理。

违反第一款规定已经携带入境或通过其他手段运入境内的宗教印刷品、宗教音像制品和其他宗教用品,一经发现,由县级以上人民政府宗教事务部门或其他有关部门依法进行处理。

제12조 다음의 종교인쇄물, 종교음향 및 영상제품 및 기타 종교용품은 휴대하고 입국할 수 없다:

(1) 개인 용도의 합리적 수량을 초과하고, 제11조 규정 범위에 속하지 않는 것

(2) 중국 국가안전과 사회공공이익에 해를 끼치는 내용이 있는 것

위 규정을 위반한 종교인쇄물, 종교음향 및 영상제품 및 기타 종교용

품이 발견되면, 세관이 법률에 따라 처리한다. 제1항 규정을 위반하여 이미 휴대 입국하거나 기타 수단을 통해 경내로 반입한 종교인쇄물, 종교음향 및 영상제품 및 기타 종교용품은 일단 발견되면, 현급 이상 인민정부 종교업무 담당부서 또는 기타 관련 부서가 법률에 따라 처리한다.

第十三条　外国组织或个人向中国提供的以培养宗教教职人员为目的的出国留学人员名额或资金,由中国全国性宗教社会团体根据需要接受并统筹选派出国留学人员。外国组织或个人不得在中国境内擅自招收以培养宗教教职人员为目的的出国留学人员。

제13조　외국 조직 또는 개인이 중국에 제공하는 종교교직자 양성 목적의 해외유학생 정원이나 자금은 중국 전국급 종교사회단체가 필요에 따라 접수하고 해외유학생을 통합 선발하여 파견한다. 외국 조직 또는 개인은 중국 경내에서 종교교직자 양성 목적의 해외유학생을 임의로 모집할 수 없다.

第十四条　外国人到中国宗教院校留学,须符合《高等学校接受外国留学生管理规定》的有关规定,并经全国性宗教社会团体同意。

제14조　외국인이 중국 종교학교에 유학할 경우, 〈고등교육기관외국인유학생입학관리규정〉의 관련 규정을 충족하고 국가급 종교사회단체의 동의를 받아야 한다.

第十五条　外国人到中国宗教院校讲学,须根据《宗教院校聘用外籍专业人员办法》的规定办理。

제15조　외국인이 중국 종교학교에서 강의할 경우, 《종교학교외국인전문인력고용방법》의 규정에 따라 절차를 밟아야 한다.

第十六条　外国人在中国境内进行宗教活动，应当遵守中国的法律、法规。

外国人不得干涉中国宗教社会团体、宗教活动场所的设立和变更，不得干涉中国宗教社会团体对宗教教职人员的选任和变更，不得干涉和支配中国宗教社会团体的其他内部事务。外国人在中国境内不得以任何名义或形式成立宗教组织、设立宗教办事机构、设立宗教活动场所或者开办宗教院校、举办宗教培训班。

제16조　외국인이 중국 경내에서 종교활동을 할 때는 중국의 법률과 법규를 준수해야 한다.

외국인은 중국 종교사회단체와 종교활동장소의 설립 및 변경에 간섭할 수 없고, 중국 종교사회단체의 종교교직자 선임 및 변경에 간섭할 수 없으며, 중국 종교사회단체의 기타 내부 업무에 간섭하거나 지배할 수 없다. 외국인은 중국 경내에서 어떠한 명의나 형식으로도 종교조직 구성, 종교 사무기구 설립, 종교활동장소 설치, 종교학교 설립, 종교훈련반을 개설 할 수 없다.

第十七条　外国人不得在中国境内进行下列传教活动：

（一）在中国公民中委任宗教教职人员；

（二）在中国公民中发展宗教教徒；

（三）擅自在宗教活动场所讲经、讲道；

（四）未经批准在依法登记的宗教活动场所以外的处所讲经、讲道，进行宗教聚会活动；

（五）在宗教活动临时地点举行有中国公民参加的宗教活动，被邀请主持宗教活动的中国宗教教职人员除外；

（六）制作或销售宗教书刊、宗教音像制品、宗教电子出版物等宗教用品；

(七) 散发宗教宣传品；

(八) 其他形式的传教活动。

제17조　제17조 외국인은 중국 경내에서 다음의 선교활동을 할 수 없다:

(1) 중국 공민 중에서 종교교직자 임명

(2) 중국 공민 중에서 종교신도 모집

(3) 종교활동 장소에서 무단 경전강해, 설교

(4) 법에 따라 등록된 종교활동장소 이외의 장소에서 무단으로 경전강해, 설교, 종교집회활동

(5) 종교활동 임시장소에서 중국 공민 참가 종교활동 거행(초청받은 중국 종교교직자의 종교활동 주재 제외)

(6) 종교서적, 종교음향 및 영상제품, 종교전자출판물 등 종교용품 제작 및 판매

(7) 종교홍보물 배포

(8) 기타 형식의 선교활동

第十八条　国际性宗教组织、机构及其成员与中国宗教社会团体、宗教活动场所和宗教教职人员发生宗教事务方面的联系, 及其有关活动, 须事先向省级以上人民政府宗教事务部门提出申请, 经同意后方可进行。

제18조　국제 종교조직, 기구 및 그 구성원이 중국 종교사회단체, 종교활동장소, 종교교직자와 종교업무 영역에서 관계를 맺거나 관련 활동을 하려면, 사전에 성급 이상 인민정부 종교업무 담당부서에 신청하여 승인을 받아야 한다.

第十九条　境内外国人违反本细则进行宗教活动的, 由县级以上人民政府宗教事务部门和其他有关部门依法予以制止。

境内外国人违反本细则进行宗教活动, 构成违反《中华人民共和国外国人入境出境管理法》、《中华人民共和国治安管理处罚条例》等法律法规的, 由公安机关依法予以处理; 构成犯罪的, 由司法机关依法追究刑事责任。

제19조 경내 외국인이 본 세칙을 위반하여 종교활동을 할 경우, 현급 이상 인민정부 종교업무 담당부서와 기타 관련 부서가 법에 따라 제지한다.

경내 외국인이 본 세칙을 위반하여 종교활동을 하여 〈중화인민공화국외국인출입국관리법〉, 〈중화인민공화국치안관리처벌조례〉 등 법률, 법규를 위반한 경우, 공안기관이 법에 따라 처리한다. 범죄가 성립하는 경우, 사법기관이 법에 따라 형사책임을 묻는다.

第二十条 外国组织在中华人民共和国境内的宗教活动适用本细则。

제20조 외국 조직의 중화인민공화국 경내 종교활동에는 본 세칙을 적용한다.

第二十一条 本细则由国家宗教事务局负责解释。

제21조 본 세칙은 국가종교사무국이 해석을 담당한다.

第二十二条 本细则自发布之日起施行。

제22조 본 세칙은 공포일로부터 시행한다.

부록 04 〈중화인민공화국경내외국인종교활동관리규정 시행세칙(2025)〉

A. 중한대조번역문 해설

2025년 5월 1일부터 시행된 국가종교사무국령 제23호 〈중화인민공화국경내외국인종교활동관리규정시행세칙〉 전면개정안은 2010년 일부개정 이후 15년 만에 이루어진 근본적 법규 개편으로서, 시진핑 정권 3기 체제 하에서 추진되는 "종교중국화방향견지(堅持我國宗教中國化方向)" 정책의 제도적 완성을 의미하는 중대한 정책적 변화이다.

이번 개정의 직접적 배경은 시진핑(习近平) 집권 이후 일관되게 추진해 온 종교정책의 근본적 전환에 있다. 2012년 중국공산당 제18차 전국대표대회에서 중앙위원으로 선출되고, 중앙위원회 제1차 전체회의에서 총서기로 선출되면서 최고지도자의 자리에 오른 시진핑은 2015년 중앙통일전선업무회의에서 "종교중국화방향견지(堅持我國宗教中國化方向)" 정책을 공식 천명했으며, 2016년 전국종교업무회의에서 "종교가 사회주의 사회에 적응하도록 적극 인도해야 한다(积极引导宗教与社会主义社会相适应)"고 선언했다. 이런 정책 기조는 2017년 중국공산당 전국대표대회에서 당장(党章)에 명문화되었고, 2018년 당정기구 개편을 통해 국가종교사무국이 중앙통일전선부로 이관되면서 정책 집행 체계가 전면적으로 재편되었다.

종교정책적 관점에서 볼 때, 〈시행세칙(2025)〉 전면개정은 후진타오 시대의 "감시적 방임"에서 시진핑 시대의 "적극적 통제"로의 패러다임 전환을 법제적으로 완성한 것으로 평가된다. 특히 2018년 2월 1일 시행된 수정 〈종교사무조례〉가 국내 종교활동 전반에 대한 통제를 강화했다면, 〈시행세칙(2025)〉은 외국인 종교활동에 특화된 세밀한 관리 체계를 구축한 것이다. 이는 기존 22개 조항에서 38개 조항으로 72.7% 증가한 조문 수와 5개 장의 체계적 구성에서 확인할 수 있다.

국제적 맥락에서는 미중 전략경쟁 심화와 서구의 대중국 압박이 중요한 배경으로 작용했다. 2018년 이후 본격화된 미중 무역전쟁은 경제 영역을 넘어 기술, 이념, 가치관의 전면적 경쟁으로 확산되었으며, 미국은 2019년부터 중국을 "종교자유 특별우려국"으로 지정하여 지속적인 압박을 가하고 있다. 이러한 상황에서 중국은 종교 영역에서의 서구 "침투"를 차단하고 종교 주권을 강화할 필요성을 절감하게 되었다. 〈시행세칙(2025)〉 제29조에서 외국인의 11가지 금지 활동을 구체적으로 열거한 것은 이러한 대외적 위기 인식을 반영한다.

사회적 배경으로는 중국 내 종교 인구의 급속한 증가와 종교활동의 다양화를 고려해야 한다. 공식 통계에 따르면 중국의 종교 인구는 2억 명을 넘어서고 있으며, 특히 기독교 신자는 개신교 2,300만 명, 가톨릭 600만 명에 달한다. 동시에 개혁개방 이후 중국에 거주하는 외국인도 지속적으로 증가하여 2024년 상반기에만 1,463만 5천 명이 입국했다. 이러한 종교 인구 증가와 외국인 유입은 기존의 관리 체계로는 효과적으로 통제하기 어려운 상황을 야기했으며, 보다 정교하고 포괄적인 관리 규범의 필요성을 제기했다.

기술적 배경으로는 디지털 시대의 새로운 종교활동 양상에 대한 대응이 있다. 인터넷과 소셜미디어의 발달로 종교 메시지의 전파와 종교 공동체 형성이 기존의 물리적 공간을 넘어 가상공간으로 확장되었다. 〈시행세칙(2025)〉 제29조 제10항에서 "인터넷을 이용한 불법종교활동"을 명시적으로 금지한 것은 이러한 기술 환경 변화에 대응한 것이다. 특히 코로나19 팬데믹 기간 중 온라인 종교활동이 급증하면서, 정부의 통제가 미치지 않는 영역에서의 종교활동 관리가 새로운 과제로 부상했다.

정치적 배경으로는 시진핑 정권의 권력 공고화와 장기 집권 체제 구축이 중요한 요인이었다. 2018년 헌법 개정을 통해 주석 임기제를 폐지한 시진핑은 2022년 제20차 당대회에서 3연임에 성공하며 사실상 종신 집권 체제를 구축했다. 이 과정에서 사회 전 영역에 대한 당의 영도를 강화하는 것이 핵심 과제가 되었으며, 종교 영역도 예외가 아니었다. 〈시행세칙(2025)〉에서 "중국 종교독립자주자판 원칙 존중"과 "중국의 공서양속 준수"를 반복 강조한 것은 이러한 정치적 통제 강화 의지를 반영한다.

법제적 관점에서는 시진핑 시대의 "전면의법치국(全面依法治國)" 전략의 구체적 실현으로 해석된다. 2014년 제18기 4중전회에서 채택된 전면의법치국 전략은 당의 영도 하에 모든 영역을 법치로 규율한다는 목표를 제시했다. 종교 영역에서도 2017년 〈종교사무조례〉 수정, 2018년 각종 종교 관련 규범 정비를 거쳐 〈시행세칙(2025)〉 전면개정에 이르는 일련의 법제 정비가 이루어졌다. 이는 종교활동을 "법치화된 궤도" 내에서 관리하겠다는 정책 의지의 표현이다.

경제적 배경으로는 중국의 "고품질 발전(高質量發展)" 전략과 "쌍순환(雙循環)" 경제 구조 전환이 있다. 2020년 이후 중국은 대외 의존도를 줄이고 내수 중심의 경제 구조로 전환하는 정책을 추진하고 있으며, 이 과정에서 외국의 영향력을 제한하려는 움직임이 강화되었다. 종교 영역에서도 외국 종교조직의 영향력을 차단하고 중국 종교계의 "자주성"을 강화하려는 정책이 구체화되었다.

지정학적 배경으로는 "일대일로(一帶一路)" 구상과 "인류운명공동체"이념의 추진 과정에서 나타난 종교 갈등에 대한 우려가 있다. 중국이 중앙아시아, 서아시아, 아프리카 등 이슬람 지역으로 영향력을 확대하면서 종교적 차이로 인한 갈등 가능성이 증가했다. 동시에 신강위구르지역의 종교문제가 국제적 이슈로 부상하면서, 중국은 종교 문제를 국가 안보 차원에서 접근하게 되었다.

〈시행세칙(2025)〉 전면개정은 이처럼 시진핑 시대의 정치적 통제 강화, 미중 전략경쟁 심화, 종교 인구 증가, 기술 환경 변화, 법치화 추진, 경제 구조 전환, 지정학적 긴장 등 복합적 요인들이 결합되어 이루어진 종교행정규범의 근본적 재편이었다. 이는 2000년 제정 당시의 "개방적 관리", 2011년 개정 당시의 "협력적 관리"에서 벗어나 "전면적 통제"를 지향하는 새로운 패러다임을 제시한 것으로, 중국 종교정책사에서 시진핑 시대의 특성을 명확히 보여주는 이정표적 문헌이라 할 수 있다. 따라서 본 시행세칙은 21세기 중국의 종교 관리 철학과 외국인 종교활동에 대한 정책 방향을 이해하는 핵심 자료로서 중요한 의미를 갖는다.

B. 중한대조번역문 전문

<中华人民共和国境内外国人宗教活动管理规定实施细则>公布 2025年5月1日起施行

2025年4月1日

〈중화인민공화국 영토 내 외국인의 종교활동 관리에 관한 중화인민공화국 규정 시행을 위한 세부 규칙〉이 공포되어 2025년 5월 1일부터 시행한다.

2025년 4월 1일

近日, 国家宗教事务局令第23号公布了新修订的<中华人民共和国境内外国人宗教活动管理规定实施细则>, 自2025年5月1日起施行。<实施细则>的修订施行, 对于深入贯彻落实<宗教事务条例>, 保护境内外国人正常宗教活动以及境内外国人与中国宗教界友好往来，提升境内外国人宗教活动管理制度化、规范化水平，具有重要意义。

최근 국가종교사무국령 제23호로 수정〈중화인민공화국에 거주하는 외국인 종교활동관리규정 시행세칙〉을 공포하여, 2025년 5월 1일부터 시행한다. 〈시행세칙〉을 수정하여 시행하는 것은 〈종교사무조례〉를 철저하게 시행하고, 경내 외국인의 정상적인 종교활동 및 경내 외국인과 중국 종교계의 우호적인 교류를 보호하고, 경내 외국인의 종교활동관리 제도화, 규범화 수준을 높이는 데 중요한 의미를 지닌다.

<实施细则>共5章、38条，进一步完善了境内外国人宗教活动管理制度。规定在中国境内的外国人可以在依法登记的寺观教堂参加宗教活动，可以在寺观教堂或者经批准的临时地点举行集体宗教活动，可以邀请中国宗教教职人员为其举行洗礼、婚礼、葬礼和道场、法会等宗教仪式等。规定境内外国人申请在寺观教堂举行集体宗教活动的具体要求、申请程序，以及申请设立临时地点等行政许可事项的条件、材料、审批等。规定境内外国人进行宗教活动，应当遵守中国的法律、法规、规章，尊重中国宗教独立自主自办原则，接受中国政府依法管理，不得利用宗教损害中国国家利益、社会公共利益和公民合法权益，不得违背中国的公序良俗。

〈시행세칙〉은 5개 장과 38개 조항으로 구성되어 있으며, 중국 내 외국인의 종교활동에 대한 관리 시스템을 더욱 개선하였다. 경내 외국인들이 합법적으로 등록된 사찰, 사원, 예배당에서 종교활동 참가할 수 있고, 사찰, 사당, 예배당 혹은 승인은 받은 임시장소에서 단체 종교활동을 할 수 있고, 중국인 종교인을 초청하여 세례, 혼례, 장례 및 도장, 법회 등의 종교의식을 거행할 수 있도록 규정하고 있다. 경내 외국인이 사찰, 사원, 예배당에서 단체 종교활동을 요구하고 신청하는 절차 및 임시장소 설

립신청 등 행정허가사항에 조건, 서류, 승인 등을 구체적으로 규정한다. 경내 외국인이 종교활동을 진행하려면 중국의 법률, 법규, 규정을 준수하고, 중국의 종교적 독립, 자주, 자체운영의 원칙을 존중하며, 중국정부의 법적관리를 수용하고, 종교를 이용해서 중국의 국가적 이익, 사회공익 및 국민들의 합법적인 권리를 손상시키거나 중국의 공공질서와 미풍양속을 위배해서는 안 된다고 규정한다.

<中华人民共和国境内外国人宗教活动管理规定实施细则>全文如下。

〈중화인민공화국 영토 내 외국인의 종교활동 관리규정 시행세칙〉 전문은 다음과 같다.

中华人民共和国境内外国人宗教活动管理规定实施细则

〈중화인민공화국에 체류하는 외국인의 종교활동 관리규정 시행세칙〉

第一章 总则

제1장 총칙

第一条 根据<中华人民共和国境内外国人宗教活动管理规定>等有关规定,制定本实施细则。

제1조 〈중국경내외국인종교활동관리규정〉 등 관련 규정에 근거하여 본 시행세칙을 제정한다.

第二条 本实施细则所称外国人,是指依照<中华人民共和国国籍法>的规定,不具有中国国籍的人。

제2조 이 시행세칙에서 외국인이라 함은 〈중화인민공화국 국적법〉의

규정에 따라 중국 국적을 보유하지 않은 사람을 의미한다.

第三条 本实施细则所称境内外国人宗教活动，是指外国人在中国境内按照其宗教信仰举行或者参加宗教仪式，以及与中国宗教团体、宗教院校、宗教活动场所和宗教教职人员进行宗教方面交往交流等活动。

제3조 이 시행세칙에서 말하는 경내 외국인 종교활동이라 함은 외국인이 중국 국내에서 자신의 종교적 신념에 따라 종교의식을 거행하거나 참여하는 것과 중국 종교단체, 종교학교, 종교활동 장소 및 종교교직자와 종교 영역에서의 교류 등의 활동을 의미한다.

第四条 中国尊重境内外国人的宗教信仰自由，依法保护境内外国人宗教活动。

中国依法保护境内外国人在宗教方面与中国宗教界进行的友好往来和文化学术交流活动。

제4조 중국은 경내 외국인의 종교 신앙의 자유를 존중하고, 경내 외국인의 종교활동을 법에 따라 보호한다. 중국은 경내 외국인이 종교 영역에서 중국 종교계와 진행하는 우호적인 교류와 문화학술 교류활동을 법에 따라 보호한다.

第五条 境内外国人进行宗教活动，应当遵守中国的法律、法规、规章，尊重中国宗教独立自主自办原则，接受中国政府依法管理；不得利用宗教损害中国国家利益、社会公共利益和公民合法权益，不得违背中国的公序良俗。

제5조 경내 외국인이 진행하는 종교활동은 반드시 중국의 법률, 법규, 규정을 준수하고, 중국 종교의 독립자주자체운영원칙을 존중하고, 중국정부의 법적 관리를 수용해야 한다. 종교를 이용해서 중국의 국가적 이

익, 사회공공이익과 국민의 합법적인 권익에 손해를 끼쳐서는 안 되며, 중국의 공공질서와 미풍양속을 위배해서는 안 된다.

第二章 集体宗教活动

제2장 단체 종교활동

第六条 境内外国人集体宗教活动应当在依法登记为宗教活动场所的寺院、宫观、清真寺、教堂(以下称寺观教堂)进行, 由寺观教堂提供专场服务; 寺观教堂不能够提供专场服务的, 可以在省级人民政府宗教事务部门批准的外国人集体宗教活动临时地点(以下简称临时地点)进行。

本实施细则所称境内外国人集体宗教活动, 是指境内外国人组织的、有一定数量外国人参加的宗教活动, 不包括本实施细则第十九条规定的情形。

前款规定的一定数量, 由省级人民政府宗教事务部门确定。

제6조 경내 외국인의 단체 종교활동은 합법적으로 종교활동 장소로 등록된 사찰, 도교사원, 모스크 및 교당(이하 사찰교당)에서 실시해야 하며, 사찰교당에서는 전문종교의식업무를 제공해야 한다. 사찰교당에서 전문종교의식업무를 제공할 수 없는 경우, 성급 인민정부 종교업무 담당부서에서 승인한 외국인단체종교활동 임시장소(이하 임시장소)에서 진행할 수 있다.

본 시행세칙에서 지칭하는 경내 외국인단체종교활동이란 경내 외국인이 조직하고 일정한 인원의 외국인이 참여하는 종교활동을 의미하며, 본 시행세칙 제19조에 규정된 상황은 포함하지 않는다.

전항에 규정된 일정한 인원은 성급 인민정부 종교업무 담당부서에서 결정한다.

第七条 境内外国人申请在寺观教堂举行集体宗教活动或者申请设立临时地点，应当推选三名以上召集人。

召集人应当遵守中国的法律、法规、规章，无敌视中国言行，无不良记录，能够承担相应的法律责任，在中国境内合法居留。

外国驻中国外交代表机构、领事机构人员以及其他享有特权和豁免的外国人，不得担任召集人。

제7조 경내 외국인이 사찰교당에서 단체 종교활동을 하거나 임시장소 설립을 신청하는 경우, 3명 이상의 집회책임자를 선출해야 한다.

집회책임자는 중국의 법률, 법규 및 규정을 준수하고, 중국에 대해 적대적인 언행을 하지 않으며, 불량 기록이 없어야 하고, 상응하는 법적 책임을 질 수 있어야 하며, 중국 경내에 합법적으로 체류해야 한다.

중국 주재 외국 외교대표기구, 영사기구 인원 및 면책특권을 향유하는 기타 외국인은 집회책임자 역할을 할 수 없다.

第八条 境内外国人拟在寺观教堂举行集体宗教活动，应当由召集人向所在地设区的市（地[5]、州[6]、盟[7]）宗教团体提出书面申请。

---

5 地区为第二级地方行政单位，指行政地位介于省和县之间的行政区，之前相关称呼为“专区”，属于第二级行政区划。如：阿克苏地区、和田地区。
地级市，指地区行政地位与地区相同的城市，属于地级行政区，为第二级地方行政单位；因其行政地位和地区（地区行政专署）相当而被称作“地级市”，自1983年正式作为区划术语固定下来，取代之前的省辖市之称。

6 州（指自治州）
自治州为民族自治地方，地位介于省一级与县一级之间，属于地级行政区，为第二级地方行政单位。按照宪法的规定，民族自治地方享受很高的自我管理权利。设立自治州的有省和自治区。如：巴音郭楞蒙古自治州、伊犁哈萨克自治州。

7 盟，是中国内蒙古自治区根据行政管理的需要划分的地级行政区域，区域内包括若干个县、旗、县级市。现内蒙古自治区存在的盟有三个，分别是锡林郭勒盟、阿拉善盟和兴安盟。
盟是内蒙古自治区特殊的行政区划体制。盟履行自治区赋予的各项职责，享有施行大部分政府职能的权力。
“盟”这个级别实际上等同于“地区”、“专区”，只不过内蒙古自清朝延续下来的这一制度体系，设区的市（地、州、盟）宗教团体根据申请和当地寺观教堂的情况，确定为境内外国人集体宗教活动提供专场服务的寺观教堂，并报设区的市级人民政府宗教事务部门备案。寺观教堂不具备提供专场服务条件的，设区的市（地、州、盟）宗教团体应当书面答复召集人。召集人可以按照本实施细则的规定申请设立临时地点。

제8조 경내 외국인이 사찰교당에서 단체 종교활동을 하고자 하는 경우, 집회책임자는 소재지 구급 행정구역이 설치된 시(지, 주, 맹) 종교단체에 서면으로 신청해야 한다.

구급 행정구역이 설치된 시(지, 주, 맹) 종교단체는 신청과 당지 사찰교당의 상황에 따라 경내 외국인단체종교활동에 전문종교의식업무를 제공할 사찰교당을 지정하고, 구급 행정구역이 설치된 시급 인민정부 종교업무 담당부서에 등록한다. 사찰교당에서 전문종교의식업무를 제공할 조건을 갖추지 못한 경우, 구급 행정구역이 설치된 시(지, 주, 맹) 종교단체

与现行体系的两个层级发生了基本重合的现象，所以得以将特殊的名称保留下来。这里所说的两个层级，即盟（地区、专区）、旗（县）两级。
"盟"在最初出现的时候限制普遍要比今天多，各旗王公才握有实权，盟长往往只在各旗的经济、社会、军事往来中扮演斡旋角色，而且历史上往往是旗主或大贵族才有可能被推选为盟长，所以盟的一套机构为封建王旗上层人士"代言"是顺其自然的。这种情形在民国时期并没有显著改变。
直到新中国成立，旧生产关系和观念开始被清理，作为管辖内蒙古巨大土地面积的现成有效手段，"盟"被空前重视起来，中央在内地推行"专区"的同时，通过整顿、规范各盟的建制来达到巩固政权的目的。
一些在早期变化较频的盟旗或被撤消或被合并，东部和西部盟旗的疆域形状在向形态靠近。在之后的三十年中，内蒙古的版图反复变化，到1979年基本确定为版图，下辖3市、9盟。
之后从1983年到2003年，昭乌达盟（现赤峰市）、哲里木盟（现通辽市）、伊克昭盟（现鄂尔多斯市）、呼伦贝尔盟（现呼伦贝尔市）、乌兰察布盟（现乌兰察布市）、巴彦淖尔盟（现巴彦淖尔市）相继撤盟设市，最终形成9市、3盟。
六个撤盟设市的地级单位在内蒙古范围内有着举足轻重的影响力。内蒙古2500万人口，这六个就占了1600万人；内蒙古总面积118万平方公里，这六个就占了一半。
内蒙古当今的一些重要经济产业带、点有很多都分布在这一区域内，几个新兴的快速增长地区还相应带动着全区东西部的发展。这样六个经济、社会相对发展的地区撤盟建市，从根本上改变了内蒙古的传统区划面貌。

는 집회책임자에게 서면으로 회신해야 한다. 집회책임자는 본 시행세칙의 규정에 따라 임시장소 설립을 신청할 수 있다.

第九条 为境内外国人集体宗教活动提供专场服务的寺观教堂应当与召集人签订协议,明确集体宗教活动的时间安排、活动方式、活动次数、活动人数、安全措施、双方权利义务、法律责任等事项,并自协议签订之日起十日内将协议文本及召集人有关情况报所在地设区的市级人民政府宗教事务部门备案。

제9조 경내 외국인의 단체 종교활동을 위해 전문종교의식업무를 제공하는 사찰교당은 집회책임자와 협정을 체결하여 단체 종교활동의 시간 배정, 활동방식, 활동 횟수, 활동인원, 안전조치, 쌍방 권리의무, 법적 책임 등의 사항을 명확히 하고, 협정 체결일부터 10일 이내에 협정본문 및 집회책임자 관련 상황을 소재지 구급 행정구역이 설치된 시급 인민정부 종교업무 담당부서에 등록해야 한다.

第十条 境内外国人在寺观教堂举行集体宗教活动,由该寺观教堂安排中国宗教教职人员主持;确需由外国人主持宗教活动的,该寺观教堂应当向所在地设区的市级人民政府宗教事务部门备案。

제10조 경내 외국인이 사찰교당에서 단체 종교활동을 거행하는 경우, 해당 사찰교당에서 중국 종교교직자를 배정하여 주재하도록 한다. 외국인이 종교활동을 주재할 필요가 있는 경우, 해당 사찰교당은 소재지 구급 행정구역이 설치된 시급 인민정부 종교업무 담당부서에 등록해야 한다.

第十一条 申请设立临时地点,应当具备下列条件:

(一) 拟在临时地点进行的活动不妨碍周围单位和居民正常的生产、学习、生活，接受所在地宗教事务部门的管理；

（二）对拟作为临时地点的建筑设施具有使用权；

（三）拟作为临时地点的建筑设施符合规划、建设、消防、建筑安全等法律法规规定，适合进行集体宗教活动。

제11조 임시장소 설립을 신청하려면 다음 조건을 갖추어야 한다:

(1) 임시장소에서 진행하려는 활동이 주변 기관과 주민의 정상적인 생산, 학습, 생활을 방해하지 않으며, 소재지 종교업무담당부서의 관리를 받는다.

(2) 임시장소로 사용할 건축시설에 대한 사용권을 보유해야 한다.

(3) 임시장소로 사용할 건축시설이 계획, 건설, 소방, 건축안전 등 법률법규 규정에 부합하고, 단체 종교활동을 진행하기에 적합해야 한다.

第十二条 申请设立临时地点，召集人应当填写境内外国人集体宗教活动临时地点申请表，同时向申请设立临时地点所在地省级人民政府宗教事务部门提交下列材料：

（一）设区的市（地、州、盟）宗教团体出具的寺观教堂不具备提供专场服务条件的书面答复；

（二）所信仰宗教的主要经典，该宗教基本情况的说明；

（三）拟参加集体宗教活动的境内外国人的姓名、国籍、现居住地、有效中国签证或者停留居留证件等说明；

（四）召集人的承诺书；

（五）召集人的护照以及居留证件的原件、复印件；

（六）拟主持集体宗教活动的人员，集体宗教活动的时间安排、活动方式、活动次数、活动人数、安全措施等说明；

（七）对拟作为临时地点的建筑设施具有使用权的有效材料，以及该建筑设施符合规划、建设、消防、建筑安全等法律法规规定的材料。

前款所要求提交的材料除第二项中所信仰宗教主要经典外，应当使用中文。宗教事务部门应当依法保护材料中涉及个人隐私的信息。

在第一款第四项的承诺书中，召集人应当承诺，做好临时地点集体宗教活动的监督管理，督促参加活动的外国人遵守中国的法律、法规、规章，不妨碍周围单位和居民正常的生产、学习、生活，接受所在地宗教事务部门的管理，临时地点的外部不设置宗教标志物。所有召集人均应当在承诺书上签字。

境内外国人集体宗教活动临时地点申请表式样由国家宗教事务局制作。

제12조 임시장소 설립을 신청하는 경우, 집회책임자는 경내 외국인단체종교활동임시장소 신청서를 작성하고, 동시에 임시장소 설립을 신청할 소재지 성급 인민정부 종교업무 담당부서에 다음 자료를 제출해야 한다:

(1) 구급 행정구역이 설치된 시(지, 주, 맹) 종교단체가 발급한 사찰교당이 전문종교의식업무 제공 조건을 갖추지 못했다는 서면 답변서

(2) 신앙하는 종교의 주요 경전, 해당 종교 기본상황의 설명

(3) 단체 종교활동에 참가하려는 경내 외국인의 성명, 국적, 현거주지, 유효한 중국 비자 또는 체류, 거류 허가 설명

(4) 집회책임자의 동의서

(5) 집회책임자의 여권 및 거류증 원본 및 사본

(6) 단체 종교활동을 주재할 인원, 단체 종교활동의 시간 배정, 활동방식, 활동 횟수, 활동인원, 안전조치 등 설명

(7) 임시장소로 사용할 건축시설에 대한 사용권을 보유한다는 유효한 자료 및 해당 건축시설이 도시계획, 건설, 소방, 건축안전 등 법률법규 규정에 부합한다는 자료.

전항에서 제출을 요구하는 자료는 제2호의 신앙종교 주요 경전을 제외하고는 중국어를 사용해야 한다. 종교업무 담당부서는 자료 중 개인정

보와 관련된 정보를 법에 따라 보호해야 한다.

제1항 제4호의 동의서에서 집회책임자는 임시장소 단체 종교활동의 감독관리를 잘하고, 활동에 참가하는 외국인이 중국의 법률, 법규, 규정을 준수하도록 촉구하며, 주변 기관과 주민의 정상적인 생산, 학습, 생활을 방해하지 않고, 소재지 종교업무담당부서의 관리를 받으며, 임시장소 외부에 종교 상징물을 설치하지 않는다고 승낙해야 한다. 모든 집회책임자는 동의서에 서명해야 한다.

경내 외국인단체종교활동임시장소 신청서 양식은 국가종교사무국에서 제정한다.

第十三条 省级人民政府宗教事务部门收到设立临时地点的申请材料后, 征求拟设立临时地点所在地县级人民政府宗教事务部门、设区的市级人民政府宗教事务部门以及省、自治区、直辖市宗教团体的意见, 自受理申请之日起二十个工作日内作出批准或者不予批准的决定。

在县级行政区域内, 对信仰同一宗教、能够使用同一语言进行集体宗教活动的, 一般只批准一处临时地点。

临时地点有效期最长为二年。期满后仍需要在该临时地点举行集体宗教活动的, 应当在期满三十日前按照本实施细则第十二条的规定重新申请。

境内外国人在临时地点举行集体宗教活动时, 应当由所在地县级人民政府宗教事务部门负责管理。

제13조 성급 인민정부 종교업무 담당부서는 임시장소 설립 신청서류를 접수한 후, 임시장소 설립 예정지 소재 현급 인민정부 종교업무 담당부서, 구급 행정구역이 설치된 시급 인민정부 종교업무 담당부서 및 성, 자치구, 직할시 종교단체의 의견을 구하고, 신청서 접수일부터 업무일 기준 20일 이내에 비준 여부 결정을 내린다.

현급 행정구역 내에서 동일한 종교를 믿고 동일한 언어를 사용하여 단체 종교활동을 진행할 수 있는 경우, 일반적으로 한 곳의 임시장소만을 비준한다.

임시장소 유효기간은 최장 2년이다. 기간 만료 후에도 해당 임시장소에서 단체 종교활동을 거행할 필요가 있는 경우, 유효기간 만료 30일 전에 본 시행세칙 제12조 규정에 따라 다시 신청해야 한다.

경내 외국인이 임시장소에서 단체 종교활동을 거행할 때는 소재지 현급 인민정부 종교업무담당부서가 관리를 책임진다.

第十四条 在临时地点的集体宗教活动，应当至少有一名召集人在现场负责管理。

召集人应当加强临时地点集体宗教活动的安全管理，参加活动的人数不得超过临时地点批准文书中载明的活动人数。

제14조 임시장소에서의 단체 종교활동은 최소한 1명의 집회책임자가 현장에서 관리를 책임져야 한다.

집회책임자는 임시장소 단체 종교활동의 안전관리를 강화해야 하며, 활동에 참가하는 인원은 임시장소 비준문서에 기재된 활동인원을 초과해서는 안 된다.

第十五条 在临时地点的集体宗教活动，需要邀请中国宗教教职人员主持的，应当由召集人向临时地点所在地设区的市(地、州、盟)宗教团体提出，由该宗教团体安排合适的宗教教职人员主持。

제15조 임시장소에서의 단체 종교활동에 중국인 종교교직자를 초청하여 주재할 필요가 있는 경우, 집회책임자가 임시장소 소재지 구급 행정구역이 설치된 시(지, 주, 맹) 종교단체에 제기하고, 해당 종교단체가 적합

한 종교교직자를 배정하여 주재하도록 한다.

第十六条 除按照本实施细则规定安排或者邀请主持宗教活动的中国宗教教职人员外，境内外国人举行的集体宗教活动，仅限于境内外国人参加。

제16조 본 시행세칙 규정에 따라 배정하거나 초청한 종교활동 주재담당 중국인 종교교직자를 제외하고, 경내 외국인이 거행하는 단체 종교활동은 경내에 체류하는 외국인만 참가할 수 있다.

第十七条 为境内外国人集体宗教活动提供专场服务的寺观教堂和临时地点建筑设施的提供方，发现境内外国人集体宗教活动有违反中国法律、法规、规章行为的，应当及时向所在地宗教事务部门或者其他相关部门报告。

제17조 경내 외국인단체종교활동을 위해 전문종교의식업무를 제공하는 사찰교당과 임시장소 건축시설을 제공하는 측에서는 경내 외국인단체종교활동에서 중국 법률, 법규, 규장을 위반하는 행위를 발견한 경우, 소재지 종교업무 담당부서 또는 기타 관련 부서에 즉시 보고해야 한다.

第十八条 临时地点的召集人、时间安排、活动方式、活动人数需要变更的，应当在拟变更三十日前向省级人民政府宗教事务部门提出变更申请并提交相关材料。

제18조 임시장소의 집회책임자, 시간 배정, 활동방식, 활동인원을 변경할 필요가 있는 경우, 변경 예정일 30일 전에 성급 인민정부 종교업무 담당부서에 변경신청을 제기하고 관련 자료를 제출해야 한다.

第十九条 境内外国人经所在地宗教团体同意，可以邀请中国宗教教职人员按宗教习惯为其举行洗礼、婚礼、葬礼和道场、法会等宗教仪式。

제19조 경내 외국인은 소재지 종교단체의 동의를 얻어 중국 종교교직자를 초청하여 종교 관습에 따라 세례, 혼례, 장례 및 도장, 법회 등 종교의식을 거행할 수 있다.

第三章 宗教交往

제3장 종교교류

第二十条 境内外国人与中国宗教团体、宗教院校和宗教活动场所等进行宗教方面的友好往来和文化学术交流活动,应当通过全国性宗教团体或者省、自治区、直辖市宗教团体进行。

제20조 경내 외국인이 중국 종교단체, 종교학교 및 종교활동장소 등과 종교 방면의 우호적인 교류와 문화학술 교류활동을 진행하는 경우, 국가급 종교단체 또는 성, 자치구, 직할시 종교단체를 통해 진행해야 한다.

第二十一条 以宗教教职人员身份入境的外国宗教教职人员,经全国性宗教团体或者省、自治区、直辖市宗教团体邀请,可以在寺观教堂讲经、讲道。

以其他身份入境的外国宗教教职人员,经全国性宗教团体或者省、自治区、直辖市宗教团体邀请,并经国家宗教事务局或者省级人民政府宗教事务部门同意,可以在寺观教堂讲经、讲道。

被邀请人应当符合下列条件:

(一)遵守中国的法律、法规、规章,尊重中国宗教独立自主自办原则,无敌视中国的言行,无宗教极端思想倾向;

(二)拟讲授的内容不违反中国的法律、法规、规章,不干涉中国的宗教事务,不违背中国的公序良俗。

제21조 종교교직자 신분으로 입국한 외국 종교교직자는 국가급 종교

단체 또는 성, 자치구, 직할시 종교단체의 초청을 받아 사찰교당에서 경전강해, 설교를 할 수 있다.

기타 신분으로 입국한 외국 종교교직자는 국가급 종교단체 또는 성, 자치구, 직할시 종교단체의 초청을 받고, 국가종교사무국 또는 성급 인민정부 종교업무담당부서의 동의를 얻어 사찰교당에서 경전강해, 설교를 할 수 있다.

피초청인은 다음 조건에 부합해야 한다:

(1) 중국의 법률, 법규, 규장을 준수하고, 중국 종교의 독립자주자체 운영원칙을 존중하며, 중국에 적대적인 언행이 없고, 종교극단 사상 경향이 없어야 한다.

(2) 강의하려는 내용이 중국의 법률, 법규, 규장을 위반하지 않고, 중국의 종교업무에 간섭하지 않으며, 중국의 공공질서와 미풍양속을 위배하지 않아야 한다.

第二十二条 以其他身份入境的外国宗教教职人员, 拟在寺观教堂讲经、讲道的, 全国性宗教团体或者省、自治区、直辖市宗教团体应当分别向国家宗教事务局或者省级人民政府宗教事务部门提交下列申请材料:

(一)申请书, 内容包括邀请理由以及拟安排讲经、讲道的寺观教堂的情况;

(二)被邀请人的有关背景情况、宗教教职身份、入境身份说明及拟讲授的主要内容;

(三)拟安排讲经、讲道的寺观教堂书面同意的材料。

国家宗教事务局、省级人民政府宗教事务部门应当自受理申请之日起二十个工作日内, 作出批准或者不予批准的决定。

제22조 기타 신분으로 입국한 외국 종교교직자가 사찰교당에서 경전

강해, 설교를 하려는 경우, 국가급 종교단체 또는 성, 자치구, 직할시 종교단체는 각각 국가종교사무국 또는 성급 인민정부 종교업무 담당부서에 다음 신청서류를 제출해야 한다:

(1) 신청서, 내용에는 초청 이유 및 경전강해, 설교를 배정할 사찰교당의 상황이 포함된다.

(2) 피초청인의 관련 배경현황, 종교교직 신분, 입국신분 설명 및 강의할 주요 내용

(3) 경전강해, 설교를 배정할 사찰교당의 서면 동의 자료.

국가종교사무국, 성급 인민정부 종교업무 담당부서는 신청 접수일부터 업무일 기준 20일 이내에 비준 여부에 대한 결정을 내려야 한다.

第二十三条 外国人同中国宗教团体、宗教院校、宗教活动场所开展宗教文化学术交流活动,携带超出本人自用、合理数量的宗教印刷品、宗教音像制品和其他宗教用品入境,应当符合下列条件:

(一)所携带的宗教印刷品、宗教音像制品和其他宗教用品不含有危害中国国家安全、损害社会公共利益以及违背中国宗教独立自主自办原则等内容;

(二)宗教印刷品、宗教音像制品和其他宗教用品接收单位是宗教团体、宗教院校或者宗教活动场所;

(三)所携带的宗教印刷品、宗教音像制品和其他宗教用品符合宗教文化学术交流项目或者协议需要;

(四)经全国性宗教团体或者省、自治区、直辖市宗教团体同意。

宗教印刷品和宗教音像制品自用、合理数量的范围,是指单行本发行的出版物每人每次十册(份)以下,成套发行的出版物每人每次三套以下。其他宗教用品自用、合理数量的范围,是指每种三个基本单位以下。

散发性宗教印刷品以及宗教音像制品，禁止进境。

제23조 외국인이 중국 종교단체, 종교학교, 종교활동장소와 종교문화학술교류활동을 진행하면서 본인 개인사용, 합리적 수량을 초과하는 종교인쇄물, 종교음향 및 영상제품 및 기타 종교용품을 휴대하고 입국하는 경우, 다음 조건에 부합해야 한다:

⑴ 휴대한 종교인쇄물, 종교음향제품 및 기타 종교용품에 중국 국가안전을 위해하거나 사회공공이익에 손해를 끼치거나 중국 종교의 독립자주자체운영원칙을 위배하는 등의 내용이 포함되지 않아야 한다.

⑵ 종교인쇄물, 종교음향 및 영상제품 및 기타 종교용품은 종교단체, 종교학교 또는 종교활동장소가 접수하여야 한다.

⑶ 휴대한 종교인쇄물, 종교음향 및 영상제품 및 기타 종교용품은 종교문화학술교류 항목 또는 협의에 따른 필요에 부합해야 한다.

⑷ 국가급 종교단체 또는 성, 자치구, 직할시 종교단체의 동의를 받아야 한다.

종교인쇄물과 종교음향 및 영상제품 개인사용, 합리적 수량의 범위는 단행본 출판물 1인당 1회 10권(부) 이하, 전질 발행 출판물 1인당 1회 3질 이하를 가리킨다. 기타 종교용품 개인사용, 합리적 수량의 범위는 각 종류마다 3개 기본단위 이하를 가리킨다.

배포용 종교인쇄물 및 종교음향 및 영상제품은 휴대입국을 금지한다.

第二十四条 外国人携带超出本人自用、合理数量的宗教印刷品、宗教音像制品和其他宗教用品入境，接收单位应当向所在地省级人民政府宗教事务部门提出申请，提交下列材料：

(一)申请书，内容包括该外国人以及宗教文化学术交流的情况介绍，所携带的宗教印刷品、宗教音像制品和其他宗教用品的目录、样品、数量及用途说

明;

(二) 宗教文化学术交流项目或者协议的文本;

(三)全国性宗教团体或者省、自治区、直辖市宗教团体同意的书面材料。

接收单位为全国性宗教团体及其设立的宗教院校的, 由全国性宗教团体将申请材料报国家宗教事务局。

国家宗教事务局、省级人民政府宗教事务部门应当自受理申请之日起二十个工作日内, 作出批准或者不予批准的决定。

제24조 외국인이 본인 개인사용, 합리적 수량을 초과하는 종교인쇄물, 종교음향 및 영상제품, 기타 종교용품을 휴대하고 입국하는 경우, 접수하는 기관에서는 소재지 성급 인민정부 종교업무 담당부서에 신청하고 다음 자료를 제출해야 한다:

(1) 신청서, 내용에는 해당 외국인 및 종교문화학술교류의 현황소개, 휴대한 종교인쇄물, 종교음향 및 영상제품 및 기타 종교용품의 목록, 견본, 수량 및 용도 설명이 포함된다.

(2) 종교문화학술교류 항목 또는 협의서 원본

(3) 국가급 종교단체 또는 성, 자치구, 직할시 종교단체의 서면 동의서.

접수 기관이 국가급 종교단체 및 그 설립한 종교학교인 경우, 국가급 종교단체가 신청서류를 국가종교사무국에 보고한다.

국가종교사무국, 성급 인민정부 종교업무 담당부서는 신청 접수일로부터 업무일 기준 20일 이내에 비준여부에 대한 결정을 내려야 한다.

第二十五条 外国人经批准携带超出本人自用、合理数量的宗教印刷品、宗教音像制品和其他宗教用品入境时, 应当向海关申报, 海关凭国家宗教事务局或者省级人民政府宗教事务部门的批准文件予以验放。

제25조 외국인이 비준을 받아 본인 개인사용, 합리적 수량을 초과하는 종교인쇄물, 종교음향 및 영상제품, 기타 종교용품을 휴대하고 입국할 때는 세관에 신고해야 하며, 세관은 국가종교사무국 또는 성급 인민정부 종교업무담당부서의 비준문건에 의거하여 검사하여 통관을 허락한다.

第二十六条 外国组织或者个人在中国境内招收以培养宗教教职人员为目的的留学人员,由全国性宗教团体或者省、自治区、直辖市宗教团体根据需要统筹安排并选派。

外国组织或者个人不得在中国境内擅自招收以培养宗教教职人员为目的的留学人员。

外国人来中国宗教院校留学,应当经全国性宗教团体或者省、自治区、直辖市宗教团体同意。

제26조 외국 조직 또는 개인이 중국 국내에서 종교교직자 양성을 목적으로 유학 인원을 모집하는 경우, 국가급 종교단체 또는 성, 자치구, 직할시 종교단체가 필요에 따라 통합 배정하고 선별하여 파견한다.

외국 조직 또는 개인은 중국 국내에서 종교교직자 양성을 목적으로 유학 인원을 임의로 모집해서는 안 된다.

외국인이 중국 종교학교에 유학하는 경우, 국가급 종교단체 또는 성, 자치구, 직할시 종교단체의 동의를 받아야 한다.

第二十七条 外国人经中国宗教院校按照法定程序聘用,可以作为外籍专业人员到宗教院校讲学。

제27조 외국인은 법정 절차에 따라 고용을 거쳐 중국 종교학교에서 외국인 전문가로서 종교학교에서 강의할 수 있다.

第二十八条 凡在中国境内没有相应的合法的中国宗教组织的外国宗教组织及其成员与中国政府部门或者宗教团体、宗教院校、宗教活动场所等交往的，应当符合下列条件：

(一)对中国友好；

(二)在所在国(地区)有合法地位或者身份；

(三)无不良记录；

(四)重中国宗教独立自主自办原则，拟在中国境内进行的交往活动不违反中国的法律、法规、规章。

中方单位应当向国家宗教事务局提出申请，提交下列材料：

(一)申请书，内容包括交往的目的、事项、时间、地点、人数；

(二)外国宗教组织及其成员和该宗教的基本情况，以及外国宗教组织及其成员符合前款所列条件的说明；

(三)中方单位及主要参加人员的基本情况。

国家宗教事务局应当自受理申请之日起二十个工作日内，作出批准或者不予批准的决定。

제28조 무릇 중국 국내에 상응하는 합법적인 중국 종교조직이 없는 외국 종교조직 및 그 구성원이 중국 정부부서 또는 종교단체, 종교학교, 종교활동장소 등과 교류하는 경우, 다음 조건에 부합해야 한다:

(1) 중국에 우호적이어야 한다.

(2) 소재국(지역)에서 합법적 지위 또는 신분을 가져야 한다.

(3) 불량 기록이 없어야 한다.

(4) 중국 종교의 독립자주자체운영원칙을 존중하고, 중국 국내에서 진행할 교류 활동이 중국의 법률, 법규, 규정을 위반하지 않아야 한다.

중국 측 기관에서 국가종교사무국에 신청하고 다음의 서류를 제출해야 한다:

⑴ 신청서, 내용에는 교류의 목적, 내용, 시간, 장소, 인원이 포함된다.

⑵ 외국 종교조직 및 그 구성원과 해당 종교의 기본현황, 외국 종교조직 및 그 구성원이 전항에 열거한 조건에 부합한다는 설명

⑶ 중국 측 기관 및 주요 참가인원의 기본현황

국가종교사무국은 신청 접수일부터 업무일 기준 20일 이내에 비준 여부에 대한 결정을 내려야 한다.

第二十九条 境内外国人不得进行下列涉宗教的活动:

(一)干涉和支配中国宗教团体、宗教院校、宗教活动场所的事务, 干涉宗教教职人员的认定和管理;

(二)成立宗教组织, 设立宗教办事机构、宗教活动场所或者宗教院校;

(三)宣扬宗教极端思想, 支持、资助宗教极端主义和非法宗教活动, 利用宗教破坏中国国家统一、民族团结、宗教和睦与社会稳定;

(四)擅自开展讲经、讲道或者举行集体宗教活动;

(五)在中国公民中发展宗教教徒, 委任宗教教职人员;

(六)利用宗教进行妨碍中国司法、教育、婚姻、社会管理等制度实施的活动;

(七)制作或者销售宗教书刊、宗教音像制品、宗教电子出版物等宗教用品, 散发宗教宣传品;

(八)接受中国组织及公民宗教性的捐赠;

(九)组织开展宗教教育培训;

(十)利用互联网进行非法宗教活动;

(十一)其他涉宗教的违法活动。

제29조 경내 외국인은 다음 종교 관련 활동을 진행해서는 안 된다:

⑴ 중국 종교단체, 종교학교, 종교활동장소의 업무에 간섭하고 지배하며, 종교교직자의 임명과 관리에 간섭하는 행위

⑵ 종교조직을 설치하고, 종교사무기구, 종교활동장소 또는 종교학교를 설립하는 행위

⑶ 종교극단사상을 전파하고, 종교극단주의와 불법 종교활동을 지지하고 지원하며, 종교를 이용하여 중국 국가통일, 민족단결, 종교화목과 사회안정을 파괴하는 행위

⑷ 임의로 경전강해, 설교를 하거나 단체 종교활동을 거행하는 행위

⑸ 중국 공민 중에서 종교신도를 모집하고, 종교교직자를 임명하는 행위

⑹ 종교를 이용하여 중국의 사법, 교육, 혼인, 사회관리 등 제도를 방해하는 활동을 진행하는 행위

⑺ 종교서적, 종교음향 및 영상제품, 종교전자출판물 등 종교용품을 제작 또는 판매하고, 종교선전물을 배포하는 행위

⑻ 중국 조직 및 공민의 종교성 기부를 접수하는 행위

⑼ 종교교육훈련을 조직하고 시행하는 행위

⑽ 인터넷을 이용하여 불법 종교활동을 수행하는 행위

⑾ 기타 종교 관련 위법활동

第四章 法律责任

제4장 법률책임

第三十条 公职人员在境内外国人宗教活动管理工作中滥用职权、玩忽职守、徇私舞弊，应当给予处分的，依法给予处分；构成犯罪的，依法追究刑事责任。

제30조 경내 외국인 종교활동 관리 업무를 수행하는 공직자가 직권 남용, 직무 유기, 사리사욕을 위한 부정행위를 저질러 징계 사유에 해당하는 경우, 법에 따라 징계 처분을 받는다. 범죄가 성립하는 경우에는 법에 따라 형사 책임을 추궁한다.

第三十一条 境内外国人擅自设立临时地点举行集体宗教活动的, 依据<宗教事务条例>第六十九条第二款予以处理。

제31조 경내 외국인이 임의로 임시장소를 설립하여 단체 종교활동을 거행하는 경우, 〈종교사무조례〉 제69조 제2항에 의거하여 처분한다.

第三十二条 境内外国人在寺观教堂或者临时地点举行集体宗教活动违反本实施细则规定或者承诺书内容的, 由宗教事务部门责令改正, 召集人负有责任的, 责令撤换召集人; 情节严重的, 责令寺观教堂停止为外国人集体宗教活动提供专场服务或者责令临时地点停止活动。

제32조 경내 외국인이 사관교당에 혹은 임시장소에서 단체 종교활동을 진행하면서 본 시행세칙의 규정 혹은 동의서의 내용을 위반하는 경우, 종교업무 담당부서에서 시정을 명령하고, 집회책임자에게 책임이 있는 경우 집회책임자 교체를 명한다; 사안이 엄중한 경우, 사관교당이 외국인단체종교활동을 위해 종교의식 전문업무 제공을 중지하도록 명하거나 임시장소의 활동 중지를 명한다.

第三十三条 中国宗教团体、宗教院校、宗教活动场所违反本实施细则规定的, 依据<宗教事务条例>第六十五条予以处理。

中国宗教教职人员违反本实施细则规定的, 依据<宗教事务条例>第七十三条予以处理。

제33조 중국 종교단체, 종교학교, 종교활동장소가 본 시행세칙의 규정을 위반하는 경우, 〈종교사무조례〉 제65조에 의거하여 처리한다.

중국 종교교직자가 본 시행세칙 규정을 위반하는 경우, 〈종교사무조례〉 제73조에 의거하여 처분한다.

第三十四条 为境内外国人违法宗教活动提供条件的, 依据<宗教事务条例>第七十一条予以处理。

제34조 경내 외국인의 위법 종교활동에 조건을 제공하는 경우, 〈종교사무조례〉 제71조에 의거하여 처분한다.

第三十五条 违反本实施细则其他规定的, 由宗教事务部门和其他有关部门依据<中华人民共和国境内外国人宗教活动管理规定>、<宗教事务条例>予以处理。

违反本实施细则规定, 同时违反其他法律法规的, 由相关部门依法予以处理;构成犯罪的, 依法追究刑事责任。

제35조 본 시행세칙의 기타 규정을 위반하는 경우, 종교업무 담당부서와 기타 관련 부서가 〈중국경내외국인종교활동관리규정〉, 〈종교사무조례〉에 의거하여 처분한다.

본 시행세칙 규정을 위반하고 동시에 기타 법률법규를 위반하는 경우, 관련 부서가 법에 따라 처리한다. 범죄를 구성하는 경우, 법에 따라 형사책임을 추궁한다.

第五章 附则

제5장 부칙

第三十六条 在直辖市行政区域内，本实施细则规定的设区的市（地、州、盟）宗教团体的职责，由直辖市区（县）宗教团体履行；县级人民政府宗教事务部门和设区的市级人民政府宗教事务部门的职责，由直辖市区（县）人民政府宗教事务部门履行。

제36조 직할시 행정구역 내에서 본 시행세칙에 규정한 구급 행정구역이 설치된 시(지, 주, 맹) 종교단체의 직책은 직할시 구(현) 종교단체가 수행한다. 현급 인민정부 종교업무 담당부서와 구급 행정구역이 설치된 시급 인민정부 종교업무 담당부서의 직책은 직할시 구(현) 인민정부 종교업무 담당부서가 수행한다.

第三十七条 县（市、区、旗）无相关宗教团体的，本实施细则规定的相应职责由设区的市（地、州、盟）宗教团体履行。

设区的市（地、州、盟）、直辖市区（县）无相关宗教团体的，相应职责由省、自治区、直辖市宗教团体履行。

省、自治区、直辖市无相关宗教团体的，相应职责由全国性宗教团体履行。

제37조 현(시, 구, 기)에 관련 종교단체가 설치되지 않은 경우, 본 시행세칙에 규정한 상응하는 직책은 구급 행정구역이 설치된 시(지, 주, 맹) 종교단체가 수행한다.

구급 행정구역이 설치된 시(지, 주, 맹), 직할시 구(현)에 관련 종교단체가 설치되지 않은 경우, 상응하는 직책은 성, 자치구, 직할시 종교단체가 수행한다.

성, 자치구, 직할시에 관련 종교단체가 설치되지 않은 경우, 상응하는 직책은 국가급 종교단체가 수행한다.

第三十八条 本实施细则自2025年5月1日起施行。

제38조 본 시행세칙은 2025년 5월 1일부터 시행한다.

참고문헌

한글 문헌

김경아, 김경구. “중국의 종교정책과 법치화수준의 제고-수정<종교사무조례>를 중심으로.” 「중국학」 제61집, 41-58.

김광성. “로잔운동의 선교신학적 관점에서 바라본 기독교 중국화.” 「ACTS 신학저널」 제40권. 2019: 317-357.

______. “중국의 종교정책이 한국교회의 중국선교에 미친 영향.” 「선교신학」 제48집. 2019: 43-81.

김순수. “중국의 ‘중앙국가안전위원회’ 설립에 관한 연구.” 「민족연구」 제63호. 2015: 4-35.

김우선. “시진핑 시대 종교의 중국화 - 맥락과 해석.” 「종교연구」 제80집 제3호. 2020: 249-274.

김윤권, 류성, 이수봉. “2018년 중국 국무원 조직개편의 분석과 함의.” 「한국행정학보」 제52집 제4호. 2018: 87-117.

박만준. “시진핑정권의 종교중국화공정이 중국종교정책에서 가지는 역사적 함의.” 「중소연구」 제42권 제4호. 2019: 119-164.

박석정. “중국의 국가안전법제에 관한 고찰.” 「한국테러학회보」 제11권 제1호. 2018: 8-111.

설충수. “중국 기독교 안의 삼자교회와 가정교회의 정통성 논쟁.” 「율곡학연구」 제21권. 2010: 129-160.

유동원. “중국의 국가안보전략 변화: 총체적 국가안보관(總體國家安全觀)을 중심으로.” 「대한정치학회보」 제27권 제3호. 2019: 109-134.

유미경. “중국기독교 규장제도와 기독교중국화.” 「중국학」 제70권. 2020: 53-81.

장지아. “중앙국가안전위원회를 통해 본 시진핑의 국가안보관.” 「한중사회과학연구」 제17권 제1호. 2019: 175-200.

장지아, 이장원. “중앙국가안전위원회를 통해 본 시진핑의 국가안보관.” 「한중사회과학연구」 제16권 제1호. 2019: 81-106.

정희완. “세속화, 세속주의 그리고 그리스도교-세속주의 문화와 새로운 복음화.” 「카톨릭신학」 제22호. 2013: 73-126.

한동훈. “중국 종교정책 변화와 중국 선교전략 연구.” 「한국개혁신학」 제71집. 2021: 314-346.

허재철. “중앙국가안전위원회 신설과 중국 국가안보관의 변화.” 「한국동북아논총」 제19권 제3호. 2014: 113-130.

홍 강. “중국교회의 현주소와 중국선교: 중국 신학자들의 신학 사상에 대한 고찰을 중심으로.” 「선교와신학」 제53집. 2021: 489-518.

중문 자료

国家移民管理局. “2024年6.1亿人次出入境 同比上升43.9%.” 2025年 1月 14日.

习近平. “中央统一战线工作会议重要讲演.” 〈人民日报〉, 2015年 5月 21日.

______. “坚持我国宗教中国方向积极引导宗教与社会主义社会相适应.” 〈人民日报〉, 2015年 5月 21日.

______. “全国宗教工作会议重要讲演.” 〈人民日报〉, 2016年 4月 24日.

______. “全国宗教工作会议重要讲演.” 〈人民网〉, 2016年 4月 23日.

______. “全国宗教工作会议重要讲演.” 〈新华社〉, 2021年 12月 4日.

______. “中国共产党第十九次全国代表大会报告.” 2017年 10月 18日. 〈求是网〉, 〈人民日报〉. “习近平出席全国宗教工作会议演并发表重要讲话.” 2016年 4月 23日.

______. “中央国家安全委员会设立决定.” 2014年 1月 25日.

中国国家宗教事务局. “中华人民共和国外国人宗教活动管理规定施行细测.” 国家宗教事务局 제18호.

中国共产党第十九次全国代表大会. “决胜全面建成小康社会，夺取新时代中国特色社会主义伟大胜利-在中国共产党第十九次全国代表大会上的报告.” 北京: 人民出版社, 2017.

中国基督教协会. 中国基督教三自爱国运动委员会. “推进我国基督教中国化五年工作规划纲要(2018–2022).” 2018年 3月 27-28日.

中国国家移民管理局. “2024年上半年全国各口岸检查出入境人员14635万人次.” 2024年 7月 5日.

______. 『2023年中国出入境管理统计年报』. 北京: 法律出版社, 2024.

中共中央. “关于全面深化改革若干重大问题的决定.” 十八届 三中全会, 2013年 11月 12日.

______. “深化党和国家机构改革方案.” 〈新华通讯社〉, 2018年 3月 21日.

中华人民共和国国务院新闻办公室. “中国的总体国家安全观白皮书.” 2022年 3月.

i人事일체화HR시스템. “在中国的外国人数量近年来有什么变化？” 2025年 1月 13日.

十三届全国人大一次会议. “国务院机构改革方案的决定.” 2018年 3月 17日.

梁慧星. 『民法总则讲义』. 北京: 法律出版社, 2017.

People网. “坚持党的全面领导 推进党和国家机构改革.” 2018年 5月 24日.

외국어 문헌

Bosch, David J. *Transforming Mission: Paradigm Shifts in Theology of Mission*, Maryknoll: Orbis Books, 1991.

Hall, Peter A., and Rosemary C. R. Taylor. "Political Science and the Three New Institutionalisms." *Political Studies* 44, no. 5 (1996): 936-957.

Kraft, Charles H. *Christianity in Culture: A Study in Dynamic Biblical Theologizing in Cross-Cultural Perspective*, Maryknoll: Orbis Books, 1979.

Mahoney, James, and Kathleen Thelen, eds. *Explaining Institutional Change: Ambiguity, Agency, and Power*, Cambridge: Cambridge University Press, 2010.

Nathan, Andrew. "Authoritarian Resilience." *Journal of Democracy* 14, no. 1 (2003): 6-17.

Newbigin, Lesslie. *The Open Secret: An Introduction to the Theology of Mission*, Rev. ed. Grand Rapids: Eerdmans, 1995.

Pew Research Center. "The Future of World Religions: Population Growth Projections, 2010-2050." April 2, 2015.

Yang Fenggang. *Religion in China: Survival and Revival under Communist Rule*. Oxford: Oxford University Press, 2012.

에필로그(Epilogue)

A. 중국의 종교정책과 종교행정

2018년 3월 21일, 중국공산당 중앙위원회는 〈당과 국가기구 개혁을 심화하기 위한 방안(深化党和国家机构改革方案)〉을 발표하였다. 이는 중화인민공화국 설립 이래 중국공산당과 중국정부가 추진해 온 종교업무정책의 결정적인 변화를 보여주는 하나의 사례이다. 왜냐하면 이번 〈기구개혁방안〉 발표를 통해 그동안 중앙통전부는 종교정책 수립을 전담하고 국무부 국가종교사무국은 국가종교행정을 전담하는 종교업무 이원 체제를 폐지하고 중앙통전부에서 종교업무를 일괄적으로 담당하는 체제로 개편했기 때문이다.

〈기구개혁방안〉에서 중국의 종교정책 변화와 관련해서 주목할 것은 당중앙기구개혁이다. 당중앙기구개혁안 14항의 내용은 다음과 같다.

> (14) 중앙통전부에서 종교업무를 일관적으로 관리한다. 종교업무에 대한 당의 중앙집중적 영도를 강화하고, 당의 종교업무 기본 방침을 철저하게 수행하고, 우리나라 종교의 중국화 방향을 견지하며, 통전과 종교 등에 투입되는 자원을 통합하여 종교가 사회주의 사회에 부합되도록 적극적으로 인도하기 위해 국가종교사무국을 중앙통전부에 통합한다. 국가종교사무국의 명칭은 중앙통전부 체제 외부에 남겨둔다.
>
> 조정 후, 종교업무를 관리하는 영역에서 중앙통전부의 역할은 당의 종

교업무 기본 방침과 정책을 철저하게 이행하는 것, 종교업무와 관련된 정책과 조치를 수립하여 이행하는 것, 통합적으로 종교업무를 조종하는 것, 종교행정업무를 법에 따라 관리하는 것, 공민의 종교신앙자유와 정상적인 종교활동을 보호하는 것, 종교계와 애국통일전선을 공고히 구축하고 발전시키는 것 등이다. 독립된 국가기구로서의 국가종교사무국은 더 존재하지 않는다.

(十四) 中央统战部统一管理宗教工作。为加强党对宗教工作的集中统一领导, 全面贯彻党的宗教工作基本方针, 坚持我国宗教的中国化方向, 统筹统战和宗教等资源力量, 积极引导宗教与社会主义社会相适应, 将国家宗教事务局并入中央统战部。中央统战部对外保留国家宗教事务局牌子。

调整后, 中央统战部在宗教事务管理方面的主要职责是, 贯彻落实党的宗教工作基本方针和政策, 研究拟订宗教工作的政策措施并督促落实, 统筹协调宗教工作, 依法管理宗教行政事务, 保护公民宗教信仰自由和正常的宗教活动, 巩固和发展同宗教界的爱国统一战线等。不再保留单设的国家宗教事务局。

〈기구개혁방안〉이 실행되면서 국가종교사무국은 국가의 종교행정업무를 전담하는 독립된 국가기구로서의 지위를 상실하였다. 2023년 2월 28일, 중국공산당 제20회기 전국대표대회 중앙위원회 제2차 전체회의 석상에서 시진핑은 "당과 국가기구 개혁을 심화하여 국가통치체계와 통치능력 현대화를 구현하라(深化党和国家机构改革, 推进国家治理体系和治理能力现代化)"는 제목의 연설을 하였는데, 그 연설 내용에 따르면 당과 국가기구 개혁의 목표는 국정 전반에 걸친 당의 통제력을 강화하는 것(深化党和国家机构

改革，是推进国家治理体系和治理能力现代化的集中部署。)이다.

중화인민공화국 설립 초기, 중국공산당과 중국정부는 종교신앙자유 정책을 실시하고, 원활한 종교행정을 위해 종교행정을 전담하는 국가기구를 설치하였다. 최초의 종교행정 전담부서는 정무원 문교위원회 산하에 설치된 종교사무처(宗教事务处)이다. 종교사무처는 1950년대 초반까지 천주교, 기독교, 한족불교와 관련된 업무를 담당하였다. 당시 중국이 인정하는 5대 종교 가운데 이슬람교와 티베트불교 업무는 중앙민족사무위원회(中央民族事务委员会, 中央民委)가 담당하는 구조였다. 1954년, 중앙정부는 정무원 문교위원회 산하 종교사무처를 중앙정부 직속 기구로 승격하면서 그 명칭을 국가종교국으로 바꾸었을 뿐만 아니라, 종교업무는 국가행정관리 영역에 포함되었고, 종교사무국은 중앙정부 직속 기구가 되면서 그 기능과 역할이 강화되었다. 그러나 1957년 이후 중국공산당의 통치 이념이 좌편향적으로 변하면서, 중국의 종교자유정책은 종교강압정책 일변도로 진행되었고, 종교강제소멸론을 전면에 내세운 문화혁명이 한창 진행되던 1976년에는 결국 국무원 종교사무국이 폐지되었다.

1978년에 문화대혁명이 종식되고 종교자유정책이 회복되면서 국무원은 종교행정을 전담하는 기구로 국가종교사무국을 복원하였다. 당시 종교사무국의 역할은 종교행정, 문화혁명 시기에 상실되었던 종교계 인사들의 권리 회복, 종교활동 장소 개방과 관리, 종교단체 복원, 신앙인과 비신앙인 사이의 단결, 종교계의 국제교류 회복, 적대적인 외국 종교 세력의 침투 예방 등이다.

B. 통합 전 국가종교사무국

1979년에 복원된 국가종교사무국은 국무원 직속기관이었다. 중화인민공화국 국무원은 중앙인민정부이다. 최고국가권력기관인 전인대가 수립한 국가정책을 집행하는 국가 최상위급 행정기관이다. 〈헌법〉에 규정된 국무원의 역할로 행정입법권이 있다. 전국인민대표대회에서 법률을 제정하고, 이를 근거로 국무원은 국가행정에 필요한 법적 근거를 제정한다. 종교 영역의 행정 근거가 되는 법규는 국무원령으로 반포된다.

중국의 국가기구체계에서 중국공산당 산하 조직부, 선전부, 통일전선공작부, 대외연락부 부장이 1등급으로 분류되며, 국무원 산하 27개 부처(24개 부, 3개 위원회) 부장과 주임 및 국무원 직속 특설기구인 국유자산감독관리위원회 주임이 장관급으로 2등급, 국무원 산하 직속 기구 15개 가운데 세관총서나 세무총국 등 총서와 총국 서장과 국장의 직급은 국무원 산하 부처의 장과 마찬가지로 장관급이지만 권력상의 차이로 인해 3등급으로 분류된다. 그러나 국무원 직속 기구 가운데 통계국, 종교국 등의 국장은 차관급에 해당한다. 국가종교사무국은 국무원 직속 기구이지만 권력으로 보면 한 단계 아래의 기구이다. 따라서 중국정부의 행정체계에서 종교행정업무는 다른 업무에 비해 상대적으로 비중이 높지 않다.

국가종교사무국의 역할	중앙통일전선공작부의 역할
1. 종교이론과 국내외 종교상황을 연구하고, 종교 동태를 파악하고, 관련된 정보를 수집하고 분석하여 종교와 관련된 문제를 처리하기 위한 정책을 건의한다. 2. 종교행정에 관한 법률과 법률을 초안하고, 규정과 정책을 제정하여 실행하며, 종교 관련 법률법규와 정책의 시행을 감독하고 홍보하고 교육하는 직능을 감당한다. 3. 법에 따라 종교행정을 관리할 책임을 진다. 국민들의 종교신앙의 자유와 정상적인 종교활동을 보호하며, 종교계의 합법적인 권익을 지키고, 종교계의 관계를 조화롭게 한다. 4. 종교단체가 합법적으로 활동하도록 지도하고, 종교단체의 자생능력을 강화하며, 종교단체가 종교관련 교육시설을 설립하고 운영하는 일을 도우며, 종교단체가 종교계의 애국주의, 사회주의, 조국통일 및 민족단결에 대한 자체적인 교육을 시행하도록 지원하고, 종교단체가 정부를 통해 해결해야 할 업무를 담당한다. 5. 지방정부의 종교행정 담당부서가 종교업무를 적법하게 시행하도록 관리하며, 종교업무와 관련된 중대한 사건을 처리하고, 종교를 이용한 각종 불법, 위법 활동을 방지하고, 종교를 이용한 국외 세력의 침투를 방지하는 역할을 한다. 6. 종교행정을 담당할 인재를 양성한다. 7. 종교와 관련된 대외 활동과 조직을 책임지며, 종교와 관련된 부서나 종교계가 외국 및 홍콩, 마카오, 타이완 종교계와의 교류 활동을 지도하고, 종교에 대한 대외홍보업무를 담당한다. 8. 국무원으로부터 위임받은 기타 업무를 담당한다.	1. 통일전선 이론 연구와 조사 활동 2. 민주당파 인사와 당에 소속되지 않은 무당파 인사관리 3. 민족과 종교에 관한 연구 4. 해외 통일전선업무 담당 5. 비공산당원에 대한 정치적 안배 6. 비공유제 경제의 대표적인 인사에 대한 정황을 연구, 조사하여 보고 7. 비당원 지식인들의 정황을 파악하여 보고 8. 국내와 해외에 통일전선 선전 9. 지방 당위원회의 통일전선업무와 통일전선 담당자를 지도하고, 정부 각 부서의 통일전선업무에 협력 10. 당 중앙이 위탁한 기타 업무 수행

국가종교사무국이 중앙통전공작부(中央统一战线工作部, 中央统战部)로 통합되면서 정책수립과 행정업무로 이원화 되어있던 중국의 종교업무 담당체계가 사라졌다. 개혁개방 이후 중국종교정책과 종교행정의 역사가 중국공산당이 제정한 정책문건을 기반으로 시행되었던 시기를 거쳐 국가행정법제화 과정을 거치면서 종교행정법제화와 함께 종교행정은 국가정부에서 담당하면서 국가종교행정규범을 제정하여 종교행정을 독립적으로 수

행하는 수준까지 발전해 왔던 것을 고려하면 중국의 종교행정체계는 오히려 퇴보한 것처럼 보인다.

중국공산당의 종교이해 변화에 따라 중국정부의 종교정책은 중화인민공화국 건립 이전 시기 중국공산당의 통일전선전략으로서의 종교유화정책, 중화인민공화국 건국 시기 사회주의 체제 안정화를 위해 종교계를 국가 건설에 동참시키려는 삼자애국운동, 문화혁명 시기의 종교강제소멸정책, 개혁개방 시기 종교장기존재론과 종교사회주의적응론에 입각한 종교자유정책, 시진핑 정권 시기의 〈종교사무조례〉 개정과 종교중국화로 이어지는 변화를 보인다. 사회주의 이념과 중국공산당의 전정을 기반으로 하는 중화인민공화국 수립 후 사회주의체제 수호와 완성을 위해 중국공산당과 중국정부는 통일전선전략에 입각하여 종교자유정책을 시행한다. 그 과정에서 세계 교회의 절대적 영향 아래에 있던 중국 교회를 중국인의 교회로 바꾸기 위해 당의 종교업무 원칙의 제일 앞자리에 종교중국화를 내세운다. 중화인민공화국 초기부터 변용된 삼자정책인 삼자애국운동이 서구교회의 통제로부터 중국 교회를 해방한다는 명분을 앞세운다. 이를 기반으로 중국정부는 중국 교회를 세계 교회로부터 고립시킴으로써 중국 종교계에 대한 통제권을 중국공산당과 중국정부가 확보한다. 계급투쟁을 종식하고 경제개발에 총력을 기울이기 시작한 개혁개방 시기에는 이념적인 통제 차원이 아닌 경제개발에 종교계의 역량을 집중하도록 유도하는 종교사회주의주적응론(宗教与社会主义社会相适应理论)과 종교중국화(宗教中国化)의 원칙이 중국 종교신앙자유정책의 핵심 가치로 떠오르고 있다.

문화혁명 시기 중국공산당과 중국정부는 이념적으로 사회주의 종교관을 극좌편향적으로 해석하면서 공공연하게 종교강제소멸론을 주장했고, 그 결과 중국의 종교는 물론 종교정책마저도 자취를 감추게 되는 종교 암흑기를 겪게 되었다. 그러나 덩샤오핑은 사회주의 핵심가치를 계급투쟁이 아닌 국가생산능력 향상과 국민의 경제적 안정으로 해석한 덩샤오핑의 등장으로 이 어두운 역사를 청산하고 정치개혁과 경제개방을 기치로 내세워 개혁개방정책을 시행할 수 있는 방향으로 사회주의 이념을 다시 해석하기 시작했다. 중국공산당과 중국정부는 생산체계를 개선하여 국가생산력을 높이고, 사회주의 현대화를 달성하는 일에 국정운영의 최고 가치를 부여하였다. 따라서 종교계를 포함한 국가의 모든 동력을 집중할 수 있는 종교정책을 추진했고, 중화인민공화국 성립 초기부터 강조해 온 통일전선전략 차원의 상대적으로 유연한 종교신앙자유정책을 복원하였다.

시진핑 정권의 신시기 중국특색사회주의(新时代中国特色社会主义)는 덩샤오핑의 중국특색 사회주의이론(中国特色社会主义理论)을 새롭게 재해석한 국가통치 이론이다. 중국의 꿈을 달성해야 한다는 국정 기조를 강조하면서 중국공산당과 중국정부는 중국공산당 제5세대 지도부의 권력을 시진핑 1인 체제로 정비하고, 강력한 국가행정법제화를 추진하면서 기존의 유일한 종합적인 국가종교행정법인 〈종교사무조례〉를 시대 상황에 맞게 개정하였다. 중국공산당과 시진핑 정부는 종교행정 관련법을 지속적으로 제정하고 이를 현실 정치에 적용함으로써 삼자교회로 통칭하는 중국의 공인교회를 포함한 모든 종교계에 위기감을 조성하고 있다.

덩샤오핑의 제2세대 중국공산당 지도부가 주도한 개혁개방정책은 사회주의 시장경제라는 기형적인 경제체제를 갖추면서 사회주의 경제체제를 획기적으로 개혁하였다. 그러나 개혁개방이 정치개혁과 경제개방이라는 최초의 취지와는 달리 정치체제는 여전히 〈18헌법〉에 제1조에 규정된 대로 사회주의 제도를 중화인민공화국의 근본 제도로, 중국공산당을 중국특색사회주의의 본질적 특징(社会主义制度是中华人民共和国的根本制度。中国共产党领导是中国特色社会主义最本质的特征)으로 강조하고, 2022년 〈중국공산당정관(中国共产党章程)〉을 개정하면서 마르크스주의 기본 원리를 중국 현실과 전통문화에 결합(坚持把马克思主义基本原理同中国具体实际相结合、同中华优秀传统文化相结合)하라는 내용을 추가했으며, 2023년에는 〈중화인민공화국 반간첩법(中华人民共和国反间谍法)〉을 강력하게 개정하는 등 일련의 조치는 중국공산당의 국가 통제력을 한층 더 강화하기 위한 것이라고 볼 수 있다.

마르크스주의 종교 이론을 이념적 바탕으로 하고, 서구열강이 중국을 침탈하는 과정과 동시에 전래된 외래종교에 대한 역사적 트라우마를 내세워 중국공산당은 외국의 종교계가 자국 종교에 간섭하는 것을 철저하게 방비해야 하는 대상으로 보는 종교인식을 가지고 있다. 중화인민공화국 초기부터 중국공산당과 중국정부의 종교정책은 외세를 철저하게 배제하고 자국 종교를 국가 통제하에 두는 종교정책을 일관되게 유지하고 있다. 종교행정 법제화는 철저하게 이러한 국정 기조에 맞추어 진행된다.

중국공산당과 중국정부가 강조하는 종교신앙자유정책은 여전히 사회주의 종교관을 바탕으로 하는 중국공산당의 종교인식을 근간으로 한다. 중국공산당과 중앙통전부가 종교정책을 수립하고, 중앙정부 국무원과 국가종교사무국이 종교행정을 담당하는 이원 체제는 중국공산당 중앙위원회가 2018년 〈당과 국가기구 개혁을 심화하기 위한 방안(深化党和国家机构改革方案)〉을 바탕으로 국가종교사무국을 중앙통전국에 통합하면서 제도적 체계마저 상실하고 말았다.

중화인민공화국 초기부터 중국공산당과 중국정부는 그들의 최고 가치인 사회주의 체제 완성하기 위해 자국 종교계의 역량을 인정하는 종교정책을 시행했다. 〈공동강령(中国人民政治协商会议共同纲领)〉과 〈헌법〉에서 종교신앙의 자유를 명문화하였고, 전국정치협상회의에 종교계 인사들을 대표로 참여시켰으며, 종교행정업무를 전담하는 부서를 설치하였다. 문화혁명 시기 종교강제소멸정책의 암흑기를 거치기는 했지만, 개혁개방과 함께 중국공산당은 종교신앙자유정책을 당의 종교정책 기본 원칙으로 전면에 내세웠다.

종교정책 회복기(1978년부터 1990년까지), 종교정책 확립기(1991년부터 2004년까지), 종교정책 확장기(2004년부터 2011년까지), 종교정책 전환기(2012년부터 현재까지)를 거치면서 중국공산당과 중국정부의 종교정책은 여전히 종교신앙자유정책에 초점을 맞추어 왔다. 개혁개방 초기 중국공산당 전국대표대회, 전국통전업무회의, 전국종교업무회의를 통해서 1978년 "关于当前宗教工作中急需解决的两个政策性问题的请示报告", 1982년 "关于我国社会主义时期宗教问题的基本观点和基本政策", 1991년 "关于进一步做好宗教工作若干问题", 2002년 "国务院关于加强宗教工作的决定"로 이어지는 종교정책 공식 문건을 제정하여 당의 종교정책 원칙을 완성했다. 종교정책 회복기에는 중국공산당 중앙통전국이 제정한 종교정책 공식 문건에서 제시하는 종교정책 원칙이 종교정책과 종교행정의 방향이 되었다.

1991년에 제정된 〈6호문건〉에서 제시한 종교입법업무 강화 방침(要加快宗教立法工作)에 따라 국무원에서는 "종교행정입법체계구상(关于宗教立法体系和"八五"期间宗教立法项目的设想)"을 발표하여, 전인대와 상무위원회에서 종교법, 종교신앙자유법과 종교조직법, 종교법통칙을 제정하고, 국무원에서 국가행정규범을 제정하며, 국가종교사무국에서 부서행정규범, 그리고 지방정부 종교업무 담당부서에서 지방종교행정규범을 제정하는 종교행정법제화 로드맵을 완성하였다. 이를 근거로 1992년에 국무원에서는 1994년에 국가종교행정규범으로 〈종교활동장소관리조례(宗教活动场所管理条例)〉와 〈외국인종교활동관리규정(中华人民共和国境内外国人宗教活动管理规定)〉을 제정하였고, 국가종교사무국에서는 부서종교행정규범으로 〈종교사회단체등기관리시행방법(宗教社会团体登记管理实施办法)〉(1991년), 〈종교활동장소등기방법(宗教活动场所登记办法)〉(1994년), 〈종교활동장소연차검사방법(宗教活动场所年度检查办法)〉(1996년) 등을 제정하였다. 2005년에는 최초의 종합종교행정규범인 〈종교사무조례〉를 반포하면서 종교정책 확장기를 열고, 종교행정법제화 첫 단계를 완성한다.

2014년에 중국공산당 중앙위원회에서 발표한 "의법치국을 전면적으로 추진하는 몇 가지 중요한 문제에 관한 결정(关于全面推进依法治国若干重大问题的决定)"을 계기로 종교행정법제화는 한 단계 발전하게 되어, 2018년에 〈종교사무조례〉를 전면 개정한 것은 종교정책 전환기의 새로운 시작이다. 〈종교사무조례〉 개정을 계기로 국가종교사무국은 종교행정 분야별 부서행정규범을 체계적으로 완성한다.

중국공산당 제5세대 지도부 3기가 시작되었다. 시진핑의 3연임과 통치권력 1인 집중 현상이 중국종교정책에 어떤 영향을 끼칠 것인가에 대해 주목하고 있다. 현재 중국 종교정책은 전환기에 접어들었다. 1991년에 국무원이 발표한 "종교행정입법체계구상"이 점진적으로 실현되고 있다. 이제 남은 것은 전인대와 상무위원회에서 종교관련 최상위법인 종교기본법, 종교신앙자유법과 종교조직법, 종교법통칙을 제정하는 것이다. 이는 종교행정법제화의 마지막 퍼즐을 맞추는 단계가 된다. 〈공동강령〉과 〈헌법〉에서 종교신앙자유를 명시하면서 시작된 중국공산당과 중국정부의 종교행정법제화의 최종 완성 시기를 예측하기 어렵지만, 중국공산당이 종교정책 공식 문건을 체계적으로 제정하여 종교정책에 적용하고, 〈종교사무조례〉를 제정하고 개정하면서 종교행정법제화를 적극적으로 추진한 역사를 통해 볼 때 중국의 종교정책이 완성된 법제 체계를 갖추게 될 것을 기대할 수 있을 것이다.